FORMULE 1 2022

Publié pour la première fois en 2022 par Welbeck

Éditeur : Ross Hamilton
Design : Luke Griffin, Russell Knowles
Iconographe : Paul Langan
Production : Rachel Burgess

Pour la version française
Traduction : Aurélien Sagnier

Imprimé en Italie par Elcograf en mars 2022
pour le compte des éditions Hachette Livre (Marabout)
58, rue Jean-Bleuzen – 92178 Vanves Cedex
Dépôt légal : mars 2022
ISBN : 978-2-501-16671-3
32.6959.7

Ci-dessus : Lewis Hamilton et Max Verstappen laissent les 18 autres pilotes dans leur sillage pendant la course de l'an dernier à Imola.

FORMULE 1 2022

ÉCURIES | PILOTES | CIRCUITS | RECORDS

BRUCE JONES

MARABOUT

SOMMAIRE

ANALYSE DE LA SAISON 2022 — 8

MERCEDES AMG PETRONAS **10**
Lewis Hamilton 12
George Russell 13

RED BULL RACING **14**
Max Verstappen 16
Sergio Pérez 17

FERRARI **20**
Charles Leclerc 22
Carlos Sainz Jr. 23

McLAREN **24**
Daniel Ricciardo 26
Lando Norris 27

ALPINE **30**
Fernando Alonso 32
Esteban Ocon 33

SCUDERIA ALPHATAURI **34**
Pierre Gasly 36
Yuki Tsunoda 37

ASTON MARTIN **40**
Sebastian Vettel 42
Lance Stroll 43

WILLIAMS **44**
Alex Albon 46
Nicholas Latifi 47

ALFA ROMEO **50**
Valtteri Bottas 52
Guanyu Zhou 53

HAAS F1 **54**
Mick Schumacher 56
Nikita Mazepin 57

FOCUS 2022

Un nouveau départ pour la Formule 1 en 2022 58
Miami offre une nouvelle chance aux États-Unis 60
Les pilotes français de retour au top ? 62

GUIDE DES CIRCUITS 2022 — 66

Sakhir 68
Djeddah 69
Melbourne 70
Imola 71
Miami 72
Barcelone 73
Monaco 76
Bakou 77
Montréal 78
Silverstone 79
Red Bull Ring 80
Paul Ricard 81
Hungaroring 82
Spa-Francorchamps 83
Zandvoort 84
Monza 85
Sotchi * 86
Marina Bay 87
Suzuka 88
Circuit des Amériques 89
Mexico 90
Interlagos 91
Yas Marina 92

RETOUR SUR LA SAISON 2021 — 94

GP du Bahreïn 96
GP d'Émilie-Romagne 97
GP du Portugal 98
GP d'Espagne 99
GP de Monaco 100
GP d'Azerbaïdjan 101
GP de France 102
GP de Styrie 103
GP d'Autriche 104
GP de Grande-Bretagne 105
GP de Hongrie 106
GP de Belgique 107
GP des Pays-Bas 108
GP d'Italie 109
GP de Russie 110
GP de Turquie 111
GP des États-Unis 112
GP du Mexique 113
GP de São Paulo 114
GP du Qatar 115
GP d'Arabie saoudite 116
GP d'Abu Dhabi 117

RÉSULTATS FINAUX 2021 — 118
RECORDS EN FORMULE 1 — 120
TABLEAU DE LA SAISON 2022 À REMPLIR — 126

Ci-contre : Max Verstappen fête son 1er titre de champion du monde après sa victoire à Abu Dhabi

** À l'heure où nous imprimons ce livre la FIA considère que les circonstances rendent impossible la tenue du GP de Russie.*

HONDA
CarNext
Mobil
ORACLE
HONDA
Tezos
Red Bull
HONDA
MAX
YAT LIVING
S LIVING
ALDAR
ADNOC

Explosion de couleurs lors de l'exposition des monoplaces Ferrari, McLaren, Williams Alfa Romeo et Red Bull dans le parc fermé, l'an dernier au GP de Grande-Bretagne à Silverstone.

GIULIA
BREMONT
FxPro
alteryx
#McLarenPlus
#TeamBahrain
DR_03
RICHARD MILLE
#essereFerrari
PIRELLI
55

ANALYSE DE LA SAISON 2022

L'arrivée d'un nouveau règlement technique est toujours l'occasion de révolutionner l'ordre établi dans le Championnat du monde. Les voitures auront un nouveau design qui proposera plus d'opportunités de dépassements. Mercedes et Red Bull Racing devraient encore occuper les 1res places, mais McLaren, Ferrari – voire une autre écurie – pourraient les rejoindre.

Le nouveau règlement technique (voir page 58) devrait rebattre les cartes de la F1. À l'inverse des années 1960, 1970 et 1990, où seules quelques contraintes limitaient le génie des ingénieurs, il ne devrait pas y avoir de véritable avancée prodigieuse. Les meilleures écuries devraient continuer de truster les 1res places, mais celles qui ont lancé leurs designers sur les nouvelles formes de voitures en début d'année dernière, parfois au détriment de leurs performances en 2021, devraient bénéficier d'un avantage compétitif.

Red Bull Racing conserve son duo composé de Max Verstappen et Sergio Pérez, avec le pilote néerlandais en n° 1 indiscuté. Mais l'écurie est consciente que, pour espérer remporter un trophée des constructeurs qui lui échappe depuis 2013, il lui faudra apporter aussi son soutien à Pérez.

Lewis Hamilton va vivre une 10e saison chez Mercedes, avec l'objectif renouvelé de remporter un 8e titre en F1. La situation sera toutefois différente avec l'arrivée d'un nouveau coéquipier : George Russell pourrait lui offrir une concurrence interne inédite depuis Nico Rosberg, qui l'avait rejoint puis dépassé en 2016. La dynamique au sein de l'écurie sera passionnante à suivre.

La pression des résultats pèse chaque année un peu plus sur Ferrari, d'autant plus après sa très décevante 6e place en 2020. L'écurie italienne a redressé la barre l'an dernier, mais il faudra faire bien plus pour contester la domination des équipes britanniques. Avec Charles Leclerc et Carlos Sainz Jr. dans les baquets, elle a pourtant deux pilotes capables de briller si leur machine est compétitive, en particulier le pilote espagnol qui mérite de remporter son 1er Grand Prix.

Daniel Ricciardo a permis à McLaren de renouer avec la victoire l'an dernier, avant de connaître une fin de saison plus difficile. Il prie sans doute pour que la 1re monoplace construite selon le nouveau règlement lui offre une chance de remonter sur les podiums, à lui comme à Lando Norris.

De son côté, Alpine semble avoir progressé au fil de la saison, avec un Fernando Alonso qui retrouvait ses marques après son passage en Championnat du monde d'endurance, tandis qu'Esteban Ocon a offert à l'écurie sa 1e victoire depuis des années. Mais cette dynamique s'est grippée en seconde partie de saison, reste donc à savoir si l'écurie française parviendra à se hisser dans le peloton de tête cette année.

La Scuderia AlphaTauri continue de progresser d'année en année, et Pierre Gasly demeure une star de l'ombre en F1, notamment lors des séances de qualifications. Son coéquipier japonais Yuki Tsunoda peut également être rapide et il compte désormais une année d'expérience en F1.

L'an dernier a vu le retour remarqué de la marque Aston Martin dans les paddocks, qu'elle avait désertés depuis 1960. Malgré leur look saisissant, ces bolides vert métallique n'ont pas répondu aux attentes du propriétaire Lawrence Stroll, dont l'équipe a chuté de 4 places par rapport à 2020, passant du 4e au 8e rang. Ce ne fut pas sans éclairs de joie, grâce à Sebastian Vettel, mais la déception l'a emporté. Les deux hommes espèrent obtenir des résultats plus réguliers grâce aux investissements réalisés dans l'écurie et à l'immense extension de sa base de Silverstone.

Williams a enregistré un changement majeur pour sa 2e année sous sa nouvelle direction, avec le départ de George Russell pour Mercedes. Cette saison, Nicholas Latifi sera associé à un revenant : Alex Albon est de retour après une année dans les limbes de la F1, dans le championnat DTM, après avoir été remercié par Red Bull Racing.

Chez Alfa Romeo, c'est l'ensemble du casting qui a été renouvelé. Kimi Räikkönen a pris sa retraite après avoir porté son record à 352 départs en Grand Prix de F1. Antonio Giovinazzi n'a pas été reconduit, cédant sa place au 1er pilote chinois de l'histoire en Formule 1, Guanyu Zhou. L'équipe sera menée par Valtteri Bottas, libéré par Mercedes et qui retrouvera Frédéric Vasseur, son mentor lorsqu'il a découvert la F1.

Pour conclure, Haas F1 renouvelle sa confiance à ses deux pilotes débutants de l'an dernier, Mick Schumacher et Nikita Mazepin. L'expérience acquise la saison passée sera précieuse, mais pas autant que s'ils avaient pu bénéficier de la présence d'un conducteur chevronné.

MERCEDES-AMG PETRONAS

Mercedes a remporté un 8e titre des constructeurs consécutif en 2021, mais en dominant moins nettement la concurrence. Cependant, son duel avec Red Bull Racing tout au long de la saison lui a permis de repousser ses limites et de se préparer à lutter pour conserver son titre en 2022.

Lewis Hamilton s'est incliné de haute lutte contre Red Bull Racing l'an dernier, mais la roue pourrait avoir tourné avec le nouveau règlement technique.

Mercedes est un membre historique de la F1 : l'écurie allemande y est présente depuis le milieu des années 1950, lorsque le sport mécanique roi cherchait encore ses marques. L'écurie allemande connaît un impact immédiat, en remportant sa toute 1re course, avec le sacre de Juan Manuel Fangio au Grand Prix de France. Elle pousse les autres équipes à se dépasser, comme elle l'avait fait lors de sa 1re incursion sur la scène des Grand Prix, avant la Seconde Guerre mondiale et l'ère moderne du Championnat du monde.

Mais alors que Mercedes boucle sa 2e saison, couronné de deux titres pour Fangio, tout s'arrête d'un coup. L'écurie se retire après le terrible accident aux 24 heures du Mans 1955, où l'une de ses voitures s'est envolée pour s'écraser dans les tribunes, tuant de nombreux spectateurs.

Mercedes n'aligne plus d'écurie en F1 jusqu'en 2010, même si elle fournissait des moteurs à différentes équipes. D'abord Sauber, puis McLaren pour un partenariat qui a connu de beaux succès, notamment les deux titres de pilote de Mika Häkkinen en 1998 et 1999. Son retour en 2010 n'est toutefois pas simple : même l'arrivée de Michael Schumacher ne lui permet pas de concurrencer Red Bull Racing, qui domine alors la F1. Mercedes n'est pas reparti de zéro : les dirigeants ont fait le

HOMME CLÉ ET RÉSUMÉ DE 2021

ANDREW SHOVLIN

L'ingénieur de course qui explique les stratégies de course à Lewis Hamilton est titulaire d'un doctorat en dynamique des véhicules obtenu en 1998 à la Leeds University. En 1999, il découvre la F1 chez BAR, où il y grimpe les échelons jusqu'à devenir ingénieur de course lors de la plus belle année de l'écurie désormais baptisée Brawn : en 2009, l'exploitation d'une faille du règlement propulse Jenson Button jusqu'au sacre. Quand l'équipe devient Mercedes en 2010, il adopte le même rôle au côté de Michael Schumacher.

REBOND APRÈS UNE CHUTE À MI-SAISON

En terminant 1er et 3e lors de la course inaugurale, Mercedes semblait parti pour gagner. Mais 2021 a été une année à part, car plusieurs équipes avaient fait le choix de réserver une partie de budget de développement aux monoplaces inédites pour 2022. Ce fut le cas de Mercedes, ce qui a permis à Red Bull Racing d'être largement en tête à la mi-saison. Les circuits suivants, plus rapides, leurs correspondaient mieux et ils ont remporté le titre des constructeurs, mais pas celui des pilotes.

PILOTES ET RÉSULTATS DE 2021

Pilote	Nationalité	Courses	Victoires	Pts	Cl.
Lewis Hamilton	Britannique	22	8	387.5	2e
Valtteri Bottas	Finlandais	22	1	226	3e

choix d'économiser du temps et de l'argent en apposant son nom à une écurie qui a commencé sa vie sous le nom de BAR en 1999. Sept ans plus tard, l'équipe devient Honda Racing, qui crée la surprise en remportant le GP de Hongrie 2006, puis elle est renommée Brawn GP début 2009, à la suite du départ de Honda.

En 2010, l'écurie est rebaptisée Mercedes mais conserve quasiment tout l'effectif qui avait obtenu cet avantage tactique en 2009 et remporté le Championnat du monde à la surprise générale. Les voitures adoptent une teinte argentée qui fait écho aux deux précédentes générations de flèches argentées. Pour le 1er Grand Prix de la saison, ses pilotes s'adjugent les 5e et 6e places à Bahreïn, puis Nico Rosberg s'offre rapidement deux podiums : Mercedes occupe alors la 4e place, derrière Red Bull, McLaren et Ferrari, confirmant une progression linéaire. Il convient de noter que la 1re victoire en GP de Mercedes, en 2012 en Chine, est l'œuvre de Rosberg et non de Michael Schumacher, le septuple champion du monde. Comme un passage de relais.

L'arrivée de Lewis Hamilton en 2013 pour succéder à Schumacher transforme cette écurie en machine à gagner. Dès sa 1re saison, il marque plus de points que Rosberg et propulse Mercedes à la 2e place des constructeurs. Dès lors, Hamilton domine la F1 sans partage : en 2014, Mercedes remporte 16 des 19 Grands Prix, dont 11 grâce au pilote britannique. Rosberg est ensuite sacré en 2016, grâce à sa détermination de se donner toujours à 100 %, l'année où son coéquipier et lui s'adjugent 19 des 21 courses.

Dans la foulée, Rosberg surprend tout le monde en annonçant sa retraite. Il est remplacé au pied levé par Valtteri Bottas en 2017. Depuis cinq ans, le Finlandais soutenait parfaitement Hamilton, qui s'offre quatre nouveaux titres mondiaux pour le véritable rouleau compresseur qu'est devenu Mercedes. Sept titres de pilote et de constructeur d'affilée : même les Ferrari de l'ère Schumacher n'avaient pas réussi à dominer autant la discipline.

Arrivé en 2013 en provenance de McLaren, le directeur technique Paddy Lowe a aidé l'écurie allemande à poursuivre son âge d'or, aidé par Niki Lauda (triple champion de F1) et Toto Wolff. Au départ de Lowe pour Williams en 2017, James Allison a pris sa tête à la direction technique, qu'il occupe encore aujourd'hui, même s'il a passé une grande partie de l'année dernière à préparer la nouvelle voiture conforme au règlement 2022.

Hamilton analyse les données avec le directeur de l'écurie, Toto Wolff, pour tenter de trouver des marges de progression.

FICHE TECHNIQUE

Pays d'origine : **Angleterre**
Siège : **Brackley (Angleterre)**
N° téléphone : **+44 (1280 844000**
Site Web : **www.mercedes-amg-f1.com**
Activité en Formule 1 :
En tant que BAR 1999-2005, Honda Racing 2006-08, Brawn GP 2009, Mercedes depuis 2010
Grands Prix : **425**
Victoires : **124**
Pole positions: **135**
Tours le plus rapide : **94**

L'ÉQUIPE

Directeur de Mercedes-Benz Motorsport : **Toto Wolff**
Directeur technique : **James Allison**
DG, Mercedes-AMG High Performance Powertrains : **Hywel Thomas**
Directeur de l'ingénierie numérique : **Geoff Willis**
Directeur de la technologie : **Mike Elliott**
Directeur de l'ingénierie : **John Owen**
Directeur des performances : **Loic Serra**
Directeur sportif : **Ron Meadows**
Ingénieur de course : **Andrew Shovlin**
Ingénieur de course : **Simon Cole**
Pilote test : **Stoffel Vandoorne**
Châssis : **Mercedes F1 W13**
Moteur : **Mercedes V6**
Pneumatiques : **Pirelli**

« Nous avons développé un dialogue constructif avec la FIA et Formula 1 pour clarifier l'avenir, afin que tous les concurrents sachent quelles règles gouverneront les courses et comment elles seront appliquées. »

Toto Wolff

» LEWIS HAMILTON

Le nouveau règlement technique rebat les cartes pour la saison 2022 de la F1. Mercedes va chercher à la démarrer pied au plancher pour tenter d'aider Lewis à remporter un 8e titre mondial record.

Lewis va devoir affronter son nouveau coéquipier George Russell en plus de Verstappen.

Prodige des circuits de course de voitures télécommandées, pilote de karting émérite et champion du monde de F1 : avec Lewis les titres semblent inévitables.

En karting, il remporte le titre de Grande-Bretagne en cadet, et enchaîne les succès jusqu'à rencontrer le directeur de l'écurie McLaren. Il lui demande son soutien et Ron Dennis accepte : il va l'aider financièrement et suivre sa carrière de près. Champion d'Europe de Formule A en 2000, termine 3e des Séries britanniques de Formule Renault en 2002, une épreuve qu'il gagne en 2003.

En Formule 3, il engrange 15 victoires pour aider ASM à remporter le titre en 2005. L'étape suivante est le GP2, où cinq victoires aident Lewis à décrocher le titre.

McLaren lui offre son 1er baquet de F1. Après une 1re victoire dès son 6e GP, il enchaîne et se dirige tout droit vers le titre, mais il est coiffé au poteau par Kimi Räikkönen (Ferrari) et termine 2e ex aequo avec son coéquipier Fernando Alonso. La 2e saison est la bonne : Lewis parvient à arracher dans le dernier tour du dernier GP les points qui lui permettent de ravir la couronne à Felipe Massa. Malgré tout son talent, il ne peut rien faire contre Brawn GP en 2009, ni contre Red Bull Racing les quatre années suivantes. Mais après avoir rejoint Mercedes en 2013, Lewis remporte son 2e titre mondial en 2014 et le 3e en 2015. Battu par son coéquipier Nico Rosberg en 2016, Lewis enchaîne ensuite quatre sacres, battant quelques records au passage et passe les 100 victoires en Grand Prix.

UN COMBAT DU DÉBUT À LA FIN

Au cours de sa série de sacres en F1, Lewis a plusieurs fois remporté le titre sans jamais être inquiété, grâce à sa Mercedes qui dominait la concurrence et à ses prestations qui lui ont permis de surclasser ses coéquipiers – que ce soit Nico Rosberg ou Valtteri Bottas. La saison dernière, ce fut tout l'inverse : Red Bull Racing a fait jeu égal avec Mercedes, et s'il a remporté trois des quatre 1res courses (et terminé 2e dans la dernière), il était clair dès le début que la lutte serait acharnée. Certains circuits correspondaient bien à Red Bull, d'autres permettaient à Mercedes de briller, offrant un scénario inédit dans lequel Lewis a parfois dû s'appuyer sur les conseils venant des stands autant que sur sa vitesse et son instinct. Mais parfois cela ne suffisait pas et Max Verstappen parvenait à le battre. C'est la raison qui l'a poussé à faire un dépassement aussi costaud pour prendre la tête au début du GP de Grande-Bretagne, envoyant Verstappen dans le décor, et celle qui a poussé Verstappen à ne pas céder à Monza.

INFOS CLÉS

Nationalité : **BRITANNIQUE**
Naissance : **7 JANVIER 1985, À STEVENAGE (ANGLETERRE)**
Site Web : **www.lewishamilton.com**
Équipes : **McLAREN 2007-12, MERCEDES 2013-22**

CARRIÈRE

Premier Grand Prix : **GP d'Australie 2007**
Départs en Grand Prix : **288**
Victoires en Grand Prix : **103**
2007 Canada, États-Unis, Hongrie, Japon ; 2008 Australie, Monaco, Royaume-Uni, Allemagne, Chine ; 2009 Hongrie, Singapour ; 2010 Turquie, Canada, Belgique ; 2011 Chine, Allemagne, Abu Dhabi ; 2012 Canada, Hongrie, Italie, États-Unis ; 2013 Hongrie ; 2014 Malaisie, Bahreïn, Chine, Espagne, Royaume-Uni, Italie, Singapour, Japon, Russie, États-Unis, Abu Dhabi ; 2015 Australie, Chine, Bahreïn, Canada, Royaume-Uni, Belgique, Italie, Japon, Russie, États-Unis ; 2016 Monaco, Canada, Autriche, Royaume-Uni, Hongrie, Allemagne, États-Unis, Mexique, Brésil, Abu Dhabi ; 2017 Chine, Espagne, Canada, Royaume-Uni, Belgique, Italie, Singapour, Japon, États-Unis ; 2018 Azerbaïdjan, Espagne, France, Allemagne, Hongrie, Italie, Singapour, Russie, Japon, Brésil, Abu Dhabi ; 2019 Bahreïn, Chine, Espagne, Monaco, Canada, France, Royaume-Uni, Hongrie, Russie, Mexique, Abu Dhabi ; 2020 Styrie, Hongrie, Royaume-Uni, Espagne, Belgique, Toscane, l'Eifel, Portugal, Émilie-Romagne, Turquie, Bahreïn ; 2021 Bahreïn, Portugal, Espagne, Royaume-Uni, Russie, São Paolo, Qatar, Arabie saoudite

Poles : **103**
Tours le plus rapide : **59**
Points : **4165.5**
Palmarès : **CHAMPION DU MONDE F1 2008, 2014, 2015, 2017, 2018, 2019 ET 2020, DAUPHIN EN F1 2007, 2016 ET 2021, CHAMPION DE GP2 2006, CHAMPION F3 EURO SERIES 2005, CHAMPION BRITANNIQUE DE FORMULE RENAULT 2003, CHAMPION D'EUROPE FORMULE A DE KARTING ET COUPE DE KARTING 2000, CHAMPION INTERCONTINENTAL A 1999, CHAMPION BRITANNIQUE CADET DE KARTING 1995**

GEORGE RUSSELL

Après une série de performances remarquées lors de ses trois ans chez Williams, dont une 2e place en Belgique l'an dernier, George a décroché un baquet chez Mercedes. Sa concurrence avec Lewis Hamilton promet d'être passionnante à suivre.

George va viser les étoiles avec Mercedes, après trois années passées chez la lanterne rouge.

Jeune prodige du karting et champion d'Europe de KF3 en 2012 à l'âge de 14 ans, George a utilisé sa réputation pour intégrer une monoplace et éblouir la Formule 4 BRDC en remportant l'une des quatre manches du championnat d'Europe de Formule Renault. Ces résultats et sa maturité lui valent d'obtenir le prestigieux prix McLaren Autosport BRDC.

En 2015, George passe au championnat d'Europe de Formule 3, dont il boucle sa 1re année avec Carlin à la 6e place, tout en terminant 2e des Masters de Formule 3. En 2016, il est déçu de sa 3e place finale, alors que Lance Stroll remporte le titre. Il décide ensuite de faire ses armes en GP3, dont il repart avec la couronne. En fin d'année, il devient pilote testeur en F1 pour Mercedes et fait forte impression.

C'est en 2018 qu'il découvre la F2, l'antichambre de la Formule 1. Au volant d'une ART Grand Prix, il est comme un poisson dans l'eau : avec sept victoires – une performance rare pour un *rookie* – il surclasse ses concurrents britanniques, Lando Norris et Alex Albon. Il fait alors d'autres essais en F1 et démontre qu'il est taillé pour la discipline reine : c'est chez Williams qu'il fera ses classes, une écurie alimentée par Mercedes, en attendant potentiellement qu'une place se libère dans l'écurie allemande quelques années plus tard.

Il se fait les dents sur la saison 2019, où il ira jusqu'à décrocher une 11e place au GP d'Allemagne, avant de réaliser de bonnes courses en 2020, au volant d'une voiture pas assez armée pour ramener des points.

Lors de l'avant-dernière manche, il est appelé par Mercedes pour remplacer un Lewis Hamilton souffrant lors du GP de Sakhir. Il est tellement rapide qu'il finit devant Valtteri Bottas et passe tout près d'une victoire sensationnelle, dont il est privé par une erreur lors des changements de pneus et d'une crevaison lente alors qu'il rattrapait le leader, Sergio Pérez, ce qui le fait terminer à la 9e place.

UNE 2e PLACE MÉRITÉE À SPA

Arrivé en F1 avec l'étiquette de débutant le plus talentueux depuis Max Verstappen, George a vécu trois années frustrantes auprès d'une équipe cantonnée aux dernières places. Pourtant, il a réalisé d'excellentes prestations pendant toute la saison 2021, et notamment lors des qualifications à Spa-Francorchamps, dont il termine 2e, sous un véritable déluge. La course sera arrêtée après quelques tours et il remportera les points correspondants, une aubaine pour l'écurie qui se reconstruit sous une nouvelle direction. George misait beaucoup sur les qualifications pour tenter de grappiller quelques points dans la 2de partie de saison, car sa FW43B n'avait pas la puissance nécessaire pour rivaliser sur l'ensemble d'un Grand Prix. Il a terminé quatre fois dans les points, mais aussi connu des revers, comme lors de son accident à Imola lorsqu'il tentait de dépasser Valtteri Bottas... qu'il remplace aujourd'hui chez Mercedes.

INFOS CLÉS

Nationalité : **BRITANNIQUE**
Naissance : **15 FÉVRIER 1998, À KING'S LYNN (ANGLETERRE)**
Site Web : **www.georgerussellracing.com**
Écuries : **WILLIAMS 2019-21, MERCEDES 2022**

CARRIÈRE

Premier Grand Prix : **GP d'Australie 2019**
Départs en Grand Prix : **60**
Victoires en Grand Prix : **0 (meilleur résultat : 2e au GP de Belgique 2021)**
Poles : **0**
Tours le plus rapide : **1**
Points : **19**
Palmarès : **CHAMPION DE FORMULE 2 2018, CHAMPION GP3 2017, 2e DES MASTERS F3 2015, CHAMPION F4 BRITANNIQUE**

RED BULL RACING

Pour la 1re fois depuis 2013, Red Bull Racing est parvenu à jouer les 1res places tout au long de la saison et Max Verstappen a conquis le titre de Lewis Hamilton (Mercedes). L'écurie parviendra-t-elle à reproduire l'exploit avec une nouvelle voiture ?

Le premier titre de Verstappen à Monaco lui a offert un plaisir allant bien au-delà des 25 points, et il semble y avoir pris goût.

Red Bull Racing compte 17 années d'ancienneté dans le Championnat du monde, mais il convient de rajouter les huit années que l'écurie y a vécu sous d'autres noms avant 2005 : Stewart GP pendant trois saisons et Jaguar Racing les cinq suivantes.

Elle est basée à Milton Keynes depuis ses débuts, en utilisant la base créée plusieurs années auparavant, lorsque le triple champion du monde Jackie Stewart et son fils aîné Paul se sont lancés dans l'aventure. Leur équipe a débuté en F3, puis en F3000, qui était alors l'antichambre de la F1. Jackie a utilisé son immense réseau pour obtenir des financements et leurs monoplaces équipées d'un moteur Ford sont plutôt compétitives dès le départ. Rubens Barrichello leur offre même une 2e place à Monaco dès leur 1re saison en F1, en 1997. Deux ans plus tard, l'écurie remporte son unique victoire, Johnny Herbert dominant les averses intermittentes du Nurburgring pour aider l'équipe à terminer à la 4e place du classement général.

L'écurie est alors vendue à Ford, qui la rebaptise Jaguar Racing, mais l'interventionnisme du constructeur empêche l'équipe de prendre les décisions rapides nécessaires pour être compétitif en F1. Eddie Irvine et Mark Webber brillent lorsque leur voiture va bien, mais ce chapitre se résume à une occasion manquée.

HOMME CLÉ ET RÉSUMÉ DE 2021

PAUL MONAGHAN

Aujourd'hui Ingénieur en chef du département Ingénierie de Red Bull Racing, Paul a débuté chez McLaren en 1990, suite à ses études en ingénierie mécanique. Après avoir engrangé de l'expérience dans la collecte et le traitement de données, il rejoint Benetton en 2000, où il devient l'ingénieur de course de Jenson Button, avant de travailler avec Fernando Alonso pour l'aider à conquérir son 1er titre en F1. Au terme d'une courte aventure chez Jordan, Paul signe à Red Bull Racing en 2005.

DUEL AVEC MERCEDES

Après sept années de domination de Mercedes, la saison 2021 a été différente grâce à la concurrence de Red Bull Racing. Cela s'est vu dès la 1re manche, quand Verstappen a obtenu la pole et n'a cédé la victoire à Hamilton que sur une erreur technique. Sa victoire à Imola est ensuite venue confirmer ses intentions. Ce duel a gagné en intensité, avec pour apogée le fameux dernier tour de la dernière course qui a fait pencher la saison en faveur de Verstappen.

PILOTES ET RÉSULTATS DE 2021

Pilote	Nationalité	Courses	Victoires	Pts	Cl.
Max Verstappen	Néerlandais	22	10	395.5	1er
Sergio Pérez	Mexicain	22	1	190	4e

Dietrich Mateschitz, le fondateur de Red Bull, y voit l'occasion de racheter l'écurie, qu'il renomme Red Bull Racing à l'aube de la saison 2005. Ayant soutenu un grand nombre de pilotes dans les catégories monoplaces juniors, l'équipe embauche les meilleurs et se sépare des autres. Les résultats sont pourtant en deçà des attentes d'Helmut Marko, le dénicheur de talents de la firme. Il peut toutefois s'appuyer sur l'expérience de David Coulthard, qui a remporté des GP avec Williams et McLaren, et lui adjoint Webber pour le concurrencer.

La contribution suivante de Coulthard change la donne : il convainc Adrian Newey de quitter McLaren pour rejoindre Red Bull, qui devient réellement compétitive sous la supervision du meilleur designer de la F1. Webber est bon et Sebastian Vettel encore meilleur : en 2009, ils concurrencent Brawn GP jusqu'au bout, avant de remporter les titres des pilotes et des constructeurs en 2010. L'écurie y prend goût et répète l'exploit lors des trois saisons suivantes, remportant au passage 41 Grand Prix entre 2010 et 2013.

Mercedes met alors à profit son immense puissance financière pour devenir un candidat crédible au titre et Lewis Hamilton le fait changer de dimension. Red Bull Racing ne peut que s'incliner, malgré les bons résultats de Daniel Ricciardo, qui termine 3e – derrière les pilotes Mercedes – en 2014 et 2016.

L'écurie aux ailes ne se laisse cependant pas trop distancer, devançant toujours la concurrence, même les années où le directeur de l'écurie Christian Horner affiche sa défiance envers les moteurs utilisés, les estimant moins compétitifs que les moteurs Mercedes et Ferrari utilisés par ses principaux rivaux.

En 2016, l'équipe limoge Daniil Kvyat et le remplace par Max Verstappen. L'impact est immédiat : il remporte sa 1re course, en Espagne. Arrivé 2018, il inscrit plus de points que Ricciardo et l'écurie tourne autour de lui depuis.

L'adoption d'une motorisation Honda en 2019 fait bouger les lignes, permettant à Verstappen de se rapprocher encore d'Hamilton, mais l'incapacité de l'équipe à aligner une 2e monoplace de qualité continue de figer son palmarès au classement des constructeurs.

FICHE TECHNIQUE

Pays d'origine : **Angleterre**
Siège : **Milton Keynes (Angleterre)**
N° téléphone : **+44 01908 279700**
Site Web : **www.redbullracing.com**
Activité en Formule 1 : **En tant que Stewart GP 1997-99, Jaguar Racing 2000-04, Red Bull Racing depuis 2005**
Grands Prix : **460**
Victoires : **75**
Pole positions : **71**
Tours le plus rapide **76**

L'ÉQUIPE

Président : **Dietrich Mateschitz**
Directeur de l'écurie : **Christian Horner**
Responsable technique : **Adrian Newey**
Directeur technique : **Pierre Waché**
Ingénieur en chef : **Rob Marshall**
Chef de l'ingénierie Voiture : **Paul Monaghan**
Chef de l'ingénierie Technologie et analyse : **Guillaume Cattelani**
Directeur des performances : **Ben Waterhouse**
Directeur sportif : **Jonathan Wheatley**
Ingénieur en chef : **Guillaume Roquelin**
Pilote testeur : **non annoncé**
Châssis : **Red Bull RB17**
Moteur : **Honda V6**
Pneumatiques : **Pirelli**

En s'imposant à Abu Dhabi en 2010, Sebastian Vettel offrait sa 1re victoire en F1 à Red Bull Racing.

« Le championnat s'est joué à l'ultime tour : l'équipe a réussi un coup tactique formidable dans les stands en chaussant des pneus tendres et tout dépendait alors de Max, qui a brillé comme seul Max sait le faire. »

Christian Horner

MAX VERSTAPPEN

L'an dernier a marqué un tournant dans la carrière de Max, car il est parvenu à rivaliser avec Lewis Hamilton non seulement en remportant 10 courses, mais surtout en s'imposant dans l'ultime manche de manière improbable pour devenir champion du monde à 24 ans.

Max a saisi les opportunités qui se sont présentées à lui pour enchaîner les victoires.

Fils de deux pilotes (en F1 pour Jos et en karting pour Sophie Kumpen), Max était destiné à être pilote. Il affiche son potentiel dès l'âge de 8 ans, en remportant sa 1re course de karting, le Rotax Max Challenge Belgique, avant d'être champion d'Europe et du monde en 2013.

Lorsque l'heure arrive de passer aux monoplaces, Max grille les étapes : oubliées la F4 et la Formule Renault, il débute directement en F3. Son talent l'y a préparé, il gagne sa 1re course dès la 6e manche de la série européenne. Et il ne s'arrête pas là : après avoir manqué cinq courses en début de saison, il éclipse même Esteban Ocon qui remporte finalement le titre.

En 2015, la famille de Max l'estime prêt pour la F1. À 17 ans. La Scuderia Toro Rosso mise sur lui et recrute ce qui est alors le plus jeune pilote débutant de l'histoire de la F1. Cette décision surprend, mais Verstappen fait ses preuves en décrochant une 7e place dès sa 2e course. Il remporte deux fois la 4e place et termine la saison devant son coéquipier Carlos Sainz Jr. En 2016, Max franchit un cap en rejoignant Red Bull Racing après quatre manches : il échange de place avec Daniil Kvyat, rétrogradé chez Toro Rosso. Le pilote néerlandais marque les esprits d'entrée en s'imposant dans le GP d'Espagne. 5e au terme de la saison (derrière son coéquipier Daniel Ricciardo, 3e) Max continue de concurrencer l'Australien en 2017 en gagnant en Malaisie et au Mexique. En 2018, il prend presque la 3e place finale à Kimi Räikkönen (Ferrari), en remportant encore deux courses.

Depuis 2019, l'écurie est organisée autour de lui, mais les performances de sa monoplace le cantonnent à trois victoires. En 2020, il doit se contenter de deux succès, loin derrière Hamilton et Valtteri Bottas.

GRANDEUR ET GROSSE CADENCE

Pour la 1re fois, Max a eu une voiture aussi bonne que la Mercedes de Lewis Hamilton – voire parfois meilleure. Loin de laisser passer cette opportunité, il l'a saisie des deux mains. Lors de la 1re course, à Sakhir, il semblait avoir fait le coup parfait en prenant la 1re place à Hamilton, mais il avait les quatre roues au-delà du vibreur au moment du dépassement et doit donc lui rendre sa place. Pourtant, le message est clair : il faudra compter sur lui. Il le confirme en s'imposant lors de la manche suivante, à Imola, et dès lors Hamilton et lui se succèdent sur la plus haute marche du podium. Max enchaîne trois victoires au circuit Paul Ricard et aux deux courses sur le Red Bull Ring. Sans sa terrible crevaison à Bakou juste avant le GP de France, il aurait même pu porter cette série à 4 victoires d'affilée. Puis est arrivé son accrochage avec Hamilton à Silverstone. C'est là que la dimension dramatique de cette saison est montée d'un cran.

INFOS CLÉS

Nationalité : **NÉERLANDAIS**
Naissance : **30 SEPTEMBRE 1997, À HASSELT (BELGIQUE)**
Site Web : **www.verstappen.nl**
Écuries : **TORO ROSSO 2015-16, RED BULL RACING 2016-22**

CARRIÈRE

Premier Grand Prix : **GP d'Australie 2015**
Départs en Grand Prix : **141**
Victoires en Grand Prix : **20**
2016 Espagne ; 2017 Malaisie, Mexique ; 2018 Autriche, Mexique ; 2019 Autriche, Allemagne, Brésil ; 2020 GP du 70e anniversaire, Abu Dhabi, Émilie-Romagne, Monaco, France, Styrie, Autriche, Belgique, Pays-Bas, États-Unis, Mexique, Abu Dhabi

Poles : **11**
Tours le plus rapide : **16**
Points : **1557.5**
Palmarès : **CHAMPION DU MONDE F1 2021, CHAMPION D'EUROPE ET DU MONDE DE KARTING KZ 2013, CHAMPION KF2 DES MASTER SERIES WSK 2012, CHAMPION DES EURO SERIES WSK 2011, CHAMPION KF5 BELGIQUE 2009, CHAMPION NÉERLANDAIS CADET DE KARTING 2008, CHAMPION NÉERLANDAIS DE MINIMAX 2007 ET 2008**

SERGIO PÉREZ

Après avoir pris ses marques chez Red Bull Racing, où il est le n° 2 derrière Max Verstappen, Sergio devrait être encore plus efficace dans sa collecte de points, si la nouvelle monoplace de Red Bull est aussi rapide que la RB16B de l'an dernier.

Sergio a de nouveau brillé l'année passée, avec une victoire et plusieurs podiums.

Sergio a vécu un parcours classique, en débutant en karting, mais il l'a fait avec un peu d'avance : car si les Européens doivent attendre l'âge de 8 ans pour s'y frotter, les Mexicains peuvent s'y essayer dès 6 ans. Il fait également des débuts précoces en monoplace à 14 ans, mais fait inhabituel, c'est aux États-Unis qu'il fait ses gammes. Impressionnant en série Skip Barber Dodge, il convainc sa famille de l'envoyer encore plus loin l'année suivante : en Allemagne.

Ce bouleversement porte ses fruits lorsqu'il termine 2e, derrière Nico Hulkenberg, lors de la 1re manche de la Formule BMW ADAC 2005. Plus constant la saison suivante, il remporte la 6e place : un résultat correct, mais pas exceptionnel. Il accède ensuite au championnat de Grande-Bretagne de Formule 3, dont il remporte le titre dans la catégorie National, la 2e division, ce qui reste à ce jour l'unique ligne de son palmarès.

Sergio passe à la catégorie supérieure en 2008 et gagne quatre courses en F3 britannique, ce qui lui vaut la 4e place finale, loin derrière Jaime Alguersuari qui est couronné champion.

L'étape suivante est le GP2, qu'il découvre par la série d'Asie, puis la GP2 Series de la FIA, où il termine 12e du championnat. Sergio n'a pas encore l'étoffe d'un futur pilote de F1, mais fort de ses nombreux sponsors mexicains, il termine 2e en 2010, derrière Pastor Maldonado, en se montrant plus léger sur ses pneus.

La carrière de Sergio en F1 démarre en 2011 chez Sauber. La saison suivante, il termine à la 10e place avec l'écurie suisse, décrochant notamment la 2e place à Sepang et Monza, ce qui lui vaut d'obtenir un baquet chez McLaren. Mais il n'arrivera pas à s'y imposer.

Il commence alors une période de sept ans dans une écurie qui s'appelle Force India lorsqu'il arrive et Racing Point quand il la quitte. Il y enregistre un fait d'armes intéressant, en dominant Hulkenberg quand les deux pilotes y étaient coéquipiers en 2015.

L'APPRENTISSAGE DU RÔLE DE N° 2

Fin 2020, il sait qu'il ne sera pas conservé par une écurie qui s'apprête à devenir Aston Martin et qui a recruté Sebastian Vettel pour le remplacer. Après 10 ans en F1, la carrière de Sergio allait s'arrêter sans la moindre victoire en Grand Prix. Mais lors de l'avant-dernière manche, il brille et convainc Red Bull Racing de l'accueillir. Il sait dès le départ qu'il sera le « Bottas de Max Verstappen », un rôle de n° 2 qu'il n'est pas simple d'accepter lorsqu'on a toujours été le pilote star de ses anciennes écuries. Au début, la question ne se pose pas car son coéquipier est simplement plus rapide. Puis Sergio remporte la 6e manche à Bakou, à la suite de la crevaison de Verstappen et d'une erreur d'Hamilton. Dès lors, il gagne en confiance et, s'il ne peut pas rivaliser avec la vitesse de son coéquipier, il se concentre sur l'objectif d'engranger autant de points que possible. Cerise sur le gâteau, il est devenu le 1er pilote mexicain à monter sur le podium du GP du Mexique.

INFOS CLÉS

Nationalité : **MEXICAIN**
Naissance : **26 JANVIER 1990, À GUADALAJARA (MEXIQUE)**
Site Web : **www.sergioperezf1.com**
Écuries : **SAUBER 2011-12, McLAREN 2013, FORCE INDIA 2014-18, RACING POINT 2019-20, RED BULL RACING 2021-22**

CARRIÈRE

Premier Grand Prix : **GP du Bahreïn 2011**
Départs en Grand Prix : **213**
Victoires en Grand Prix : **2**
GP de Sakhir 2020, GP d'Azerbaïdjan 2021
Poles : **0**
Tours le plus rapide : **6**
Points : **896**
Palmarès : **2e EN GP2 2010, CHAMPION DE LA NATIONAL CLASS BRITANNIQUE DE FORMULE 3 2007**

L'avantage avec les *tifosi*, c'est qu'on les reconnaît facilement : les fans de Ferrari savent mettre l'ambiance à Monza.

TAG HEUER
HONDA
Esso

FERRARI

Ferrari a réussi une bonne saison 2021, bien meilleure que la précédente qui l'avait vu terminer à la 6e place. Un rang indigne d'une écurie possédant une histoire aussi riche et un budget aussi conséquent. Désormais, les tifosi espèrent qu'elle aura maîtrisé les nouvelles règles de la F1.

Charles Leclerc et Carlos Sainz Jr. forment une paire redoutable, mais Ferrari doit profiter du nouveau règlement pour jouer de nouveau les 1ers rôles.

Ferrari est l'écurie doyenne : ayant participé aux Grands Prix d'avant-guerre, elle affichait même 16 années d'expérience de plus que son concurrent le plus ancien (McLaren) lors de l'édition inaugurale du Championnat du monde en 1950. Et pourtant, elle n'a pas toujours dominé la F1, malgré un budget parmi les plus élevés. L'écurie la plus populaire de la F1 a été minée par les luttes politiques internes, même si c'est désormais moins le cas.

Le 1er champion du monde de la Scuderia est Alberto Ascari, sacré en 1952 et 1953. Les titres sont ensuite devenus moins fréquents, suite à l'arrivée de Mercedes, et il faut attendre 1956 pour que Ferrari retrouve les sommets, grâce à Juan Manuel Fangio. Puis Mike Hawthorn ravit le titre de justesse à la Vanwall de Stirling Moss en 1958.

Toutefois, l'écurie n'a pas anticipé l'ascension de ce qu'Enzo Ferrari appelait « les garagistes », les équipes britanniques pour lesquelles il n'avait que dédain, comme Cooper et Lotus. Il a eu tort de les sous-estimer : leurs innovations, comme le fait de placer le moteur derrière le pilote, ont transformé la F1. Heureusement, à la faveur d'un changement de règlement en 1961 limitant la taille du moteur à 1 500 cc, Ferrari rebondit et Phil Hill devient son 4e champion du monde.

HOMME CLÉ ET RÉSUMÉ DE 2021

JOCK CLEAR

Ingénieur de course de formation, Jock a fait ses armes chez Lola, avant de découvrir la F1 chez Benetton. Il a ensuite travaillé pour Leyton House, puis Lotus. Chez Williams, il a collaboré avec David Coulthard puis Jacques Villeneuve, qui l'emmène chez BAR par la suite. Lorsque cette écurie est devenue Brawn GP, Jock a aidé Rubens Barrichello à s'imposer. Il y reste quand l'équipe devient Mercedes, avant de rejoindre Ferrari en 2015.

DU MIEUX, MAIS PAS DE VICTOIRE

Après une année 2020 difficile, les progrès réalisés par Ferrari sont évidents dès les 1res courses. Toute l'écurie a explosé de joie quand Carlos Sainz Jr. a terminé 2e à Monaco, et Charles Leclerc a confirmé avec une 2e place en Grande-Bretagne, en plus d'autres podiums. Ferrari était alors dépassée par McLaren, l'ancienne écurie de Sainz Jr, avant de rebondir pour décrocher la 3e place des constructeurs.

PILOTES ET RÉSULTATS DE 2021

Pilote	Nationalité	Courses	Victoires	Pts	Cl.
Charles Leclerc	Monégasque	21	0	159	7e
Carlos Sainz Jr.	Espagnol	22	0	164.5	5e

FICHE TECHNIQUE

Pays d'origine :	**Italie**
Siège :	**Maranello (Italie)**
N° téléphone :	**+39 536 949111**
Site Web :	**www.ferrari.com**
Activité en Formule 1 :	**depuis 1950**
Grands Prix :	**1030**
Victoires :	**237**
Pole positions :	**230**
Tours le plus rapide :	**253**

L'ÉQUIPE

Directeur général :	**John Elkann**
Directeur technique et chef d'équipe :	**Mattia Binotto**
Directeur du développement de la performance :	**Enrico Cardile**
Directeur de l'unité puissance :	**Enrico Gualtieri**
Directeur de l'aérodynamisme :	**Loic Bigois**
Directeur sportif :	**Laurent Mekies**
Directeur de l'Académie de pilotage :	**Jock Clear**
Directeur des opérations :	**Gino Rosato**
Ingénieur de course en chef :	**Matteo Togninalli**
Pilote réserve :	**Antonio Giovinazzi**
Châssis :	**Ferrari SF22**
Moteur :	**Ferrari V6**
Pneumatiques :	**Pirelli**

Trois ans plus tard, John Surtees devient le 5e, mais la direction de Ferrari n'est pas tendre avec lui et il prend la porte. Il aura fallu l'arrivée d'un Niki Lauda concentré pour remettre l'équipe sur la route de la victoire, et, sans les brûlures qu'il a subies au GP d'Allemagne en 1976, il aurait remporté trois titres d'affilée. C'est alors que les « garagistes » ont introduit les effets de sol et creusé l'écart avec Ferrari, jusqu'à ce que Jody Scheckter ne soit sacré.

Une longue attente s'en est suivie, car Brabham, McLaren, Williams et Benetton s'adaptent parfaitement au règlement : leurs pilotes remportent tous les titres… jusqu'en 2000. C'est là que Michael Schumacher dispose enfin d'une voiture capable de rivaliser, lors de sa 5e année chez Ferrari, pour s'emparer de la couronne mondiale en 2000. Il gagne les quatre éditions suivantes, avec notamment une saison 2002 tonitruante où il remporte 11 des 17 manches, en plus des quatre gagnées par Rubens Barrichello. Avec Jean Todt, ancien directeur de rallye, et Ross Brawn en directeur technique, Schumacher forme un trio redoutable qui rend un peu moins italienne la plus italienne des écuries. Comme pour le duo Lauda-Luca di Montezemolo dans les années 1970 : la victoire dépend de la détermination et l'intelligence, pas de la nationalité. La domination de Schumacher semble inéluctable. Mais rien n'est jamais figé : en 2005, Fernando Alonso marque deux fois plus de points que lui et Michael termine même 3e, devancé par Kimi Räikkönen (McLaren), au terme d'une saison où il ne remporte qu'une course. La faute à un règlement interdisant les changements de pneus lors des arrêts au stand : les gommes Bridgestone de Ferrari ne faisaient pas le poids face à celles de Michelin de ses rivaux.

Au terme de la saison 2006, qui l'a vu pourchasser Alonso jusqu'au bout, Schumacher raccroche et ouvre la voie d'une nouvelle ère pour Ferrari, avec Felipe Massa et Räikkönen. Le Finlandais prive de sacre Alonso et Lewis Hamilton, le *rookie* de McLaren. C'est le dernier titre en date de Ferrari, même si Massa est passé à quelques secondes de battre Hamilton en 2008, et si Alonso est passé à un fil en 2012, après s'être incliné à la dernière course en 2010 contre Sebastian Vettel.

Depuis, la Scuderia n'a pas trouvé de parade à l'hégémonie de Mercedes. Les tifosi regardent l'avenir avec optimisme, dans l'espoir de voir Ferrari renouer avec la victoire et d'aller chercher un nouveau titre. Car 2007 semble bien loin désormais.

« La 3e place au championnat des constructeurs l'an dernier est le résultat des efforts de tous les membres de l'équipe, sur les pistes comme à Maranello, qui ont travaillé très dur, avec détermination, humilité et unité. »

Mattia Binotto

Scheckter et Villeneuve lors du Grand Prix d'Italie en 1979, une grande année pour Ferrari.

CHARLES LECLERC

Si Ferrari parvient à mieux interpréter le nouveau règlement technique que ses rivaux pour bâtir sa 1re voiture réellement compétitive depuis des années, Charles aura de bonnes chances de devenir le 1er pilote monégasque champion de F1.

Charles est conscient que la concurrence avec Carlos sera encore plus élevée en 2022.

Charles a logiquement marché dans les pas de son père Hervé, pilote de F3. Adepte du karting, titré champion de France cadet dès ses 11 ans, au Monaco Junior en 2010 et au Trophée de l'Académie Karting de la FIA en 2011, il termine vice-champion d'Europe et du monde en 2012.

Charles est prêt à passer à la vitesse supérieure, ce qu'il fait dès sa 1re saison en série régionale de Formule Renault, dont il termine 2e en faisant forte impression. En 2015, Charles choisit de rejoindre directement la F3 et s'offre quatre victoires face à des rivaux plus expérimentés, pour terminer 4e et participer à la course de fin de saison sur invitation, dans les rues de Macau, où il décroche la médaille d'argent. L'évolution naturelle veut que Charles dispute sa 3e saison dans une monoplace en GP2, mais c'est en GP3 qu'il est aligné, car il manque de soutien financier. Cela ne l'empêche pas de briller, ni de remporter le titre en devançant Alex Albon. Il passe également des tests en F1 pour Ferrari et ses prestations lui valent un baquet pour 2017 en F2. Il réussit une saison fabuleuse en décrochant sept victoires qui lui valent un 2e titre en deux ans. Désormais, la F1 l'attend : Ferrari le place chez Sauber pour la saison 2018. Il y obtient des résultats remarquables : dans une écurie peu compétitive, il brille en qualifications, en course avec une 6e place à Bakou.

Charles fait un bond en avant en 2019 en rejoignant Ferrari : il saisit l'occasion et se serait sans doute imposé à Sakhir, pour sa 2e course, s'il n'avait pas été victime d'une défaillance moteur. Il goûte à la victoire avant la fin de la saison, par deux fois, et termine l'année à la 4e place, devant son illustre coéquipier Sebastian Vettel.

La saison 2020 n'est pas aussi facile, car en plus de la domination de Mercedes, Ferrari se voit aussi dépassée par Red Bull Racing. Charles ne monte pas plus haut que la 2e marche du podium (en Autriche pour la 1re manche) et termine la saison 8e.

DES POLES, MAIS PAS DE VICTOIRE

Ferrari a fortement redressé la barre après une saison 2020 catastrophique achevée à la 6e place. Après une bonne entame, l'écurie a confirmé son redressement grâce à une monoplace SF21 en progression et enfin concurrentielle pour McLaren, dans leur lutte acharnée pour la 3e place. Charles s'est souvent montré décisif en qualifications : il s'est emparé de deux poles consécutives, à Monaco puis Bakou. Elles ne se sont pourtant pas transformées en victoires en course, car les pilotes Ferrari ne pouvaient tout simplement pas concurrencer leurs homologues Mercedes et Red Bull Racing. Plus la saison avance, plus il semble que Charles ne pourra faire mieux qu'une 4e place. Mais au GP britannique de Silverstone, le Monégasque termine 2e, derrière Lewis Hamilton, bien aidé par l'accrochage entre le pilote anglais et Max Verstappen, mais handicapé par des coupures moteur.

INFOS CLÉS

Nationalité :	**MONÉGASQUE**
Naissance :	**16 OCTOBRE 1997, À MONTE-CARLO (MONACO)**
Site Web :	**www.charles-leclerc.com**
Équipes :	**SAUBER 2018, FERRARI 2019-22**

CARRIÈRE

Premier Grand Prix :	**GP d'Australie 2018**
Départs en Grand Prix :	**80**
Victoires en Grand Prix :	**2**
	GP de Belgique et GP d'Italie 2019
Poles :	**9**
Tours le plus rapide :	**4**
Points:	**560**
Palmarès :	**CHAMPION F2 FIA 2017, CHAMPION GP3 2016, DAUPHIN F3 MACAU 2015, DAUPHIN FORMULE RENAULT ALPES 2014, DAUPHIN DE KARTING KZ 2013, VICE-CHAMPION DU MONDE EN KARTING MOINS DE 18 ANS ET VICE-CHAMPION D'EUROPE EN KARTING KF 2012, CHAMPION DU TROPHÉE DE L'ACADÉMIE DE KARTING 2011, VAINQUEUR DE LA COUPE DE KARTING JUNIOR DE MONACO 2010, CHAMPION DE FRANCE CADET DE KARTING 2009**

CARLOS SAINZ JR.

Sa 2e place à Monaco marque le temps fort de la 1re saison de Carlos chez Ferrari, mais il a aussi fait jeu égal avec son coéquipier Charles Leclerc en matière de points. Reste à voir si la nouvelle Ferrari correspondra mieux à l'Espagnol ou au Monégasque.

Discret par nature, Carlos n'en est pas moins déterminé à décrocher sa 1re victoire en GP.

Il n'aurait pas été étonnant de voir Carlos devenir pilote de rallye, comme son père Carlos Sainz Jr., double champion du monde de la discipline. C'est pourtant vers les monoplaces qu'il s'est tourné en 2010 – Carlos senior s'y était essayé dans les années 1980 – lorsqu'il avait fait le tour du karting. Carlos Jr avait en effet remporté la Coupe de karting junior de Monaco et terminé vice-champion d'Europe en KF3.

Immédiatement à l'aise en Formule BMW, dont il termine 4e, Carlos finit 2e en Formule Renault Europe en 2011. Il passe ensuite naturellement à la F3, où il remporte une manche du championnat d'Europe dont il décroche la 5e place finale. Des questions commencent alors à se poser sur son maintien dans le programme de sponsoring de la filière de jeunes de Red Bull, et se renforcent la saison suivante lorsqu'il se classe seulement 10e en GP3, loin derrière Daniil Kvyat. Pourtant, ses tests en F1 impressionnent suffisamment Red Bull pour lui valoir d'être aligné en Formule Renault 3.5 avec DAMS en 2014, où il est sacré en devançant Pierre Gasly. C'est là que les portes de la F1 s'ouvrent à lui.

Carlos passe deux années chez la Scuderia Toro Rosso, remportant trois fois une 6e place en 2017, et il est au milieu de sa 3e saison lorsqu'il signe chez Renault, qui vient de limoger Jolyon Palmer. Rapide mais un peu irrégulier en 2018, Carlos rejoint ensuite McLaren pour la saison 2019. Il termine sa 1re année dans l'écurie britannique à la 6e place du classement général, mais loin des cinq pilotes de tête. En 2020, il se classe encore 6e, avec en point d'orgue un 2e place au GP d'Italie, où il aurait pu gagner avec un tour de plus, car il revenait fort sur l'AlphaTauri de Gasly. Il met un terme en fanfare son contrat avec McLaren, enchaînant les courses où il entre dans les points pour devancer son coéquipier Lando Norris, alors qu'il savait déjà qu'il serait dans un baquet Ferrari en 2021.

LA 2e PLACE DE CARLOS

Carlos a beau encore attendre sa 1re victoire en Grand Prix, il a prouvé l'an dernier qu'il pouvait monter sur la 2e place du podium. C'est à Monaco qu'il a décroché son meilleur résultat de la saison, lors de la 5e course de la saison, en profitant de l'abandon de Valtteri Bottas, victime d'un incident technique aux stands. Mais lorsque vous pilotez une voiture qui ne peut pas rivaliser avec Mercedes, Red Bull Racing, voire McLaren, toute occasion est bonne à saisir. Carlos est également monté sur le podium à l Hungaroring et à Sotchi, en gardant son sang-froid quand ses concurrents perdaient le leur. Ce qui impressionne, c'est la manière dont il s'est intégré dans une équipe déjà centrée autour de Charles Leclerc : arrivé sans faire de vagues, il est parvenu à gagner le soutien de l'équipe. L'excellente 3e place décrochée par Carlos dans la dernière manche de Yas Marina lui a permis de faire le plein de confiance pour la saison 2022.

INFOS CLÉS

Nationalité :	**ESPAGNOL**
Naissance :	**1er SEPTEMBRE 1994, À MADRID (ESPAGNE)**
Site Web :	**www.carlossainzjr.com**
Écuries :	**TORO ROSSO 2015-17, RENAULT 2017-18, McLAREN 2019-20, FERRARI 2021-22**

CARRIÈRE

Premier Grand Prix :	**GP d'Australie 2015**
Départs en Grand Prix :	**141**
Victoires en Grand Prix :	**0 (meilleur résultat : 2e au GP d'Italie 2020 et au GP de Monaco 2021)**
Poles :	**0**
Tours le plus rapide :	**1**
Points :	**536.5**
Palmarès :	**CHAMPION DE FORMULE RENAULT 3.5 2014, VICE-CHAMPION D'EUROPE FORMULE RENAULT ET CHAMPION D'EUROPE DU NORD FORMULE RENAULT 2011, VAINQUEUR DE LA COUPE DE KARTING DE MONACO ET VICE-CHAMPION D'EUROPE KF3 2009, CHAMPION DE KARTING JUNIOR ASIE/PACIFIQUE 2008, CHAMPION DE KARTING CADET DE MADRID 2006**

McLAREN

La saison 2020 avait marqué une nette progression chez McLaren, mais 2021 a été un véritable bond en avant, avec non seulement une 1re victoire en piste depuis neuf ans, mais aussi un doublé au sommet du podium à Monza. Désormais, il va falloir confirmer.

Lando Norris a réalisé un excellent début de saison en 2021, avec trois 3es places, et Daniel Ricciardo devrait être plus rapide cette saison.

Pilote de Formule 1 chez Cooper, Bruce McLaren s'inspire du succès de son coéquipier Jack Brabham et lance lui aussi sa propre marque de constructeur de voitures de course. Ses débuts en F1 sont difficiles : en 1966, il voit Brabham remporter le titre mondial au volant de sa propre voiture Mais McLaren connaît alors une ascension fulgurante en construisant des véhicules de course pour les lucratives courses automobiles américaines, dont il remporte le titre en CanAm chaque année entre 1967 et 1972. Il constitue bientôt un véritable trésor de guerre en fournissant la majorité des monoplaces alignées en F1. C'est ce qui fait la force de McLaren à partir de 1968, l'année où il termine à la 2e place, derrière Lotus.

Mais en 1970, alors qu'il testait le dernier prototype McLaren CanAm sur le circuit anglais de Goodwood, Bruce se tue dans un accident. Son équipe très soudée perd son capitaine. Les années qui suivent sont difficiles, d'autant que Tyrrell et Lotus dominent la F1, même si Denny Hulme signe quelques victoires. Teddy Mayer dirige l'écurie avec rigueur depuis qu'il en a pris la tête, il en est récompensé par le titre d'Emerson Fittipaldi en 1974, puis celui de James Hunt au terme d'une saison 1976 dantesque marquée par son duel inoubliable avec Niki Lauda sur Ferrari.

HOMME CLÉ ET RÉSUMÉ DE 2021

ANDREA STELLA

Ingénieur en aérospatial de formation, Andrea rejoint Ferrari en tant qu'ingénieur de performance, un rôle qu'il poursuit aux côtés de Michael Schumacher de 2002 à 2006, avec 3 titres à la clé. Il aide ensuite Kimi Räikkönen à devancer les McLaren pour être sacré en 2007. Huit ans plus tard, il devient directeur des opérations de course chez McLaren, avant d'en être promu directeur de la performance, puis directeur exécutif du département Courses.

DE RETOUR AU SOMMET

McLaren s'est montré compétitif dès la 1re manche, avec la 4e place décrochée par Lando Norris. Si l'écurie était derrière Mercedes et Red Bull, il était déjà très positif de la voir dominer les autres concurrents. Norris a régulièrement marqué des points, alors que Daniel Ricciardo, fraîchement arrivé, peinait à trouver les bonnes sensations au volant de la MCL35B. À mi-parcours, Norris était monté trois fois sur le podium, quand le meilleur résultat de Ricciardo était une 5e place. Mais c'était avant Monza, où l'Australien s'est imposé juste devant son coéquipier.

PILOTES ET RÉSULTATS DE 2021

Pilote	Nationalité	Courses	Victoires	Pts	Cl.
Lando Norris	Britannique	22	0	160	6^{e}
Daniel Ricciardo	Australien	22	1	115	8^{e}

FICHE TECHNIQUE

Pays d'origine :	**Angleterre**
Siège :	**Woking (Angleterre)**
N° téléphone :	**+44 01483 261900**
Site Web :	**www.mclaren.com**
Activité en Formule 1 :	**depuis 1966**
Grands Prix :	**903**
Victoires :	**182**
Pole positions :	**156**
Tours le plus rapide :	**159**

L'ÉQUIPE

Directeur exécutif :	**Zak Brown**
Directeur de l'équipe :	**Andreas Seidl**
Directeur exécutif Technique :	**James Key**
Directeur exécutif Course :	**Andrea Stella**
Directeur exécutif Opérations :	**Piers Thynne**
Directeur de l'ingénierie :	**Matt Morris**
Ingénieur en chef Aérodynamisme :	**Peter Prodromou**
Directeur du design et développement :	**Neil Oatley**
Directeur du design :	**Mark Inham**
Directeur d'équipe :	**Paul James**
Pilote test :	**non communiqué**
Châssis :	**McLaren MCL36**
Moteur :	**Mercedes V6**
Pneumatiques :	**Pirelli**

McLaren est à la traîne dans la course technologique aux effets de sol, mais l'équipe relève la tête lorsque Ron Dennis en prend la direction et embauche John Barnard, qui conçoit la 1re monocoque en fibre de carbone de la F1 en 1980. McLaren devient irrésistible et ses pilotes Lauda puis Alain Prost sont sacrés champions en 1984, 1985 et 1986, tandis que l'écurie décroche ses 2e et 3e titres de constructeurs, avec une motorisation TAG.

La saison suivante est dominée par Williams, mais McLaren décroche un contrat avec Honda pour équiper ses monoplaces et débute son âge d'or. En 1988, Ayrton Senna et Prost remportent 15 des 16 courses et le Brésilien est sacré. Prost s'empare de la couronne en 1989 : impossible pour les autres écuries de rivaliser avec les deux meilleurs pilotes, au volant des deux meilleures voitures. En 1990, alors que Prost est parti chez Ferrari, Senna permet à McLaren de réaliser le triplé.

Après une période moins prolifique, McLaren revient sur le devant de la scène lorsque son designer Adrian Newey crée une alchimie parfaite entre son châssis et les moteurs Mercedes. Au volant de cette monoplace, Mika Häkkinen et David Coulthard dominent Michael Schumacher et le Finlandais remporte le titre deux années de suite.

Ferrari domine la période suivante, emmenée par un Schumacher intouchable, malgré les exploits de Kimi Räikkönen qui termine 2e en 2003 et 2005 en le poussant dans ses derniers retranchements. McLaren doit attendre quasiment une décennie pour renouer durablement avec la victoire, grâce à Fernando Alonso et à un jeune Lewis Hamilton. En 2007, les deux pilotes se livrent une telle concurrence qu'ils en laissent le titre échapper en faveur de Kimi Räikkönen (Ferrari). Mais l'année suivante, Hamilton est sacré.

Lorsque McLaren perd son contrat de motorisation avec Mercedes et doit rempiler avec Honda en 2015, les résultats plongent. L'écurie frôle même la catastrophe : elle termine à l'avant-dernière place des constructeurs en 2015 et 2017.

Un nouveau tournant intervient en 2018, avec l'arrivée des moteurs Renault et de Zak Brown. L'ancien pilote parvient progressivement à recruter le personnel qui manquait à McLaren pour rebondir, et notamment Andreas Sidl, débauché de Porsche pour diriger l'équipe. Aidée par Carlos Sainz Jr., l'écurie remonte à la 6e place en 2019, puis à la 4e en 2020. C'est l'année où Lando Norris atteint sa maturité et commence à monter régulièrement sur le podium. À Monza en 2020, Carlos est passé à une fraction de seconde de s'imposer.

« En tant qu'équipe, nous attendions cette victoire [à Monza] depuis longtemps. Nous savons qu'il nous reste beaucoup de travail, mais c'est une immense source de motivation. »

Andreas Seidl

Senna partage le podium avec Patrese et son coéquipier Berger après sa victoire au Brésil en 1991.

DANIEL RICCIARDO

Un temps dominé par Lando Norris, son coéquipier moins expérimenté, Daniel a appris à connaître sa voiture et a progressé pour offrir à McLaren sa 1re victoire en neuf ans. Il devrait passer à la vitesse supérieure en 2022.

Daniel a décroché la 1re victoire de McLaren en 170 courses.

Daniel est l'une des personnes les plus populaires de la série Netflix *Drive to Survive*, en partie pour son sourire rayonnant et sa joie de vivre en tant que pilote de F1. Il a raison de savourer, car son parcours a nécessité beaucoup de sacrifices.

Il lui aura en effet fallu voyager, très jeune et beaucoup : même la maison de son enfance, dans l'ouest de l'Australie, était éloignée du reste du pays. Après avoir écumé les courses de karting dans toute l'Asie, c'est en Formule BMW qu'il dispute sa 1re saison complète en monoplace, s'inclinant face à Earl Bamber, futur vainqueur des 24 heures du Mans.

Arrivé en Europe en 2007, à l'âge de 17 ans, il est aligné en Formule Renault Italie grâce au programme de sponsoring de la filière de jeunes de Red Bull. Il passe ensuite au championnat d'Europe, dont il est vice-champion en 2008, derrière Valtteri Bottas. L'année suivante, il remporte son 2e titre en dominant le championnat F3 britannique pour Carlin.

Après quelques courses d'essai en Formule Renault 3.5, Daniel intègre cette catégorie plus puissante en 2010 et s'offre la 2e place, à tout juste deux points du vainqueur, en gagnant quatre manches. Engagé dans la même compétition l'année suivante, il part en cours de saison quand l'éphémère écurie HRT F1 se sépare de Narain Karthikeyan. Il récupère son baquet, avec le soutien de Red Bull, et engrange une 1re expérience dans la catégorie reine. Red Bull place ensuite Daniel dans son équipe junior de F1, la Scuderia Toro Rosso, où il reste de 2012 à 2014, avant d'être promu chez Red Bull Racing. Son image change alors du tout au tout, délaissant celle du chasseur impitoyable pour épouser celle du vainqueur de courses. Avec trois victoires, il empoche la 3e place derrière les deux pilotes Mercedes, Lewis Hamilton et Nico Rosberg. De nouveau 3e en 2016, Daniel passe alors dans l'ombre de Max Verstappen et décide de rejoindre Renault en 2019. Leader de l'équipe, il obtient cependant des résultats décevants et fait alors le choix payant de passer chez McLaren.

TOUT SOURIRE À MONZA

Auteur de pâles résultats en comparaison avec ceux de son coéquipier Lando Norris en début de saison, l'Australien a terminé au mieux trois places derrière lui lors des trois 1ers Grand Prix. Il a ensuite semblé mieux maîtriser la MCL35M, battant son coéquipier en Espagne, où il finit 6e.
Cela n'était malheureusement qu'éphémère : il termine derrière Lando lors des six manches suivantes. Il faut attendre la 12e course, à Spa-Francorchamps, pour qu'il décroche enfin une 4e place. Le travail de Daniel paye pour finir, comme il le confirme deux GP plus tard en s'imposant à Monza – et il n'aurait sans doute même pas eu besoin de la collision entre Lewis Hamilton et Max Verstappen. Le sourire habituel de Ricciardo est devenu encore plus large, comme débarrassé d'un poids.

INFOS CLÉS

Nationalité : **AUSTRALIEN**
Naissance : **1er JUILLET 1989 À PERTH (AUTRALIE)**
Site Web : **www.danielricciardo.com**
Équipes : **HRT 2011, TORO ROSSO 2012-13, RED BULL RACING 2014-18, RENAULT 2019-20, McLAREN 2021-22**

CARRIÈRE

Premier Grand Prix : **GP du Royaume-Uni 2011**
Départs en Grand Prix : **210**
Victoires en Grand Prix : **8**
2014 Canada, Hongrie, Belgique ; 2016 Malaisie ; 2017 Azerbaïdjan ; 2018 Chine, Monaco ; 2021 Italie
Poles : **4**
Tours le plus rapide : **16**
Points : **1274**
Palmarès : **DAUPHIN FORMULE RENAULT 3.5 2010, CHAMPION FORMULE 3 BRITANNIQUE 2009, VICE-CHAMPION D'EUROPE FORMULE RENAULT ET CHAMPION D'EUROPE DE L'OUEST FORMULE RENAULT 2008**

LANDO NORRIS

Onzième, 9e puis 5e : voici une excellente progression, d'autant plus lorsqu'il s'agit de son classement dans ses trois 1res saisons en F1. En 2022, Lando aura peut-être l'ambition de monter directement sur le podium, ce qui sera uniquement possible si McLaren est à la hauteur.

Doué pour pourchasser ses adversaires, Lando attend encore sa 1re victoire en F1.

Lando a été un pilote de karting exceptionnel : champion d'Europe, puis champion du monde junior et senior, il a découvert les monoplaces dès l'âge de 14 ans, dans la série Ginetta Junior. Bénéficiant d'un excellent soutien financier, il en profite pour disputer de nombreuses courses lors de ses deux 1res années. Il engrange donc de l'expérience dans les championnats de F4 avant de décrocher son 1er titre en s'imposant en Formule MSA.

En 2016, profitant de l'hiver européen pour aller s'aguerrir en Nouvelle-Zélande, il revient avec le titre en Toyota Racing Series. De retour sur le Vieux Continent, il devient champion d'Europe de Formule Renault et empoche aussi le titre d'Europe du Nord. Quand il reçoit le trophée du Meilleur jeune pilote McLaren Autosport BRDC, son nom est sur toutes les lèvres.

En 2017, il décide de s'engager dans le championnat d'Europe F3, qu'il devient l'un des rares pilotes à remporter dès sa 1re saison. Il goûte aussi aux joies de la F1, grâce à son trophée McLaren Autosport BRDC.

L'année suivante, il s'attaque à l'antichambre de la Formule 1 : la F2. Il y réussit une saison impressionnante, terminant à la 2e place grâce à une régularité qui lui permet de devancer de justesse Alex Albon. Ils terminent tous deux loin d'un 3e pilote britannique, George Russel ayant dominé la concurrence en remportant sept courses, contre quatre pour Alex et une pour Lando.

Il est désormais temps de découvrir la F1, et c'est au volant d'une McLaren qu'il termine 6e dès sa 2e course, en 2019. C'était à Sakhir, mais il ne réussit pas à faire mieux lors des 19 manches suivantes, et tout juste à faire aussi bien en Autriche. En 2020, Lando bénéficie non seulement de l'expérience de sa 1re année en F1, mais aussi du retour en forme de McLaren : il monte sur le podium dès la 1re course au Red Bull Ring et continue de marquer des points, même s'il termine derrière son coéquipier Carlos Sainz Jr.

INFOS CLÉS

Nationalité : **BRITANNIQUE**
Naissance : **13 NOVEMBRE 1999 À GLASTONBURY (ANGLETERRE)**
Site Web : **www.landonorris.com**
Écuries : **McLAREN 2019-22**

CARRIÈRE

Premier Grand Prix : **GP d'Australie 2019**
Départs en Grand Prix : **60**
Victoires en Grand Prix : **0**
(meilleur résultat : 2e au GP d'Italie 2021)
Poles : **1**
Tours le plus rapide : **3**
Points : **306**
Palmarès : **DAUPHIN F2 2018, CHAMPION D'EUROPE F3 2017, CHAMPION D'EUROPE FORMULE RENAULT, CHAMPION NEC FORMULE RENAULT ET CHAMPION DES TOYOTA RACING SERIES 2016, CHAMPION DE FORMULE MSA 2015, CHAMPION DU MONDE DE KARTING KF 2014, CHAMPION DU MONDE DE KARTING KF JUNIOR, CHAMPION D'EUROPE DE KARTING KF ET VAINQUEUR DE LA SUPER COUPE KF JUNIOR 2013**

DÉMARRAGE EN TROMBE

Lando a démarré pied au plancher le Championnat du monde l'an dernier, bien aidé il est vrai par le changement de motorisation de McLaren, passé de Renault à Mercedes. En terminant consécutivement 4e à Sakhir, 3e à Imola et 5e au Circuit international d'Algarve pour les trois 1res courses de la saison, Lando et McLaren ont confirmé qu'il faudrait compter sur eux. Le fait que Lando performe mieux que son coéquipier Daniel Ricciardo a encore ajouté à sa confiance. Ajoutez-y une 3e place à Monaco et au Red Bull Ring : le pilote britannique de 21 ans a été proche de la tête du classement. Lando a terminé dans les points dans chacune des 10 1res manches : il était 3e avant le GP de Hongrie, où il a été contraint à l'abandon. Plus tard, il a obtenu le meilleur résultat de sa carrière en terminant 2e à Imola – derrière son coéquipier. Par la suite, Ferrari a rebondi et Sergio Pérez a excellé au volant de la 2e Red Bull pour le rétrograder à la 6e place finale.

Les ingénieurs et l'équipe des stands profitent d'un rare moment de calme dans leur garage lors des essais, l'an dernier au GP de 2017, Bahreïn.

9
DELL Technologies
splunk>
McLaren

ALPINE

Les monoplaces noir et jaune ont troqué en 2021 leurs couleurs pour le bleu-blanc-rouge qui habillait précédemment Renault, mais cela n'a pas vraiment aidé Fernando Alonso et Esteban Ocon sur la piste. Les pilotes et l'écurie espèrent une saison 2022 plus aboutie.

Il a fallu du temps à Fernando Alonso pour se réacclimater à la F1, mais l'expérience de l'an dernier au sein de l'équipe Alpine devrait l'aider.

Après avoir concouru pendant deux périodes sous le nom de Renault F1 – sans lien avec l'écurie Renault F1 d'origine – l'équipe basée dans l'Oxfordshire semble avoir décidé d'arborer le nom d'Alpine, du moins pour le moment. En vérité, cette écurie n'a que très peu bougé, mis à part le déménagement en 1992 de son siège de Witney à Enstone, à une vingtaine de kilomètres de là, mais sa dénomination est beaucoup plus fluide.

L'aventure commence en 1981 lorsque l'écurie Toleman, fondée par un magnat du transport de voitures neuves nommé Ted Toleman, fait le doublé en F2 grâce à Brian Henton et Derek Warwick et décide de tenter sa chance en F1. Après des débuts compliqués, l'écurie progresse au fil des deux saisons suivantes, quand les monoplaces conçues par Rory Burne et motorisées par Hart deviennent plus compétitives. Toleman fait des pas de géants en 1984, mené par un Ayrton Senna qui découvre la F1. Mais Senna rejoint Lotus en 1985.

Un 1er tournant majeur intervient en 1986 lorsque l'écurie change de nom pour la 1re fois, suite à son rachat par Benetton, l'entreprise italienne de tricots qui la sponsorisait. Grâce aux puissants moteurs BMW turbocompressés, les voitures de

HOMME CLÉ ET RÉSUMÉ DE 2021

DAVIDE BRIVIO

L'Italien de 57 ans a apporté un vent de fraîcheur à la F1 lorsqu'il a rejoint Alpine l'an dernier, suite au départ surprise de Cyril Abiteboul. Davide vient du monde du motocyclisme : il a été pilote de motocross et a travaillé comme journaliste, avant de rejoindre le département Communication de l'instance dirigeante World Superbikes. En 1992, il part chez Yamaha et passe au MotoGP, remportant quatre titres mondiaux avec Valentino Rossi et un avec Jorge Lorenzo. En 2013, Suzuki l'attire dans ses filets.

VICTOIRE SURPRISE, MAIS LENTEUR VISIBLE

Estaban Ocon a été le vainqueur mérité de l'extraordinaire GP de Hongrie l'an dernier, pour sa capacité à dompter les conditions difficiles. Pourtant, la saison 2021 n'a pas été le succès dont rêvait la marque Alpine pour son arrivée en F1. L'objectif était de s'appuyer sur la fiabilité de Renault pour tenter d'aller titiller les écuries majeures, mais Ocon et Alonso ont eu toutes les difficultés du monde à se hisser dans les six premières places – sans parler de podiums.

PILOTES ET RÉSULTATS DE 2021

Pilote	Nationalité	Courses	Victoires	Pts	Cl.
Fernando Alonso	Espagnol	22	0	81	10e
Esteban Ocon	Français	22	1	74	11e

FICHE TECHNIQUE

Pays d'origine : **Angleterre**
Siège : **Enstone (Angleterre)**
N° téléphone : **+44 01608 678000**
Site Web : **www.alpinecars.com**
Activité en Formule 1 : **En tant que Toleman 1981-85, Benetton 1986-2001, Renault 2002-11 & 2016-2020, Lotus 2012-15, Alpine depuis 2021**
Grands Prix : **694**
Victoires : **49**
Pole positions : **34**
Tours le plus rapide : **55**

L'ÉQUIPE

Directeur technique en chef : **Pat Fry**
Directeur technique : **Matt Harman**
Directeur de course : **Davide Brivio**
Responsable aérodynamisme : **Dirk de Beer**
Directeur sportif : **Alan Permane**
Directeur des opérations : **Rob White**
Ingénieur en chef : **Ciaron Pilbeam**
Directeur d'équipe : **Paul Seaby**
Pilote testeur : **Oscar Piastri**
Châssis : **Renault A522**
Moteur : **Renault V6**
Pneumatiques : **Pirelli**

Byrne rivalisent avec leurs concurrentes et Gerhard Berger offre sa 1re victoire à l'équipe au Mexique. Cinquième en 1987, l'écurie Benetton termine 1988 à la 3e place grâce aux belles prestations de Thierry Boutsen dans une période dominée par les McLaren. Des victoires viennent s'ajouter en 1989 et 1990, par l'intermédiaire d'Alessandro Nannini puis de Nelson Piquet.

L'arrivée de Michael Schumacher marque le début de sa plus belle période : *rookie* en 1991, il gagne sa 1re course pile un an après ses débuts en F1 en Belgique et devient champion du monde en 1994 malgré un accrochage avec Damon Hill (Williams). Schumacher est de nouveau sacré en 1995, année du 1er titre des constructeurs de l'écurie, qui a troqué les moteurs Ford pour ceux de Renault.

En 2002, en pleine domination de Ferrari, l'équipe est renommée Renault dans le cadre de l'accord de fourniture de moteurs. Il convient de noter que malgré les différents changements de noms, le personnel est resté inchangé, à l'image de Pat Symonds qui était présent dès avant l'ère F1 de Toleman dans l'aspect technique, malgré les départs de Byrne et Ross Brawn pour Ferrari à la fin des années 1990.

Fort heureusement, les succès promis arrivent : Fernando Alonso ajoute son expérience à sa vitesse naturelle pour remporter sa 1re victoire avec l'équipe, au GP de Hongrie 2003. En 2005 et 2006, le pilote espagnol est sacré champion du monde deux fois d'affilée. Lors du 2e sacre, il gagne sept courses et son coéquipier Giancarlo Fisichella ajoute régulièrement des points, ce qui permet à l'écurie de décrocher son 2e titre des constructeurs.

La suite est moins glorieuse : Alonso part puis revient et un 3e changement de nom intervient en 2012. L'équipe est dorénavant baptisée Lotus Renault GP, en lien avec le constructeur Lotus et non feu l'écurie Team Lotus. Du moins jusqu'en 2016, où elle reprend le nom de Renault à l'expiration du contrat. Le plus beau moment de l'ère Lotus est sans doute la victoire au GP d'Australie 2013 de Kimi Räikkönen, un an après son retour de « retraite » où il a découvert le rallye pendant deux ans.

Sous le pavillon Renault depuis 2016, l'écurie réalise de belles choses avec Nico Hulkenberg, Carlos Sainz Jr. et Daniel Ricciardo. Mais même dans la meilleure de ces années, en 2018 elle parvient seulement à se hisser à la 4e place, derrière Mercedes, Ferrari et Red Bull Racing – Lewis Hamilton dominait Sebastian Vettel et la Renault d'Hulkenberg terminait à la 7e place.

« Le suspense qu'ont créé Max Verstappen et Lewis Hamilton en 2021 alimente encore plus notre envie d'être au sommet de la grille, à nous battre pour décocher des victoires et des titres dans un avenir proche. C'est notre but. »

Laurent Rossi

Michael Schumacher en route vers son 2e titre de F1 avec Benetton à Hockenheim en 1995.

FERNANDO ALONSO

Revenir en F1 après trois années d'absence n'est pas si simple, même pour un ancien champion du monde – en voici pour exemple Michael Schumacher chez Mercedes. Mais Fernando s'est mis au travail et a progressé au fil de l'année.

Fernando a choisi de relever le défi de mener Alpine aux sommets.

Adolescent, Fernando collectionnait les titres de champion d'Espagne de karting, jusqu'à ce qu'il soit champion du monde en 1996. Il arrive en monoplace en 1999, et répond présent en remportant le Formula Open by Nissan dès sa 1re année. En 2000, il s'essaye à l'E3000 et il gagne la dernière course à Spa-Francorchamps pour terminer la saison à la 4e place. Sans surprise, il attire l'attention des recruteurs et Benetton lui offre un contrat.

Fernando débute en F1 en 2001 chez Minardi, où il fait ses gammes. L'année suivante, il ne dispute aucune course mais engrange de l'expérience en tant que pilote testeur, avant de rejoindre Renault (feu Benetton) pour la saison 2003. L'Espagnol remporte sa 1re course en milieu de saison, en Hongrie. Michael Schumacher domine la F1 au volant de sa Ferrari, mais Fernando termine 4e en 2004 et remporte sept manches pour gagner le titre en 2005 en devançant Kimi Räikkönen, puis sept autres pour s'offrir le doublé la saison suivante. Passé chez McLaren, il est tout près de réaliser le triplé, mais ses escarmouches avec son jeune coéquipier Lewis Hamilton permettent à Räikkönen (Ferrari) de les dépasser tous deux au classement.

Il retourne donc chez Renault en 2008, mais après deux saisons décevantes, Alonso rejoint Ferrari, avec qui il passe à un fil d'être sacré en 2010. S'il remporte cinq courses cette saison-là, les quatre années qui suivent sont une succession de déception, dans une écurie McLaren sur le déclin. Fernando part alors en quête de nouvelles aventures : il remporte deux fois les 24 heures du Mans, une fois les 24 heures de Daytona et un titre de champion du monde d'Endurance. Lorsqu'il fait son retour en F1 à l'âge de 39 ans, son ancienne équipe l'accueille à bras ouverts.

EN ATTENDANT UNE MEILLEURE VOITURE

Tout double champion du monde doit préparer avec minutie son retour en F1 après avoir fait une pause. Son talent indéniable ne lui garantit pas d'être rapide dès le départ, car les voitures et les pneus changent beaucoup en l'espace de quelques années. C'est ce qu'il s'est produit à son retour dans l'écurie où il avait été sacré – d'autant que c'était en 2005 et 2006, sous le nom de Renault. Mais après avoir été dominé par son coéquipier Esteban Ocon en début de saison, Fernando a retrouvé ses sensations. Non seulement à l'attaque, avec une 4e place en Hongrie, mais aussi en défense, lorsqu'il a protégé Ocon du retour de Lewis Hamilton pour lui permettre d'obtenir sa 1re victoire en F1. Sans oublier sa 3e place pour le Grand Prix inaugural du Qatar sur le circuit de Losail.

INFOS CLÉS

Nationalité : **ESPAGNOL**
Naissance : **29 JUILLET 1981 À OVIEDO (ESPAGNE)**
Site Web : **www.fernandoalonso.com**
Équipes : **MINARDI 2001, RENAULT 2003-06, McLAREN 2007, RENAULT 2008-09, FERRARI 2010-14, McLAREN 2015-18, ALPINE 2021-22**

CARRIÈRE

Premier Grand Prix : **GP d'Australie 2001**
Départs en Grand Prix : **336**
Victoires en Grand Prix : **32**
2003 Hongrie ; 2005 Malaisie, Bahreïn, Saint-Marin, GP d'Europe, France, Allemagne, Chine ; 2006 Bahreïn, Australie, Espagne, Monaco, Royaume-Uni, Canada, Japon ; 2007 Malaisie, Monaco, GP d'Europe, Italie ; 2008 Singapour, Japon ; 2010 Australie, Allemagne, Italie, Singapour, Corée ; 2011 Royaume-Uni ; 2012 Malaisie, GP d'Europe ; 2013 Chine, Espagne

Poles : **22**
Tours le plus rapide : **23**
Points : **1980**
Palmarès : **VAINQUEUR DES 24 HEURES DE DAYTONA 2019, CHAMPION DU MONDE D'ENDURANCE 2018/2019, VAINQUEUR DES 24 HEURES DU MANS 2018 ET 2019, CHAMPION DU MONDE F1 2005 ET 2006, VICE-CHAMPION DU MONDE F1 2012 ET 2013, CHAMPION DE FORMULE NISSAN 1999, CHAMPION D'ITALIE ET D'ESPAGNE DE KARTING 1997, CHAMPION D'ESPAGNE ET DU MONDE DE KARTING 1996**

ESTEBAN OCON

Une saison avec la 1re victoire d'un pilote en F1 est forcément une bonne saison : Esteban doit avoir le moral au beau fixe depuis son succès en Hongrie et il espère forcément qu'Alpine s'adaptera au mieux au nouveau règlement technique.

Esteban a vécu une victoire l'an dernier, mais la vie n'en sera pas plus simple en 2022.

Dès ses 1ers tours de piste en karting, Esteban apparaissait déjà comme un pilote à part. Mais la concurrence était rude parmi les futures pousses françaises : Pierre Gasly avait un temps d'avance, mais il était pourchassé sans relâche par Esteban et Anthoine Hubert.

Ils sont tous passés en monoplace dès qu'ils l'ont pu : le natif d'Évreux a découvert la Formule Renault lorsqu'il avait 16 ans. Pour sa 1re saison, il s'offre un podium au championnat d'Europe, mais dès la 2e il remporte des courses et termine à la 3e place, alors que Gasly est sacré. Plus important, ses prestations sont remarquées par l'équipe junior de Lotus F1, et il fait ses 1ers essais en F1 en 2014.

Cette année-là, il se concentre surtout sur le championnat d'Europe de F3 FIA, dont il décroche le titre en remportant neuf manches pour Prema Powerteam, reléguant à la 3e place un autre débutant, Max Verstappen.

Esteban désire rejoindre la F2 mais il manque de soutien financier : ce sera donc en GP3 qu'il tentera de briller. Sans surprise, il y parvient et s'offre le titre pour l'écurie ART Grand Prix. Il se rappelle au bon souvenir de la F1 en passant quelques jours de test chez Force India, mais sans budget pour concrétiser son ambition, il se tourne vers les véhicules de tourisme et découvre le championnat DTM, sous la houlette de Mercedes. Sa loyauté envers la marque allemande est récompensée avant même la fin de l'année, car Manor F1 limoge Ryo Haryanto et confie son baquet à Esteban.

Il franchit un cap en s'engageant auprès de Force India en 2017 et il fait forte impression en terminant 8e, juste derrière Sergio Pérez, son coéquipier bien plus expérimenté, et en terminant deux fois à la 5e place.

La saison 2018 n'est pas aussi prolifique pour le pilote français, qui termine à la 12e place et se voit remplacé par Lance Stroll. Esteban rebondit toutefois chez Renault, où il devient pilote d'essai avant d'être titularisé en 2020, saison qu'il achève avec une 2e place à Sakhir.

UNE 1RE VICTOIRE INOUBLIABLE

Le Grand Prix de Hongrie 2021 restera dans les annales, mais pas forcément car il s'agit de la 1re victoire d'Esteban en F1. L'image que les fans garderont, c'est une course chaotique, avec un double accrochage dès l'entame, un 2e départ arrêté, Lewis Hamilton qui retourne bon dernier aux stands pour y chausser des pneus (lisses) adaptés, puis la remontée tonitruante du pilote britannique… freinée par Fernando Alonso, qui permettait à Ocon de franchir la ligne en 1er. Il s'offrait là 25 points, mais aussi une revanche sur Pierre Gasly, son ancien rival de karting et compatriote qui avait déjà remporté sa 1re course, à Monza en 2020. Ce résultat est extraordinaire au sens propre : Esteban ne s'est même plus approché d'un podium depuis, à l'exception d'une 4e place dans l'ultime manche de la saison, en Arabie saoudite.

INFOS CLÉS

Nationalité :	**FRANÇAIS**
Naissance :	**17 SEPTEMBRE 1996 À ÉVREUX (FRANCE)**
Site Web :	**www.esteban-ocon.com**
Écuries :	**MANOR 2016, FORCE INDIA 2017-18, RENAULT 2020, ALPINE 2021-22**

CARRIÈRE

Premier Grand Prix :	**GP de Belgique 2016**
Départs en Grand Prix :	**89**
Victoires en Grand Prix :	**1 Grand Prix de Hongrie 2021**
Poles :	**0**
Tours le plus rapide :	**0**
Points :	**272**
Palmarès :	**CHAMPION GP3 2015, CHAMPION D'EUROPE FORMULE 3 FIA 2014**

SCUDERIA ALPHATAURI

Autrefois habituée à terminer loin des points sous l'ère Minardi, l'écurie italienne a gagné en maturité et fait désormais partie du milieu de tableau, avec une régularité même supérieure à son époque Toro Rosso.

Le pilote japonais Yuri Tsunoda donne un accent international à AlphaTauri, mais c'est son prodige Pierre Gasly qui mène la danse.

L'écurie Minardi F1 a toujours suscité le respect, mais pas pour son nombre de victoires en Grand Prix – elle n'en a jamais remporté aucun, et globalement engrangé très peu de points. Mais les voitures noir et jaune forcent le respect pour leur régularité et leur détermination.

L'équipe a été fondée en 1980 par un concessionnaire Fiat nommé Giancarlo Minardi, qui avait arpenté les circuits juniors italiens et européens en F2. Il commence alors à construire ses propres voitures et l'une d'elles mène la star montante Michele Alboreto à la victoire en 1981. Minardi (qui changera deux fois d'identité avant de devenir AlphaTauri) fait alors partie du peloton de tête lors des saisons suivantes, notamment grâce à Alessandro Nannini, mais sans gagner d'autre course. La dissolution de la F2 en 1985 encourage l'écurie à tenter sa chance en F1.

Il lui faudra trois saisons pour trouver ses marques, après avoir remplacé ses moteurs Motori Moderni, lourds et peu fiables, par une motorisation Ford. Mais il faudra attendre l'arrivée d'Aldo Costa pour obtenir un châssis maniable. Leur travail est récompensé par les 5e et 6e places du Grand Prix de Silverstone 1989, Pierluigi Martini terminant devant Luis Pérez Sala.

HOMME CLÉ ET RÉSUMÉ DE 2021

HELMUT MARKO

Pilote en Formula Super Vee, en F3 et en voitures de course, Helmut termine 3e aux 24 heures du Mans 1970, une épreuve qu'il remporte l'année suivante en Porsche. Il a également piloté en F1 : 8e à Monaco en 1972, il raccroche après avoir reçu un gravier dans l'œil au GP de France. Marko a ensuite dirigé des écuries en F3 puis en F3000, avant de se lier d'amitié avec Dietrich Mateschitz, le fondateur de Red Bull pour qui il gère le programme de développement des pilotes.

GASLY BRILLANT, MAIS PAS RÉCOMPENSÉ

Pierre Gasly n'a pas remporté de victoire en 2021, mais c'était prévu malgré son succès incroyable à Monza en 2020. Cela dit, personne ne s'attendait à voir Gasly monter sur le podium à Bakou et il a défié les pronostics. Malgré ses exploits, il n'a pas été rappelé par l'écurie mère, Red Bull Racing. Son coéquipier débutant Yuki Tsunoda a affiché de belles promesses en se classant 9e dans la 1re manche, mais sans concrétiser par la suite, à part dans l'ultime course à Abu Dhabi, où il décroche la 4e place, juste devant Gasly.

PILOTES ET RÉSULTATS DE 2021

Pilote	Nationalité	Courses	Victoires	Pts	Cl.
Pierre Gasly	Français	22	0	110	9e
Yuki Tsunoda	Japonais	21	0	32	14e

Cette même année, Martini mène la course pendant un tour à Estoril, jusqu'à ce qu'un changement de pneus tardif ne le rétrograde à la 5e place. Ensuite, il brille dans les qualifications à Phoenix pour débuter le GP des États-Unis sur la 1re ligne, exploitant parfaitement ses gommes Pirelli, mais il termine 7e.

Minardi opte pour un moteur Ferrari en 1991, un choix payant assorti d'une 7e place au classement des constructeurs, surtout grâce aux bonnes prestations de Martini, qui termine 4e à Estoril. Le contrat n'est toutefois pas prolongé : retour donc de la motorisation Lamborghini, avant l'adoption en 1993 de Ford HB, avec lequel Christian Fittipaldi réussit bien, aidant l'équipe à terminer 8e.

Lors des années qui suivent, Minardi a poursuivi sa politique d'offrir une 1re expérience en F1 aux jeunes pilotes italiens, dont Giancarlo Fisichella et Jarno Trulli, avant d'ouvrir les portes plus tard au prodige espagnol Fernando Alonso.

Néanmoins, la situation financière se dégrade, à cause notamment du manque de résultats, à l'image de la 4e place qui tendait les bras à Luca Badoer au Grand Prix d'Europe 1999 au Nurburgring, avant qu'il ne soit trahi par sa boîte de vitesses.

L'inévitable se produit en 2001 : Paul Stoddart prend la direction de l'équipe et recrute son compatriote australien Mark Webber en 2002. Le pilote lui repaye sa confiance en décrochant une 5e place à Melbourne.

Lorsque débute la saison 2006, l'écurie a un nouveau nom et de nouveaux fonds : elle devient la Scuderia Toro Rosso, « l'équipe du taureau rouge », la traduction italienne de Team Red Bull, du nom du groupe qui l'a rachetée pour en faire son équipe junior. L'objectif est de tester des pilotes prometteurs pour voir s'ils ont le niveau de la F1, et potentiellement de leur offrir un baquet chez Red Bull Racing plus tard. Toro Rosso n'a donc pas la pression des résultats, mais elle décroche sa 1re victoire dès 2008, grâce à Sebastian Vettel dans un GP d'Italie arrosé. Ce succès intervient alors que l'équipe senior attend encore sa 1re victoire… Vettel en est récompensé par une promotion. D'autres suivront son exemple, et certains feront le chemin inverse, comme Daniil Kvyat ou Pierre Gasly. Ce dernier a terminé 2e du GP du Brésil 2019, avant d'être victorieux à Monza l'année suivante.

FICHE TECHNIQUE

Pays d'origine : **Italie**
Siège : **Faenza (Italie)**
N° téléphone : **+39 546 696111**
Site Web : **www.scuderialphatauri.com**
Activité en Formule 1 :
En tant que Minardi 1985-2005, Toro Rosso 2006-19, AlphaTauri depuis 2020
Grands Prix : **648**
Victoires : **2**
Pole positions : **1**
Tours le plus rapide : **2**

L'ÉQUIPE

Propriétaire : **Dietrich Mateschitz**
Directeur de l'écurie : **Franz Tost**
Directeur technique : **Jody Egginton**
Responsable de conception : **Paolo Marabini**
Directeur de l'aérodynamisme : **non communiqué**
Directeur de la performance du véhicule : **Guillaume Dezoteux**
Responsable de l'équipe : **Graham Watson**
Coordinateur de l'équipe : **Michele Andreazza**
Responsable de l'ingénierie : **non communiqué**
Ingénieur de course : **Jonathan Eddols**
Pilote testeur : **Liam Lawson**
Châssis : **AlphaTauri AT03**
Moteur : **Honda V6**
Pneumatiques : **Pirelli**

Gerhard Berger fête la 1re victoire de l'écurie, celle de Sebastian Vettel à Monza en 2008.

« Nous avons battu notre record de points, à 13 longueurs d'Alpine. L'équipe a énormément progressé dans tous les domaines. J'ai hâte de débuter la saison 2022, avec une nouvelle voiture qu'on espère assez compétitive pour aller chercher de meilleurs résultats encore. »

Franz Tost

PIERRE GASLY

Pas de victoire en course pour Pierre en 2021 contrairement à la saison précédente, mais un podium et une 4e place grâce à son talent indéniable, ce qui en fait le meilleur pilote qui n'est pas encore engagé dans une écurie majeure.

Régulier et performant en 2021, Pierre vit peut-être sa dernière saison chez AlphaTauri.

Ce n'est pas la 1re fois qu'un pilote qui a tous les atouts pour atteindre les sommets voit sa course freinée, généralement par manque de soutien financier. Pourtant, Pierre continue de progresser et de franchir les étapes les unes après les autres.

Le pilote normand a toujours su bâtir sur ses succès : vice-champion d'Europe en karting KF3, il est devenu champion d'Europe en Formule Renault trois ans plus tard. L'histoire aurait pu être différente sans ce sacre, car il avait terminé 10e la saison précédente, en 2012.

Pierre passe ensuite à la Formule Renault 3.5 grâce au sponsoring du programme de jeunes pilotes de Red Bull. Il dompte ces machines plus puissantes et talonne Carlos Sainz Jr. pour terminer 2e derrière l'Espagnol.

Ce résultat accélère sa carrière : arrivé en GP2, il est sacré dès sa 2e saison, devançant Antonio Giovinazzi en 2016. Malheureusement, aucun baquet de F1 n'est disponible : Red Bull choisit donc de l'envoyer participer à la Super Formula au Japon. Loin des projecteurs, il doit apprendre à disputer des courses plus longues, dans des conditions météo très diverses, sur des circuits qu'il ne connaît pas. Mais son travail paye : il remporte deux manches et termine surtout à la 2e place, derrière le très expérimenté Hiroaki Ishiura.

Fin 2017, il découvre enfin la F1 chez la Scuderia Toro Rosso, qui vient de se séparer de Daniil Kvyat. Il est conservé par la suite, à la faveur notamment d'une 4e place au classement final, avant d'être promu chez Red Bull Racing en 2019.

Pierre y vit dans l'ombre de Max Verstappen et il est renvoyé chez Toro Rosso avant la fin de la saison.

L'écurie est renommée Scuderia AlphaTauri en 2020 et Pierre réalise la plus belle performance de l'année en remportant le GP d'Italie. À la surprise générale, il n'est pas rappelé par Red Bull Racing pour la saison 2021 et continue donc de tout donner là où il est.

UNE NOUVELLE ANNÉE D'EXCELLENCE

Pierre a sans doute été vexé lorsque le baquet laissé vacant chez Red Bull Racing par le départ d'Alex Albon fin 2020 a été confié à Sergio Pérez plutôt qu'à lui, étant donné sa longue histoire avec la marque. Il s'est pourtant remis au travail, ce qui lui a valu une belle 6e place à Monaco, puis un podium à Bakou (une manche remportée, ironie du sort, par Pérez). Dès lors, Pierre a mieux conduit que Sergio, terminant régulièrement 6e pour ce qui est, rappelons-le, l'équipe B de Red Bull. Parmi ses autres performances, notons une 4e place aux Pays-Bas et au Mexique. Gasly a terminé dans les points dans quatre des cinq derniers GP, soulignant au passage les progrès de son AT02 au moteur Honda. Sa 5e place lors de la dernière manche aurait dû être considérée comme un joli bouquet final, mais la fête est quelque peu gâchée par le fait qu'il a terminé derrière son jeune coéquipier Tsunoda.

INFOS CLÉS

Nationalité : **FRANÇAIS**
Naissance : **7 FÉVRIER 1996 À ROUEN (FRANCE)**
Site Web : **www.pierregasly.com**
Écuries : **TORO ROSSO 2017-18 ET 2019, RED BULL RACING 2019, ALPHATAURI 2020-22**

CARRIÈRE

Premier Grand Prix : **GP de Malaisie 2017**
Départs en Grand Prix : **86**
Victoires en Grand Prix : **1 (GP d'Italie 2020)**
Poles : **0**
Tours le plus rapide : **3**
Points : **309**
Palmarès : **DAUPHIN DE LA SUPER FORMULA JAPONAISE 2017, CHAMPION GP2 2016, DAUPHIN DE FORMULE RENAULT 3.5 2014, CHAMPION D'EUROPE DE FORMULE RENAULT 2013, CHAMPION D'EUROPE DE KARTING KF3 2010**

YUKI TSUNODA

Orphelins de pilote japonais depuis six ans, les fans nippons ont accueilli avec joie l'arrivée de Yuki, qui a démontré son talent et sa capacité à devenir leur héros – du moins s'il tire les leçons de sa 1re saison dans l'élite.

Yuki a encore beaucoup à apprendre, mais il peut être très rapide.

Arrivée en Formule 4 juste après son 16e anniversaire, Yuki a démontré qu'il était à sa place dans le circuit japonais. L'année suivante, il retrouve cette catégorie pour une 1re saison complète qu'il boucle avec trois victoires et une 3e place au classement général.

En 2018, il choisit de s'engager de nouveau en F4 pour tenter de remporter le titre. Bilan : 10 poles, sept victoires, et la couronne qu'il convoitait. Ayant dans l'optique de rallier l'Europe, Yuki passe trois jours d'essais au volant d'une GP3. Encouragé par cette expérience et soutenu par le programme des jeunes pilotes de Red Bull, il s'engage en F3 FIA en 2019, tout en concourant en parallèle en Euroformula Open, une 2e division de la série F3. Il engrange de l'expérience et décroche une victoire à Hockenheim à la 3e manche. C'est un Yuki surmotivé qui grappille les places, jusqu'à remporter sa 1re victoire en F3 FIA pour Jenzer Motorsport à Monza, avant-dernière étape de la saison, et termine l'année à la 9e place, loin derrière Robert Schwartzman.

En 2020, il met de nouveau les bouchées doubles en participant aux Toyota Racing Series en Nouvelle-Zélande, dont il remporte une honorable 4e place, avant de mettre le cap sur l'Europe pour la suite de la saison.

Au-delà de son talent, c'est aussi son image qui plaît à Honda, le motoriste de la Scuderia AlphaTauri : la philosophie « d'attaque maximale » incarnée par Yuri ravit le jeune public japonais.

Pourtant, Yuki préfère découvrir la F2, ce qu'il fait en signant chez Carlin en 2020. Le pilote prouve qu'il a le niveau dès la 1re course, en remportant la 2e place au Red Bull Ring. Il décroche sa 1re victoire à Spa-Francorchamps (grâce à une pénalité infligée à Nikita Mazepin), puis enchaîne d'autres succès. Vainqueur à Silverstone et à Sakhir, Yuki termine la saison sur le podium, derrière deux jeunes espoirs Ferrari, Mick Schumacher et Callum Ilott. C'est ainsi que Yuki décroche sa place en F1, devenant le 1er pilote nippon dans l'élite depuis Kamui Kobayashi en 2014 chez Caterham.

DÉBUTS TONITRUANTS

Yuki a démarré sa carrière en F1 en fanfare, en terminant dans les points à Bahreïn avec sa 9e place. Il a fait monter la température au Japon, mais la suite n'a pas été à la hauteur : Yuki a commis des erreurs, en se montrant parfois trop agressif, et n'a pas su rivaliser avec la concurrence. Mais le plus important est qu'il a beaucoup appris : à l'écoute et appliqué, il est revenu en forme dans la 2e partie de saison, avec notamment une 6e place dans un GP de Hongrie marqué par les accrochages. Yuki a également bénéficié de sa relation avec Pierre Gasly pour engranger connaissances et expérience au fil de la saison. Preuve de sa maturité, il a adopté une conduite moins agressive pour remporter une bonne 9e place aux États-Unis, avant de conclure en beauté avec une 4e place dans la dernière manche, à Abu Dhabi.

INFOS CLÉS

Nationalité :	**JAPONAIS**
Naissance :	**11 MAI 2000 À KANAGAWA (JAPON)**
Site Web :	**www.yukitsunoda.com**
Écuries :	**ALPHATAURI 2021-22**

CARRIÈRE

Premier Grand Prix :	**GP d'Australie 2021**
Départs en Grand Prix :	**21**
Victoires en Grand Prix :	**0**
Poles :	**0**
Tours le plus rapide :	**0**
Points :	**32**
Palmarès :	**CHAMPION DU JAPON F4 2018**

Les écuries ne sont pas les seules à faire le tour du monde : voici les camions de Pirelli, avec les installations éphémères de production TV de la F1 en arrière-plan.

PIRELLI
Global Tyre Partner

ASTON MARTIN F1 TEAM

Aston Martin F1 Team a beaucoup d'ambition pour l'avenir, avec des installations plus grandes en construction à Silverstone : l'écurie britannique espère donc que le nouveau règlement de 2022 lui permettra de renouer avec la tête de course, après une 1re saison difficile sous sa nouvelle identité.

Après une 2e place prometteuse au GP d'Azerbaïdjan en 2021, Sebastian Vettel espère engranger davantage de points cette saison.

Si Ferrari a conservé son nom depuis le Championnat du monde 1950, l'écurie aujourd'hui baptisée Aston Martin F1 Team compte deux fois moins d'expérience, mais six fois plus de noms : le pensionnaire de Silverstone a couru sous les couleurs de Jordan, Midland, Spyker, Force India et Racing Point.

Le pilote irlandais Eddie Jordan a tout donné derrière le volant dans les années 1970, avant d'utiliser ses célèbres talents dans les affaires pour fournir des voitures à d'autres conducteurs. Eddie Jordan Racing connaît quelques succès en F3 britannique, mais c'est en F3000 – l'antichambre de la F1 – qu'il s'est fait un nom à la fin des années 1980, en multipliant les succès avec Jean Alesi, Johnny Herbert et Martin Donnelly.

Guidé par sa grande ambition, Jordan choisit de s'inscrire en Formule 1 en 1991. Son compatriote Gary Anderson conçoit la monoplace, il obtient des moteurs Ford HB personnalisés et brille dès sa 1re saison avec une 5e place des constructeurs.

Ce succès initial est difficile à reproduire, car Jordan tente différentes motorisations pour diminuer les coûts. Son 1er succès notable intervient au GP du Canada 1995, où il place deux pilotes sur le podium avec des moteurs Peugeot.

HOMME CLÉ ET RÉSUMÉ DE 2021

MARTIN WHITMARSH

Martin a travaillé pour l'Aérospatiale britannique. Ses talents lui valent d'être nommé Directeur des opérations par McLaren en 1989. Huit ans plus tard, il en devient le directeur exécutif et dirige l'écurie de F1 sous la supervision de Ron Dennis. Les titres de Mika Hakkinen en 1998 et 1999 mettent McLaren sur orbite et Whitmarsh y reste jusqu'en 2014. Il change ensuite de cap pour rejoindre une aventure nautique, en dirigeant une équipe britannique engagée en Coupe de l'America. Il y travaille avec Ben Ainskie avant qu'Aston Martin ne le recrute.

NOUVEAU NOM, PAS D'AMÉLIORATION

À la lutte pour la 3e place avec McLaren en 2020, l'écurie rebaptisée Aston Martin a régressé en 2021. Sebastian Vettel a enchaîné les prestations décevantes en début de saison, avant d'obtenir la 2e place à Bakou, puis en Hongrie (avant d'être disqualifié). Lance Stroll a été plus régulier, mais avec des classements moins spectaculaires. Ferrari, Renault et AlphaTauri ont progressé et distancé l'équipe britannique au cours d'une saison longue et peu satisfaisante.

PILOTES ET RÉSULTATS DE 2021

Pilote	Nationalité	Courses	Victoires	Pts	Cl
Sebastian Vettel	Allemand	22	0	43	12e
Lance Stroll	Canadien	22	0	34	13e

Trois ans plus tard, sous motorisation Honda, Eddie Jordan vit sans doute la plus belle journée de sa vie : au GP de Belgique, il s'offre le luxe de demander à Ralf Schumacher de lever le pied dans les derniers tours pour que l'écurie obtienne non seulement sa 1re victoire, mais aussi son 1er doublé en haut du podium. Cette année-là, l'équipe termine à la 4e place, qui était alors le meilleur classement de son histoire. Elle se différencie grâce à son image rock'n'roll, la jeune équipe ambitieuse qui n'a pas peur de voler dans les plumes des grandes écuries. Cela ne l'empêche pas de monter sur le podium des constructeurs en 1999, aidée par les victoires d'Heinz-Harald Frentzen dans les Grands Prix de France et d'Italie.

La victoire suivante se fait attendre jusqu'en 2003, lorsque Giancarlo Fisichella triomphe au Brésil. À ce stade, la F1 coûte de plus en plus cher, ce qui force Jordan à vendre l'écurie à un magnat de l'acier, Alex Shnaider, fin 2004. Le nouveau nom – Midland – ne dure pas longtemps et l'équipe est rebaptisée Spyker en 2007, du nom d'une marque néerlandaise de voitures sportives. Douze mois plus tard, nouveau changement d'identité avec le rachat par un millionnaire indien, Vijay Mallya, pilote à ses heures, qui lui donne le nom de Force India.

L'écurie peine à trouver un budget même moyen, mais ses résultats sont bien plus qu'honorables, grâce à Fisichella, Sergio Pérez, Paul di Resta et Nico Hulkenberg.

Mallya tombe alors sous le coup d'une enquête financière des autorités indiennes et seule l'arrivée de Lawrence Stroll évite à l'équipe de mettre la clé sous la porte : il éponge les dettes et en prend les rênes en 2019. L'écurie bénéficie enfin d'une stabilité financière : employés et fournisseurs n'ont plus à s'inquiéter d'être payés à temps.

Avec une ambition démultipliée, elle prend la 7e place en 2019, puis se classe 4e en 2020 derrière Mercedes, Red Bull et McLaren. En fait, elle aurait même pu conquérir la 3e place, sans la déduction de 15 points infligée car certaines de ses pièces semblaient copiées de la Mercedes 2019. La saison s'est toutefois bien terminée, avec la 1re victoire en F1 de Pérez dans l'avant-dernière course, alors qu'il savait qu'il ne serait pas prolongé pour 2021. Mais la preuve la plus criante de ses ambitions est peut-être le recrutement de Martin Whitmarsh, l'ancien chef de McLaren, pour diriger son programme.

Giancarlo Fisichella, vers une 2e place à Spa 2009, a été l'un des meilleurs atouts de Force India.

FICHE TECHNIQUE

Pays d'origine : **Angleterre**
Siège : **Silverstone (Angleterre)**
N° téléphone : **+44 1327 850800**
Site Web : **www.astonmartinf1.com**
Activité en Formule 1 : **En tant que Jordan 1991-2004, Midland 2005-06, Spyker 2007, Force India 2008-18, Racing Point 2019-20, Aston Martin depuis 2021**
Grands Prix : **557**
Victoires : **5**
Pole positions : **4**
Tours le plus rapide : **7**

L'ÉQUIPE

Directeur exécutif : **Martin Whitmarsh**
Directeur technique : **Andrew Green**
Responsable technique : **Dan Fallows**
Directeur sportif : **Andy Stevenson**
Directeur de l'ingénierie usine : **Luca Furbatto**
Directeur de production : **Bob Halliwell**
Responsables de conception : **Akio Haga & Ian Hall**
Directeur de l'aérodynamisme : **Simon Phillips**
Directeur de l'ingénierie de performance : **Tom McCullough**
Directeur des opérations **Mark Gray**
Pilote testeur : **non annoncé**
Châssis : **Aston Martin AMR22**
Moteur : **Mercedes V6**
Pneumatiques : **Pirelli**

« Nous avons beaucoup appris au cours du Championnat du monde 2021 et nous le mettrons à profit en 2022. C'est formidable d'être présent pour le retour d'Aston Martin en F1 et je suis sûr qu'un bel avenir nous attend. »

Lance Stroll

SEBASTIAN VETTEL

Parfois relégué au rôle de figurant la saison dernière avec Aston Martin, Sebastian a occasionnellement réussi à exprimer tout son talent. Si sa nouvelle monoplace est au niveau, l'expérimenté pilote allemand devrait faire des étincelles.

Le ventre mou n'intéresse pas Sebastian, qui visera plus haut en 2022.

Dans la décennie qui a suivi l'ascension remarquable de Michael Schumacher, les fans allemands se sont demandé lequel de leur compatriote pourrait prendre la relève et leur offrir un titre mondial. Ralf Schumacher a bien remporté quelques Grand Prix, mais les espoirs se sont rapidement portés sur Sebastian Vettel.

Champion d'Allemagne et d'Europe en karting, il écrase la concurrence pour sa 1re année en monoplace, remportant 18 des 20 courses de la Formule BMW en 2004. Meilleur jeune pilote de l'année en F3 européenne, il termine la saison 2006 sur la 2e marche du podium, derrière Paul di Resta, mais gagne une seule manche en Formule Renault 3.5. C'est donc là qu'il concentre ses efforts en 2004.

Mais avant la fin de l'année, il fait ses débuts en F1 pour remplacer Robert Kubica, blessé. Cette expérience temporaire lui permet toutefois d'obtenir un baquet chez Toro Rosso, aux dépens de Scott Speed. En 2008 à Monza, il offre ses lettres de noblesse à l'équipe « bis » de Red Bull. Sans surprise, il est promu chez Red Bull Racing : 2e en 2009 derrière Jenson Button (Brawn GP), il devient en 2010 le plus jeune champion du monde de F1, à 23 ans. Pour enfoncer le clou, il remporte les trois éditions suivantes, avec notamment 12 victoires en 2011 et 13 l'année suivante.

Sebastian rejoint Ferrari en 2015, mais il ne parvient pas à rivaliser avec la Mercedes de Lewis Hamilton. 2e en 2017 et 2018, il perd ensuite les faveurs de la Scuderia, qui lui préfère Charles Leclerc, et décide donc de partir au terme de la saison 2020.

DEUX FOIS 2e ET C'EST TOUT

Racing Point avait terminé 4e en 2020, et aurait même pu finir sur le podium sans une déduction de points. Quand Sebastian a signé là-bas, il avait bon espoir de mettre derrière lui la période Ferrari (6e en 2020), mais la réalité l'a rattrapé. Rebaptisée Aston Martin, l'écurie arborait une nouvelle identité, mais son AMR21 n'était simplement pas aussi compétitive que la RP20. En début de saison, Sebastian termine deux fois 15e, puis deux fois 13e – des résultats indignes d'un quadruple champion du monde, qui a terminé derrière son coéquipier Lance Stroll dans trois de ces courses. La voiture a néanmoins progressé, offrant une 1re éclaircie avec une 5e place à Monaco. Sebastian a ensuite fini 2e à Bakou puis en Hongrie, mais il était finalement disqualifié au Hungaroring car il ne lui restait pas assez de carburant en fin de course pour un prélèvement pour analyse.

INFOS CLÉS

Nationalité : **ALLEMAND**
Naissance : **3 JUILLET 1987 À HEPPENHEIM (ALLEMAGNE)**
Site Web : **www.sebastianvettel.de**
Écuries : **BMW SAUBER 2007, TORO ROSSO 2007-08, RED BULL RACING 2009-14, FERRARI 2015-20, ASTON MARTIN 2021-22**

CARRIÈRE

Premier Grand Prix : **GP des États-Unis 2007**
Départs en Grand Prix : **280**
Victoires en Grand Prix : **53**
2008 Italie ; 2009 Chine, Royaume-Uni, Japon, Abu Dhabi ; 2010 Malaisie, GP d'Europe, Japon, Brésil, Abu Dhabi ; 2011 Australie, Malaisie, Turquie, Espagne, Monaco, GP d'Europe, Belgique, Italie, Singapour, Corée, Inde ; 2012 Bahreïn, Singapour, Japon, Corée, Inde ; 2013 Malaisie, Bahreïn, Canada, Allemagne, Belgique, Italie, Singapour, Corée, Japon, Inde, Abu Dhabi, États-Unis, Brésil ; 2015 Malaisie, Hongrie, Singapour ; 2017 Australie, Bahreïn, Monaco, Hongrie, Brésil ; 2018 Australie, Bahreïn, Canada, Royaume-Uni, Belgique ; 2019 Singapour
Poles : **57**
Tours le plus rapide : **38**
Points : **3061**
Palmarès : **CHAMPION DU MONDE F1 2010, 2011, 2012 ET 2014, DAUPHIN EN F1 2009, 2017 ET 2018, VICE-CHAMPION D'EUROPE DE FORMULE 3 2006, CHAMPION DE FORMULE BMW ADAC ALLEMAGNE 2004, DAUPHIN DE FORMULE BMW ADAC ALLEMAGNE 2003, CHAMPION D'ALLEMAGNE ET D'EUROPE DE KARTING JUNIOR 2001**

LANCE STROLL

Auteur d'éclats de génie et de vitesse au cours de sa carrière, Lance se prépare pour sa 6e saison en F1. Il espère forcément que sa voiture lui permettra de rivaliser au minimum avec le milieu de tableau.

Lance a beaucoup appris au contact de Vettel en 2021 et doit exploiter son expérience.

L'analyse de la carrière du Canadien fait ressortir vitesse et bravades. Difficile d'ignorer cependant qu'il a toujours eu une 2e chance, évoluant avec un filet de sécurité qui favorise les prises de risques, grâce à son milliardaire de père – un passionné de courses automobiles qui a racheté Aston Martin.

Alors que son père Lawrence Stroll concourait sur Ferrari, Lance a fait ses gammes en karting et terminait 6e du Championnat du monde KF 2013. Alors âgé de 14 ans, il rejoint l'Académie des pilotes Ferrari avant de se lancer dans les Florida Winter Series, une compétition soutenue par la Scuderia. Son objectif principal est toutefois le championnat F4 d'Italie, qu'il remporte haut la main à 15 ans.

Parti en Nouvelle-Zélande pour l'été austral, Lance remporte la Toyota Racing Series puis s'aligne sur le championnat d'Europe F3. Au terme d'une saison parsemée d'accidents, il termine à la 5e place, derrière Antonio Giovinazzi et Charles Leclerc.

Pour 2016, son but est de rester chez Prema Powerteam pour gommer ses erreurs et remporter le titre – ce qu'il accomplit avec brio, gagnant 14 courses pour être sacré avec panache.

Lance met alors un terme à son partenariat avec Ferrari, lorsque son père investit dans une écurie Williams incapable de lutter financièrement avec les ténors. Le pilote passe donc directement à la F1 – sans passer par la case F2 – en 2017, alors qu'il a tout juste 18 ans. Sa 1re saison est couronnée de succès : non seulement il marque autant de points que son coéquipier Felipe Massa, bien plus expérimenté, mais il décroche aussi une 3e place en Azerbaïdjan.

Williams est toutefois en perte de vitesse et Lance suit logiquement son père chez Racing Point lorsqu'il décide d'y investir en 2019. Il passe deux saisons à progresser au côté de Sergio Pérez, et si le pilote mexicain l'a surpassé à chaque fois, Lance peut se réjouir de ses podiums à Monza et Sakhir.

EN ATTENDANT 2022

Après deux podiums en 2020, Lance a ensuite vécu une année 2021 frustrante. Pour sa 5e saison en F1, il n'a pas fait mieux qu'une 7e place à Monza. Pourtant, ces résultats s'expliquent surtout par le manque de compétitivité de la monoplace Aston Martin, moins performante que Racing Point ne l'était la saison précédente. Il est bien sûr quasiment impossible pour un pilote de continuer à progresser dans une équipe qui régresse, il était donc intéressant de voir comment réagirait Lance face à un nouveau coéquipier – quadruple champion du monde, au passage. Lance a pris le dessus sur Sebastian Vettel en début de saison, jusqu'à ce que le pilote allemand dompte sa monoplace et commence à obtenir des résultats. Dès lors, il ne restait plus à Lance qu'à se projeter vers 2022, en espérant que la nouvelle voiture sera plus compétitive, à l'application du nouveau règlement technique.

INFOS CLÉS

Nationalité : **CANADIEN**

Naissance : **29 OCTOBRE 1998 À MONTRÉAL (CANADA)**

Site Web : **www.lancestroll.com**

Écuries : **WILLIAMS 2017-18, RACING POINT 2019-20, ASTON MARTIN 2021-22**

CARRIÈRE

Premier Grand Prix : **GP d'Australie 2017**

Départs en Grand Prix : **100**

Victoires en Grand Prix : **0** **(meilleur résultat : 3e en Azerbaïdjan 2017, puis Italie et Sakhir 2020)**

Poles : **1**

Tours le plus rapide : **0**

Points : **176**

Palmarès : **CHAMPION D'EUROPE F3 FIA 2016, VAINQUEUR DES TOYOTA RACING SERIES 2015, CHAMPION, CHAMPION D'ITALIE F4 2014**

WILLIAMS

La 2e place de George Russell l'an dernier à Spa s'est révélée être une anomalie, mais cette écurie progresse depuis qu'elle a été rachetée. Et la F1 sort toujours renforcée lorsque l'un de ses acteurs historiques est revigoré.

Nicholas Latifi a rarement pu rivaliser avec George Russell, mais il espère avoir le dessus cette année sur son nouveau coéquipier Alex Albon.

La Formule 1 est un univers dynamique, où les écuries vont et viennent. Il est donc rassurant de constater que le départ de la famille du fondateur Frank Williams vers la fin de la saison 2020 n'a pas provoqué de révolution. Le patron, les dirigeants, les couleurs ont beau avoir changé, l'illustre passé de l'écurie n'en a pas été enterré pour autant. Les débuts de Frank Williams en F1 dans les années 1970 ont provoqué des ricanements : lancer sa propre équipe dans l'élite sans avoir de grands financements peut en effet paraître saugrenu. Frank s'est pourtant entêté et après s'être associé à l'ingénieur Patrick Head, son aventure a pris un 1er tournant à la fin des années 1970 lorsqu'il reçoit enfin des soutiens de poids. Alan Jones était un grand pilote qui maîtrisait parfaitement la FW07B conçue par Head, ce qui lui a permis d'être sacré champion du monde en 1980, un titre accompagné de celui des constructeurs grâce à l'apport de Carlos Reutemann. Comme souvent, le succès appelle le succès et Williams décroche une 2e couronne l'année suivante, même si Reutemann laisse passer sa chance d'être sacré champion dans la dernière manche, à Las Vegas. Williams recrute alors Keke Rosberg, qui remporte dans la foulée le titre des pilotes au terme d'une saison 1982 très disputée.

HOMME CLÉ ET RÉSUMÉ DE 2021

JOST CAPITO

Le directeur d'équipe de Williams pilotait autrefois des motos et c'est au volant d'un camion qu'il a remporté le Paris-Dakar, avant de rejoindre la division de développement de moteurs de BMW. Passé ensuite par VW et Porsche, Jost découvre la F1 avec Sauber en 1996, avant de guider Ford vers deux titres en World Rally, puis VW vers trois sacres en WRC. Son retour en F1 en 2016 chez McLaren dure trois mois seulement : il prend alors la tête de la division Performance R de VW, avant de rejoindre Williams.

LA BELLE SURPRISE DE SPA

Lorsque la famille Williams a vendu l'écurie, personne ne s'attendait à des miracles. Il existait pourtant des signes qu'il serait possible de grappiller des points, comme lors du GP de Hongrie, où Nicholas Latifi et George Russell s'emparaient des 7e et 8e places. Au Grand Prix suivant, lorsque Russell a obtenu la 2e place sur la grille de départ d'un circuit de Spa détrempé. Lorsque la course est arrêtée à cause des conditions dantesques, il a hérité des points de cette 2e place.

PILOTES ET RÉSULTATS DE 2021

Pilote	Nationalité	Courses	Victoires	Pts	Cl.
George Russell	Britannique	22	0	16	15e
Nicholas Latifi	Canadien	22	0	7	17e

L'adoption d'un moteur Honda au milieu des années 1980 offre un avantage concurrentiel à Williams, et seule une explosion de pneu – à Adélaïde dans la dernière manche de l'édition 1986 – prive Nigel Mansell de devenir le 3e champion du monde de l'écurie. Un nouveau coup dur intervient au terme d'un test de présaison sur le circuit Paul Ricard : Frank est victime d'un terrible accident de voiture qui le laisse tétraplégique. Nelson Piquet redonne le sourire à l'équipe en remportant le titre 1987, mais William perd ensuite le moteur Honda au profit de McLaren. Il faut attendre l'arrivée d'Adrian Newey en 1991 pour assister à la naissance d'un châssis qui se marie bien avec l'excellent Renault V10. Dès lors, Williams est de retour au sommet, avec cinq titres de constructeur en six ans, le 1er conquis grâce à Mansell, vainqueur de huit des 10 1ers Grands Prix en 1992.

Comme Enzo Ferrari avant lui, Williams ne fait pas dans le sentiment avec ses pilotes : lorsqu'Alain Prost remporte la couronne en 1993, il l'embauche directement au détriment de Mansell. Le Français cède ensuite sa place à Ayrton Senna en 1994, mais la star brésilienne se tue lors de la 3e manche. Damon Hill est appelé en renfort et il passe tout près du titre, avant d'être sacré devant Michael Schumacher en 1996. La saison suivante, Jacques Villeneuve devient le dernier champion en date de Williams. Une nouvelle page se tourne alors : Newey part pour McLaren et Williams doit attendre de s'associer avec BMW pour renouer avec la victoire : Juan Pablo Montoya et Ralf Schumacher remportent des GP en 2001 et 2002, mais pas de titre.

L'écurie qui s'était hissée sur le podium des victoires en F1 arrête alors de gagner, avec pour seule exception à la règle le GP d'Espagne 2012 remporté par Pastor Maldonado. L'équipe perd des points, mais également les primes et le prestige qui vont avec, jusqu'à ce que les constructeurs des moteurs les plus puissants ne se détournent d'elle. Malgré la forme vacillante de l'écurie, Frank continue de bénéficier d'un respect sans faille dans les stands. Mais ses monoplaces sont cantonnées au rôle de voiture-balai à partir de 2018 : il faut donc agir pour éviter que l'équipe ne mette la clé sous la porte ou disparaisse dans un rachat. Elle a la chance de se vendre en 2020 à un consortium ayant la course dans l'âme. Tous les amoureux de F1 espèrent que ces années terribles permettront une véritable résurrection au sommet.

Williams a vécu sa plus belle saison en 1992, avec les neuf victoires en Grand Prix de Nigel Mansell.

FICHE TECHNIQUE

Pays d'origine :	**Angleterre**
Siège :	**Grove (Angleterre)**
N° téléphone :	**+44 1235 777700**
Site Web :	**www.williamsf1.com**
Activité en Formule 1 :	**Depuis 1972**
Grands Prix :	**822**
Victoires :	**114**
Pole positions :	**128**
Tours le plus rapide :	**133**

L'ÉQUIPE

Président :	**Matthew Savage**
Directeur général :	**Jost Capito**
Directeur technique :	**Francois-Xavier Demaison**
Directeur de la conception :	**David Warner**
Chef designer adjoint :	**Jonathan Carter**
Consultant en design :	**Willy Rampf**
Directeur de l'ingénierie :	**Doug McKiernan**
Directeur de l'aérodynamisme :	**Dave Wheater**
Directeur des performances du véhicule :	**Dave Robson**
Directeur sportif :	**David Redding**
Pilote testeur :	**Logan Sargeant**
Châssis :	**Williams FW44**
Moteur :	**Mercedes V6**
Pneumatiques :	**Pirelli**

« La riche histoire de Williams a joué un grand rôle dans ma décision de rejoindre l'écurie, tout comme ses succès passés et sa période plus difficile. Je suis absolument convaincu que Williams peut renouer avec la victoire. »

Jost Capito

ALEX ALBON

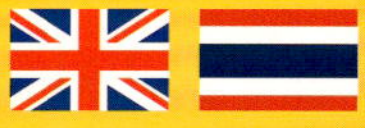

Après avoir passé une année sur la touche, Alex est de retour en F1, cette fois avec Williams. L'ancien pilote Red Bull Racing a démontré sa vitesse et sera déterminé à faire son trou cette fois-ci.

Pilote de réserve pendant un an, Alex a le talent pour faire un retour réussi en F1.

Chez les Albon, la course est une affaire de famille : avec un père pilote chez Ferrari et en championnat britannique de tourisme, Alex s'est mis au karting et a remporté le titre en Super 1 Honda en 2009. Champion d'Europe l'année suivante, il est vice-champion du monde KF1 alors qu'il a seulement 15 ans.

Parrainé par Red Bull, il est engagé en Formule Renault mais il est débarqué lorsque les résultats ne suivent pas. Convaincu de ses talents, Alex y dispute une 3e saison et termine 3e de la série européenne. En 2015, il concourt en F3 mais sa 7e place peine à convaincre. La saison suivante, c'est en GP3 qu'il obtient sa rédemption, en terminant 2e derrière Charles Leclerc.

Resté chez ART Grand Prix, Alex passe alors à la F2, où il réalise deux podiums mais finit seulement 10e au classement général. Il retente sa chance la saison suivante et mène une course à trois pour le titre avec George Russell – futur vainqueur de la compétition – et Lando Norris, qui termine devant lui alors qu'il compte une seule victoire en course, contre quatre pour Alex.

Sa 1re saison en F1 ne manque pas d'intérêt : recruté par la Scuderia Toro Rosso, il fait jeu égal avec son coéquipier Daniil Kvyat, pourtant plus expérimenté, et décroche une 6e place au GP d'Allemagne. La suite, c'est une promotion chez Red Bull Racing après tout juste 12 Grands Prix, tandis que Pierre Gasly fait le chemin inverse. Il ne se laisse pas impressionner et continue de travailler.

Il lui est demandé de viser systématiquement le podium pour aider l'écurie à déloger Ferrari de la 2e place des constructeurs. Il n'en décroche aucun mais se classe 4e à Suzuka (son meilleur résultat) et obtient plusieurs fois la 5e place, ce qui lui vaut d'être conservé au côté de Max Verstappen.

En 2020, son coéquipier rivalise avec Mercedes, mais Alex ne parvient pas à suivre. Malgré deux podiums et une 7e place au général (quand Verstappen termine 3e), il n'est pas prolongé.

TOUJOURS EN COURSE, MAIS PAS EN F1

À la fin de la saison 2020, la carrière d'Alex s'est brutalement arrêtée : non conservé par Red Bull Racing, il n'a pas non plus été rappelé dans l'équipe « bis », renommée AlphaTauri entre-temps. Il s'engage alors dans le championnat allemand de tourisme DTM, qui n'aligne étrangement plus de véhicules de tourisme mais des voitures GT en 2021. Alex prend le volant d'une Ferrari 488 GT3 au côté du Néozélandais Liam Lawson et sous la direction du spécialiste Ferrari AF Corse, tous deux rémunérés par Red Bull. Lawson remporte trois courses et se classe 2e, tandis qu'Alex s'impose au Nurburgring et finit 6e après avoir manqué la dernière manche à cause de son 2e emploi. Il est en effet chargé d'être le mentor de Yuki Tsunoda pour sa 1re saison de F1, chez AlphaTauri. Cela permet à Alex de garder un pied dans les paddocks et de décrocher un contrat chez Williams pour 2022.

INFOS CLÉS

Nationalité :	**BRITANNIQUE/ THAÏLANDAIS**
Naissance :	**23 MARS 1996 À LONDRES (ANGLETERRE)**
Site Web :	**www.alexalbon.com**
Écuries :	**TORO ROSSO 2019, RED BULL 2019-2020, WILLIAMS 2022**

CARRIÈRE

Premier Grand Prix :	**GP d'Australie 2019**
Départs en Grand Prix :	**38**
Victoires en Grand Prix :	**0 (meilleur résultat : 3e aux GP de Toscane et du Bahreïn 2020)**
Poles :	**0**
Tours le plus rapide :	**0**
Points :	**197**
Palmarès :	**DAUPHIN GP3 2016, VICE-CHAMPION DU MONDE DE KARTING KF1 2011, CHAMPION D'EUROPE DE KARTING KF3 2010, CHAMPION DE KARTING SUPER 1 HONDA 2009**

NICHOLAS LATIFI

L'affable pilote canadien se prépare pour une 3e saison chez Williams. Il espère forcément que les investissements récents consentis dans l'équipe auront permis de bâtir une voiture plus compétitive que le modèle qu'elle remplace.

Pour sa 3e saison en F1, Nicholas espère que l'écurie trouvera vite ses marques.

Le CV de Nicholas ne contient aucun titre de champion, mais une analyse de son parcours révèle qu'il a très peu évolué en karting, ce qui l'a désavantagé par rapport aux autres pilotes lorsqu'il a débuté en monoplace à l'âge de 16 ans.

Ambitieux, Nicholas s'est directement engagé en F3, en participant au championnat d'Italie. Il passe ensuite l'hiver en Nouvelle-Zélande pour disputer la Toyota Racing Series, avant d'enchaîner en combinant les circuits européen et britannique en F3.

Le Canadien débute l'année 2014 en disputant la Florida Winter Series avant de faire une 2e saison en F3 européenne avec une 10e place à la clé. Nicholas vient heureusement d'une famille très riche, ce qui lui permet de tester la Formule Renault 3.5, une catégorie plus puissante dans laquelle il concourt en toute fin de saison. Sa sortie à Jerez est une révélation : dans cette ultime manche, il se classe 2e.

Revigoré, il retente sa chance sur l'ensemble de la campagne 2015, mais sans parvenir à monter sur un podium.

Il passe ensuite quatre saisons dans l'antichambre de la F1, dans une catégorie baptisée GP2 puis F2. Il termine 2016 avec un seul podium, une 2e place lors de la 1re manche, mais il réalise de nets progrès lors de sa 2e année chez DAMS, gagnant la course de sprint à Silverstone pour une 5e place finale, l'année où Charles Leclerc remporte le titre haut la main. En 2018, Nicholas s'impose à Spa-Francorchamps mais doit se contenter d'une 9e place finale. Un résultat correct mais pas à la hauteur des exigences de la F1.

Le Canadien réalise alors sa meilleure saison : après une excellente entame ponctuée par trois victoires, il conclut l'année à la place de dauphin, derrière Nyck de Vries. Mais comme il a eu la chance de faire de nombreux essais en F1, et qu'il a accès à une fortune colossale, il décroche un baquet chez Williams pour 2020.

Nicholas apprend sur le tas, enregistrant une 11e place à Imola.

SOLIDE SANS ÊTRE SPECTACULAIRE

Tout pilote qui a ramené des points à Williams ces dernières années mérite le respect, car les voitures n'étaient pas très compétitives. En général, il faut en effet un concours de circonstances pour terminer dans les points : l'écurie pousse donc ses pilotes à faire le maximum et à saisir toute occasion qui se présente. C'est ainsi que s'est déroulé le GP de Hongrie, où Nicholas a évité les carambolages pour s'offrir la 7e place, juste devant son coéquipier George Russell. Il termine ensuite 9e à Spa-Francorchamps, grâce à ses bonnes prestations dans les qualifications, la course étant interrompue très vite par une pluie battante. Mais ce succès était éclipsé par la 2e place de Russell, qui possède un talent rare. Nicholas a réalisé d'autres courses intéressantes qui n'ont pas obtenu les louanges qu'elles auraient pu.

INFOS CLÉS

Nationalité :	CANADIEN
Naissance :	29 JUIN 1995 À TORONTO (CANADA)
Site Web :	www.nicholaslatifi.com
Écuries :	WILLIAMS 2020-22

CARRIÈRE

Premier Grand Prix :	GP d'Australie 2020
Départs en Grand Prix :	39
Victoires en Grand Prix :	0 (meilleur résultat : 7e au GP de Hongrie 2021)
Poles :	0
Tours le plus rapide :	0
Points :	7
Palmarès :	DAUPHIN DE FORMULE 2 2019

Il a fallu un certain temps pour s'habituer aux nouvelles couleurs de Williams l'an dernier, mais le décor ne fait aucun doute : l'illustre épingle à cheveux du Grand Hôtel à Monaco.

buddha-bar
MONTE-CARLO
SECTEUR 6
63

» ALFA ROMEO RACING ORLEN

Pour peser davantage, l'écurie Alfa Romeo va devoir être plus performante, en mobilisant des ressources difficiles à identifier. Malgré l'arrivée de Valtteri Bottas qui apportera son expérience acquise chez Mercedes, les points devraient encore se faire rares en 2022.

Ni Antonio Giovinazzi (photo) ni Kimi Räikkönen n'a été conservé par Alfa Romeo : Valtteri Bottas aura la charge de ramener des points.

Contrairement à Benetton ou Jordan, qui changent régulièrement d'identité, l'écurie suisse est restée fidèle pendant des décennies au nom de son fondateur, Peter Sauber. Même si elle concourt sous la bannière d'Alfa Romeo depuis trois saisons.

À la suite de la catastrophe des 24 heures du Mans en 1955, la Suisse a interdit les courses de circuits : c'est donc dans les courses de côte que Sauber a fait ses armes. Il est rapidement passé aux voitures de course sur les circuits européens, pilotant celles des autres avant de construire la sienne. Sauber a même commencé à vendre ses productions et à les aligner dans le Championnat du monde de prototypes à la fin des années 1980, grâce au soutien de Mercedes. Titrée en 1989, l'écurie développe un programme permettant à de jeunes espoirs de concourir contre des pilotes plus expérimentés – un projet qui a accéléré le parcours de Michael Schumacher, Heinz-Harald Frentzen et Karl Wendlinger.

Sauber a l'ambition de se mesurer à la F1 et espère que Mercedes lui fournira le moteur, mais la marque allemande décline et l'écurie suisse y va seule, en 1993. Ses monoplaces entrent dans les points grâce à JJ Lehto. Mercedes accepte alors de lui fournir ses V10, avant de signer un contrat exclusif avec McLaren la saison suivante.

HOMME CLÉ ET RÉSUMÉ DE 2021

JAN MONCHAUX

Spécialiste de l'aérodynamisme franco-allemand, il a découvert la F1 chez Toyota en 2002. Débauché par Ferrari en 2010, Jan quitte la Formule 1 trois ans plus tard pour travailler chez Audi Sport, quand ses prototypes dominaient les 24 heures du Mans. En 2018, il renoue avec la F1 en signant chez Sauber juste avant que l'écurie ne soit rebaptisée Alfa Romeo. Le responsable de l'aérodynamisme est ensuite promu directeur technique en 2de partie de la saison 2019, au départ de Simone Resta.

TOUJOURS EN CHASSE, SOUVENT BREDOUILLE

L'an dernier au GP de Turquie, l'écurie a fêté son 500e départ en F1. Ses deux voitures ont terminé le circuit d'Istanbul, avec une 11e place pour Antonio Giovinazzi et Kimi Räikkönen terminant 12e, mais pas de points. Leur meilleur résultat de la saison intervient à Sotchi, où l'équipe a choisi le bon moment pour passer en pneus pluie pour aider le Finlandais à se classer 8e. Il fera aussi bien au Mexique, tandis que Giovinazzi a décroché une 9e place en Arabie saoudite.

PILOTES ET RÉSULTATS DE 2021

Pilote	Nationalité	Courses	Victoires	Pts	Cl.
Kimi Raikkonen	Finlandais	20	0	10	16e
Antonio Giovinazzi	Italien	22	0	3	18e
Robert Kubica	Polonais	2	0	0	20e

Sauber poursuit sa route et s'offre une motorisation Ferrari à partir de 1997. Il s'agit bien sûr d'un modèle un cran en dessous de celui utilisé par l'équipe fanion de la Scuderia, mais il permet à l'écurie suisse de rester en F1 – même si elle doit souvent se contenter des 6e, 7e et 8e places. Sauf en 2001, où Sauber s'empare de la 4e place des constructeurs, grâce aux bonnes performances de Nick Heidfeld et d'un débutant, Kimi Räikkönen. Ce résultat attise l'intérêt de BMW, qui a le projet d'entrer en F1 avec sa propre écurie : elle franchit le pas en 2006, sous le nom de BMW Sauber. Dotée d'une puissance financière plus importante, elle se propulse à la 2e place en 2007 derrière Ferrari. L'année suivante, l'écurie remporte son unique victoire et s'offre une 2e place au GP du Canada, grâce à Heidfeld bien aidé par Robert Kubica. La vie est plus difficile par la suite, surtout à partir de 2010, lorsque BMW se retire.

Sauber peine à recruter des ingénieurs et concepteurs de 1er plan, à cause du coût du travail plus élevé en Suisse et à sa localisation. Dominée par la concurrence, l'écurie doit détrôner Peter Sauber en 2016, dans le cadre d'une injection de fonds de Longbow Finance, une institution dirigée par Finn Rausing qui offre un baquet à Marcus Ericsson et le poste de responsable à Frédéric Vasseur. En 2018, Charles Leclerc se classe 6e, avant de partir pour Ferrari. Pour augmenter son budget l'écurie est rebaptisée Alfa Romeo à partir de 2019.

Ces dernières saisons, les points se font rares, mais ça a quasiment toujours été le cas pour cette écurie dans son histoire récente : l'unique victoire de Robert Kubica au Canada en 2008 semble bien loin.

L'an dernier, une rumeur a circulé : six années après avoir racheté l'équipe, Rausing serait prêt à la vendre. Il se disait alors que Michael Andretti serait un candidat crédible. Les négociations ont toutefois capoté en fin d'année dernière. Une sage décision de Rausing, au vu de l'augmentation de la valeur des écuries de F1.

Räikkönen a offert ses 1ers points à Sauber pour ses débuts en 2001.

FICHE TECHNIQUE

Pays d'origine :	**Suisse**
Siège :	**Hinwil (Suisse)**
N° téléphone :	**+41 44 937 9000**
Site Web :	**www.sauber-group.com**
Activité en Formule 1 :	**En tant que Sauber 1993-2018 (en tant que BMW Sauber 2006-2010), Alfa Romeo depuis 2019**
Grands Prix :	**524**
Victoires :	**1**
Pole positions :	**1**
Tours le plus rapide :	**5**

L'ÉQUIPE

Propriétaire :	**Finn Rausing**
Directeur général :	**Pascal Picci**
Directeur de l'écurie :	**Frédéric Vasseur**
Directeur technique :	**Jan Monchaux**
Directeur de la conception :	**Éric Gandelin**
Responsable de l'aérodynamisme :	**non communiqué**
Directeur de l'ingénierie :	**Giampaolo Dall'ara**
Directeur de l'ingénierie de piste :	**Xevi Pujolar**
Directeur du développement de l'aérodynamisme :	**Mariano Alperin-Bruvera**
Directeur de la recherche sur l'aérodynamisme :	**Seamus Mullarkey**
Directeur des performances du véhicule :	**Elliot Dason-Barber**
Directeur sportif :	**Beat Zehnder**
Troisième pilote :	**Robert Kubica**
Châssis :	**Alfa Romeo C42**
Moteur :	**Ferrari V6**
Pneumatiques :	**Pirelli**

« L'an dernier, nous avons laissé passer de grosses occasions et nous avons parfois été mal payés. Il y a beaucoup de travail à faire l'hiver, mais nous y sommes préparés et nous avons hâte que ces efforts se traduisent en résultats en 2022. »

Frédéric Vasseur

» VALTTERI BOTTAS

Tout va changer pour le pilote finlandais en 2022 : non seulement le décor, comme il passe de Mercedes à Alfa Romeo, mais aussi son rôle, car ce sera le leader de l'équipe après avoir été le n° 2 pendant des années.

Valtteri va évoluer dans un environnement moins stressant que chez Mercedes.

Après avoir écumé les compétitions de karting durant son adolescence, Valtteri est passé aux monoplaces à 17 ans : rapide en Formule Renault, il termine 3e du championnat d'Europe du Nord en 2007. La saison suivante, il remporte ce titre, mais il est surtout sacré champion d'Europe en résistant au retour de Daniel Ricciardo.

Valtteri passe ensuite deux années en F3, terminant sur le podium chaque fois, et gagne aussi la course sur invitation Marlboro Masters F3 en 2009 et 2010.

Privé de financements important, le Finlandais fait le pari en 2011 de s'inscrire dans une catégorie similaire, la GP3. Les enjeux sont limpides : soit il remporte le titre, soit la dynamique de sa carrière serait à jamais perdue. Et il a répondu présent, dans une voiture ART. Il s'agit réellement d'un moment clé, car une partie de la récompense était un test en F1 chez Williams. Il fait forte impression et s'ouvre la voie de son destin actuel, avec ses multiples victoires en Grand Prix.

Après une année en tant que pilote testeur, Valtteri convainc Williams de lui confier un baquet pour la saison 2013, où il termine 8e de l'avant-dernière course, le Circuit des Amériques. Pour sa 2e saison, il fait un pas de géant de se classant 4e, terminant notamment sur la 2e marche du podium à Silverstone et à Hockenheim. S'il est moins en vue ensuite (5e en 2015, 8e en 2016), il passe à la vitesse supérieure en 2017, en remplaçant chez Mercedes Nico Rosberg, qui a fait le choix de partir à la retraite après son sacre mondial, à la surprise générale.

Il remporte alors sa 1re victoire, à Sotchi, puis deux autres succès qui en font un complément parfait à Lewis Hamilton. Il progresse encore pour terminer vice-champion du monde en 2019 et 2020, puis 3e en 2021 avant d'être remplacé par George Russell.

Quitter Mercedes pour Alfa Romeo ressemble à une rétrogradation, mais au moins, Valtteri reste en F1. Cela lui permet aussi de retrouver Frédéric Vasseur, qui était son directeur d'écurie chez ART Grand Prix à son époque F3 et GP3.

UN SOUTIEN VACILLANT

Valtteri a remporté un seul des 22 Grands Prix de la saison dernière, à Istanbul. Un bilan décevant lorsque vous pilotez l'une des deux meilleures monoplaces de la F1. Le Finlandais a toutefois décroché quelques pole positions, mais les instructions de Mercedes étaient claires : il devait ramener des points à l'écurie plutôt que de se soucier de son propre classement. Lewis Hamilton restait la priorité n° 1 de la firme allemande. Cela dit, Valtteri a parfois semblé avoir la tête ailleurs, ce qu'il est impossible de reprocher à son coéquipier britannique. Il a même vécu une journée catastrophique en Hongrie, où il a provoqué un carambolage dans le 1er virage. Il a néanmoins terminé 2e au Red Bull Ring et enchaîné les 3es places, ce qui lui a permis de monter sur le podium en fin de saison. Mais il avait peut-être perdu sa motivation lors de la dernière manche à Abu Dhabi, où il a livré une prestation bien terne.

INFOS CLÉS

Nationalité : **FINLANDAIS**
Naissance : **28 AOÛT 1989 À NASTOLA (FINLANDE)**
Site Web : **www.valtteribottas.com**
Écuries : **WILLIAMS 2013-16, MERCEDES 2017-21, ALFA ROMEO 2022**

CARRIÈRE

Premier Grand Prix : **GP d'Australie 2013**
Départs en Grand Prix : **178**
Victoires en Grand Prix : **10**
2017 Russie, Autriche, Abu Dhabi ; 2019 Australie, Azerbaïdjan, Japon, États-Unis ; 2020 Autriche, Russie ; 2021 Turquie
Poles : **20**
Tours le plus rapide : **19**
Points : **1738**
Palmarès : **DAUPHIN EN F1 2019 ET 2020, CHAMPION GP3 2011, VAINQUEUR FORMULE 3 MASTERS 2009 ET 2010, CHAMPION D'EUROPE ET D'EUROPE DU NORD FORMULE RENAULT 2008**

GUANYU ZHOU

Zhou va franchir un nouveau cap en devenant le 1er pilote chinois engagé en F1. Au volant d'une Alfa Romeo en 2022, il fait mieux que Ma Qing Hua, pilote d'essais en Formule 1 il y a une dizaine d'années.

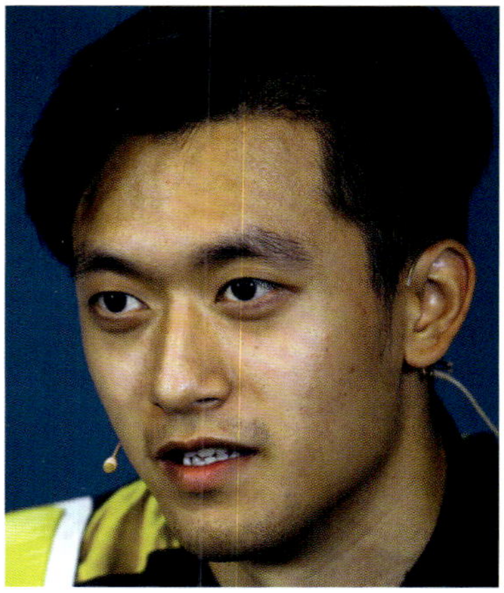

La 1re saison de Zhou en F1 devrait susciter un bel engouement en Chine.

La Chine attendait depuis bien longtemps que l'un de ses jeunes pilotes intègre la F1. Pour un pays qui a accueilli une manche du Championnat du monde depuis 2004, l'attente a certainement paru longue, mais encore fallait-il trouver le bon candidat. Zhou semble avoir le profil recherché : son palmarès suggère qu'il a sa carte à jouer dans l'élite.

Il a commencé à se faire un nom dès qu'il s'est essayé aux monoplaces, en 2015 à l'âge de 15 ans, après avoir participé aux championnats d'Europe et du monde de karting.

Zhou se concentre d'abord sur le championnat F4 d'Italie, dont il termine 2e avec trois victoires. Ferrari s'intéresse au marché chinois et intègre Zhou dans son programme de jeunes pilotes. Ce dernier part en Nouvelle-Zélande pendant l'été austral et se classe 6e de la Toyota Racing Series, l'année du sacre de Lando Norris.

Il se frotte ensuite au championnat d'Europe F3 : en 2016, il réalise deux podiums dans une édition dominée par Lance Stroll. Il y retente sa chance l'année suivante et termine 8e en montant cinq fois sur le podium, mais jamais sur la plus haute marche. Déterminé à conquérir ce titre, il concourt pour la 3e fois, la 2e sous pavillon Prema Powerteam. Cette fois, il remporte deux manches mais conclut la saison à la 8e place, tandis que Mick Schumacher est sacré.

Heureusement pour lui, Zhou bénéficie de soutiens : intégré dans l'Académie Renault Sport, il rejoint l'écurie UNI-Virtuosi et découvre le championnat F2 FIA en 2019. Zhou monte sur le podium dès la 5e manche de ce championnat à 24 courses, puis à quatre reprises ensuite. Lors de sa 2e saison en F2, Zhou s'impose à Sotchi et commence à prouver qu'il avait le potentiel pour évoluer en F1.

Si tout se passe bien et si Zhou parvient à enflammer les fans chinois, il pourrait devenir le pilote de F1 le plus soutenu du monde.

LA PASSE DE TROIS

Après avoir terminé 7e en F2 FIA 2019 puis 6e en 2020, Zhou visait le sacre l'année dernière. Il se donnait les moyens de son ambition en remportant l'une des trois courses de la 1re manche, à Sakhir. Pour sa 3e saison chez UNI-Virtuosi, il s'appuyait sur son expérience et son vécu dans l'écurie pour s'imposer également à Monaco, dans une course particulièrement suivie en Chine. En l'absence de pilote capable de remporter plusieurs courses d'une seule manche, la régularité de Zhou lui permet d'entretenir ses espoirs de titre, d'autant plus après sa victoire à Silverstone. Il subit toutefois un revers à Sotchi, victime d'un tête-à-queue sur une piste détrempée qui le prive de départ dans la 1re course. Avant les deux dernières manches, il affiche 36 points de retard sur le pilote australien Oscar Piastri, encore plus régulier que lui. Zhou boucle la saison par une victoire à Yas Marina, mais termine 3e du classement général.

INFOS CLÉS

Nationalité : **CHINOIS**
Naissance : **30 MAI 1991, À SHANGHAI (CHINE)**
Site Web : **non communiqué**
Écuries : **ALFA ROMEO 2022**

CARRIÈRE

Premier Grand Prix : **GP de Bahreïn 2022**
Départs en Grand Prix : **0**
Victoires en Grand Prix : **0**
Poles : **0**
Tours le plus rapide : **0**
Points : **0**
Palmarès : **CHAMPION D'ASIE FORMULE 3, VICE-CHAMPION D'ITALIE FORMULE 4 2015**

HAAS F1

Bon dernier de l'édition 2021, Haas F1 a-t-il les armes pour rebondir ? L'arrivée de Simone Resta au poste de directeur technique est une bonne nouvelle, mais ses deux pilotes ont une saison de F1 pour seule expérience, ce qui ne pousse pas à un optimisme béat.

Mick Schumacher s'est bien intégré, mais il aurait davantage progressé au contact d'un coéquipier plus expérimenté, tout comme Nikita Mazepin.

Gene Haas est un homme d'affaires accompli qui adore les courses automobiles. Il allie ses deux passions pour créer une écurie NASCAR qui rencontre un grand succès : d'abord seul en 2002, puis en partenariat avec le champion multititré Tony Stewart à partir de 2009. Ses voitures remportent régulièrement la plus prestigieuse des compétitions de stock-car, avec des titres de pilote pour Stewart en 2011 et Kevin Harvick en 2014. C'est également un succès sur le plan des retombées médiatiques sur son entreprise de machine-outil.

L'étape suivante est logiquement l'élite mondiale, et donc la F1. Le budget serait bien sûr beaucoup plus important, d'autant que Gene Haas avait décidé de créer son écurie en partant de zéro, au lieu de racheter une équipe existante. Cela était d'autant plus étonnant que Haas n'avait aucune expérience dans le domaine des monoplaces. Haas F1 y a rajouté une complication en choisissant de s'établir aux États-Unis, et non en Europe comme toutes les autres écuries. Un siège à deux pas de celui de l'écurie Haas-Stewart NASCAR, à Kannapolis (Caroline du Nord), lui permettait de partager certaines de ses infrastructures, mais son éloignement du centre d'excellence européen de la F1 ne facilitait pas

HOMME CLÉ ET RÉSUMÉ DE 2021

SIMONE RESTA

Auparavant directeur de l'ingénierie du châssis chez Ferrari, Simone a rejoint Haas en 2021. Son enfance près d'Imola l'a poussé à vouloir travailler dans la course automobile : après avoir étudié à l'université de Bologne, il découvre la F1 en rejoignant Minardi en 1998. Il signe chez la Scuderia en 2001 et il est promu directeur de la conception en 2014. Passé brièvement par Sauber en 2018 pour améliorer son châssis, il retourne ensuite chez Ferrari.

DEUX *ROOKIES*, BEAUCOUP DE DIFFICULTÉS

Pour une écurie qui avait terminé avant-dernière en 2019 et 2020, la saison s'annonçait forcément compliquée. Ce qu'elle a potentiellement gagné en remerciant Romain Grosjean et Kevin Magnussen, elle l'a perdu en continuité et en points de repère. À leur place sont arrivés deux pilotes débutants, Mick Schumacher et Nikita Mazepin. Le Russe a commis un grand nombre d'erreurs, mais il a semblé prendre ses marques au fil de la saison, sans toutefois réellement parvenir à concurrencer son coéquipier.

PILOTES ET RÉSULTATS DE 2021

Pilote	Nationalité	Courses	Victoires	Pts	Cl.
Mick Schumacher	Allemand	22	0	0	19e
Nikita Mazepin	Russe	21	0	0	21e

FICHE TECHNIQUE

Pays d'origine : **États-Unis**
Siège : **Kannapolis (États-Unis) et Banbury (Angleterre)**
N° téléphone : **+1 704 652 4227**
Site Web : **www.haasf1team.com**
Activité en Formule 1 : **depuis 2016**
Grands Prix : **122**
Victoires : **0**
Pole positions : **0**
Tours le plus rapide : **3**

L'ÉQUIPE

Propriétaire : **Gene Haas**
Directeur de l'écurie : **Günther Steiner**
Directeur opérationnel : **Joe Custer**
Directeur technique : **Simone Resta**
Vice-président de la technologie : **Matt Borland**
Directeur sportif : **Dave O'Neill**
Directeur du développement de l'aérodynamisme : **Ben Agathangelou**
Responsable de l'aérodynamisme : **Christian Cattaneo**
Responsable logistique : **Peter Crolla**
Ingénieur en chef : **Ayao Komatsu**
Pilote testeur : **non communiqué**
Châssis : **Haas VF-22**
Moteur : **Honda V6**
Pneumatiques : **Pirelli**

le recrutement des meilleurs concepteurs et ingénieurs. Une base satellite est toutefois ouverte en Grande-Bretagne et l'écurie se prépare pour sa saison inaugurale de 2016.

Pour son 1er Grand Prix, Haas a été gâté en s'offrant ses 1ers points. Romain Grosjean, 19e des 22 concurrents sur la ligne de départ, s'est donné à fond jusqu'au bout pour arracher une 6e place inespérée. Quand il a remis ça à Bahreïn en terminant 5e après avoir débuté 9e, il a conquis l'attention générale. Il ne terminera pas plus haut et son coéquipier Esteban Gutiérrez ne marquera pas le moindre point de la saison, mais Haas décrochait la 8e place des constructeurs, devant Renault, Sauber et Manor.

En 2017, Kevin Magnussen remplace Esteban Gutiérrez et utilise son expérience acquise chez McLaren et Renault pour aiguillonner Grosjean, et Haas termine de nouveau 8e. Pour leur 2e saison en duo, ils exploitent bien le moteur Ferrari et portent Haas jusqu'à la 5e place ; Grosjean obtient le meilleur résultat de l'écurie avec une 4e place en Autriche, et Magnussen marque plus de points que le Français en terminant plusieurs fois 5e. Cette saison-là, Haas devance McLaren, ses nombreux titres de champion et son pilote star Fernando Alonso.

Mais cette belle confiance s'effrite au cours de la saison 2019 : les voitures et leur moteur Ferrari personnalisé n'ont pas le rendement attendu et perdent en puissance au fil des tours de piste. Cela a provoqué des scènes d'anthologie captées par *Drive to Survive*, la série Netflix, et transformé en héros Günther Steiner, son directeur d'écurie sec et exaspéré. Mais cela n'a rien rapporté à l'écurie, à part la compassion du public.

La persistance d'un homme comme Gene Haas, habitué à réussir tout ce qu'il entreprend, navigue entre détermination et entêtement. Sa vie serait peut-être plus simple s'il vendait l'équipe au père milliardaire de Mazepin, au lieu de continuer à injecter son propre argent dans une écurie destinée aux dernières places sans investissements lourds.

Ou alors, il pourrait se servir de ces six années passées en F1 pour adopter une philosophie plus américaine, en se servant de l'équipe comme laboratoire et outil de développement pour les concepteurs, ingénieurs et pilotes américains de demain.

« Notre dernière course de 2021 a été la meilleure. Mick a fait une course fantastique et les monoplaces qui nous avaient battus toute la saison étaient derrière nous. C'est bon d'aborder la trêve hivernale en nous sachant prêts à faire une meilleure saison en 2022. »

Günther Steiner

Kevin Magnussen a brillé à Bahreïn en 2018, terminant 5e à Sakhir.

MICK SCHUMACHER

Maintenant que sa 1re saison de F1 est derrière lui, Mick va tenter de démontrer qu'il a tiré les leçons de sa campagne 2021 et qu'il aura peut-être la carrure pour piloter dans une écurie mieux armée à l'avenir.

Mick va tout faire pour tenter d'engranger plus de points en 2022.

Chez les Schumacher, le pilotage est dans l'ADN – surtout en karting : le grand-père Rolf tenait un circuit, le père Michael y a fait ses gammes avant d'être sept fois champion de F1 et le fils Mick s'y est mis très tôt. Dès ses 14 ans, il remporte la 3e place du championnat d'Europe KF. L'année suivante, il est vice-champion d'Europe et du monde 2014.

Au moment où Mick va découvrir les monoplaces, son père Michael subit un terrible accident de ski qui prive son fils à la fois de son plus grand soutien, mais aussi d'une mine d'expériences à partager.

Mick débute dans le championnat allemand de F4 en 2015 et enchaîne sur la série italienne l'année suivante, terminant 2e dans les deux. Il passe ensuite l'hiver à participer au Challenge MRF en Inde, puis débute en F3, se classant 12e avec un podium. Sa 2e saison en 2018 démarre lentement, mais il s'offre ensuite huit victoires et décroche le titre.

La saison suivante, il reste chez l'écurie Prema mais passe en Formule 2. Il gagne la course au sprint du Hungaroring et boucle l'année à la 12e place. Entre-temps, il a passé quelques essais en F1, chez Ferrari et Alfa Romeo, en sa qualité de membre de l'Académie des pilotes Ferrari.

Mick réédite ensuite l'exploit réalisé en F3 : pour sa 2e saison, il gagne 11 places au classement et remporte le titre. Le tout avec seulement deux victoires, un total maigre mais suffisant pour dépasser deux autres pilotes de l'Académie, Callum Ilott et Yuki Tsunoda.

Le retour d'un Schumacher en F1 suscite alors une certaine excitation : c'est l'une des raisons qui ont poussé Haas F1 à le recruter pour 2021. Un choix qui justifie peut-être en partie pourquoi l'écurie n'a pas hésité à remplacer ses deux pilotes Romain Grosjean et Kevin Magnussen par deux *rookies*.

APPRENTISSAGE SANS FEU D'ARTIFICE

La vie d'un pilote Haas n'est pas faite de victoires en Grand Prix, de podium, ni même de points… sauf accident majeur. Pour Mick et son coéquipier Nikita Mazepin, tout aussi néophyte, la saison 2021 était destinée à gagner en expérience. Passés les tête-à-queue des deux pilotes lors de la 1re manche à Sakhir, c'est Mick qui s'est ajusté le plus vite à la vie en Formule 1.
Il a invariablement été le plus rapide des deux, même si le Russe a réduit l'écart au fil de la campagne. C'est lors du GP de Hongrie et ses carambolages multiples que Mick a validé son meilleur résultat, une 12e place. Étant donné le manque de puissance des voitures de l'écurie américaine, son objectif principal s'est révélé être de terminer devant Mazepin, et non d'aller défier les Alfa Romeo et Williams. Mick et Nikita auraient certainement beaucoup appris au contact d'un pilote plus chevronné comme Kevin Magnussen ou Romain Grosjean.

INFOS CLÉS

Nationalité : **ALLEMAND**
Naissance : **22 MARS 1999 À VUFFLENS-LE-CHÂTEAU (SUISSE)**
Site Web : **www.mickschumacher.ms**
Écuries : **HAAS F1 2021-22**

CARRIÈRE

Premier Grand Prix : **GP du Bahreïn 2021**
Départs en Grand Prix : **22**
Victoires en Grand Prix : **0 (meilleur résultat : 12e au GP de Hongrie 2021)**
Poles : **0**
Tours le plus rapide : **0**
Points : **0**
Palmarès : **CHAMPION F2 FIA 2020, CHAMPION D'EUROPE F3 FIA 2018, DAUPHIN F4 ITALIE ET ADAC 2016, VICE-CHAMPION D'EUROPE ET DU MONDE DE KARTING KF 2014**

NIKITA MAZEPIN

Si Nikita a le compte bancaire suffisamment garni pour rester en F1, il devra démontrer qu'il a appris de ses nombreuses erreurs de la saison passée. L'objectif du Russe ne sera pas forcément de marquer des points, mais au moins de progresser.

Nikita doit tirer les leçons de ses erreurs pour progresser en 2022.

La F1 a déjà accueilli des héritiers de riches familles, comme Lance Reventlow (des magasins Woolworths) qui a fondé sa propre équipe – Scarab – en 1960, ou Rikki von Opel (du constructeur Opel) qui a demandé à Ensign de l'accompagner dans l'élite en 1973. Mais à l'époque, les montants à investir pour créer sa propre écurie étaient bien moins importants. Pourtant, deux des 20 pilotes actuels ont un père qui a ouvert son portefeuille pour leur en acheter une. Le 1er est Lance Stroll, dont le paternel est actionnaire majoritaire de l'écurie F1 d'Aston Martin, que le conglomérat Uralchem du père de Nikita avait tenté d'acheter quand elle s'appelait encore Force India. Pour ces deux pilotes, la voie était tracée et les portes de la F1 se sont ouvertes alors qu'elles seraient très certainement restées closes sinon – au moins pour Nikita.

Sa carrière a débuté dans le karting, où il a confirmé son potentiel en terminant vice-champion du monde KF 2015 derrière Lando Norris, à 15 ans. En monoplace, il ne remporte aucun succès spectaculaire en Challenge MRF, Toyota Racing Series, ni Formule Renault régional. L'argent n'étant pas un problème, Nikita passe directement en F3, sans s'approcher de la moindre victoire en 2016. Et pourtant, il est invité à découvrir les baquets de F1 en faisant un essai chez Force India.

La saison 2017 est bien meilleure : Nikita s'offre trois podiums en championnat d'Europe de Formule 3 et se classe 10e d'une saison dominée par Norris. En passant, Mick Schumacher, son coéquipier de 2022, avait terminé 12e lors de sa 1re saison en F3.

Il progresse encore en 2018 : passé en catégorie GP3, un peu plus puissante, il a obtenu ses 1res victoires de haut niveau – quatre en tout, pour une 2e place au classement général.

Nikita commence alors un projet sur deux ans en F2 ; après une 18e place en ne terminant jamais plus haut de 8e en 2019, il se classe 5e en 2020, au volant de l'écurie familiale Hitech GP, avec des succès à Silverstone et Mugello. Cette progression, et la fortune familiale, lui ouvrent grandes les portes de la F1.

DES TÊTE-À-QUEUE DERRIÈRE LUI

La 1re saison de Nikita en F1 a débuté comme un cauchemar, enchaînant les tête-à-queue dans les essais et les incidents. Terminer dans les barrières dès le 2e tour de son 1er Grand Prix, c'est un vrai coup dur. Heureusement, Nikita a progressivement corrigé ses erreurs, en étant parfois simplement moins agressif. Alors bien sûr, piloter une Haas VF21 signifiait souvent démarrer en queue de peloton, avec seul son coéquipier Mick Schumacher pour se jauger. Et le pilote allemand l'a presque systématiquement devancé : il a fallu attendre la 9e manche à Silverstone pour que le Russe termine devant lui. C'est arrivé deux fois, la 2de au GP du Brésil. C'est en Azerbaïdjan qu'il a obtenu son meilleur résultat, une 14e place qui l'a fait terminer devant Lewis Hamilton, pour la petite histoire – même si le Britannique a chuté au classement alors qu'il se battait pour la 1re place.

INFOS CLÉS

Nationalité : **RUSSE**
Naissance : **2 MARS 1999 À MOSCOU (RUSSIE)**
Site Web : **www.nikitamazepin.com**
Écuries : **HAAS F1 2021-22**

CARRIÈRE

Premier Grand Prix : **GP du Bahreïn 2021**
Départs en Grand Prix : **21**
Victoires en Grand Prix : **0 (meilleur résultat : 14e au GP d'Azerbaïdjan 2021)**
Poles : **0**
Tours le plus rapide : **0**
Points : **0**
Palmarès : **DAUPHIN GP 3 2018, VICE-CHAMPION DU MONDE DE KARTING FK 2014**

» FOCUS : **UN NOUVEAU DÉPART POUR LA FORMULE 1 EN 2022**

Rendre les courses plus spectaculaires en modifiant les F1 est un programme de longue haleine. C'est l'objectif du nouveau règlement technique qui s'applique à partir de 2022 : grâce à la modification de leur design, les monoplaces devraient pouvoir être plus proches et dépasser plus facilement.

L'année dernière, il était manifestement difficile pour les monoplaces de rattraper leurs concurrents et de les dépasser. Les chiffres suivants en expliquent la cause. Une voiture se déplaçant à trois longueurs d'une autre perd plus d'un tiers de son appui, ce qui diminue sa maniabilité au moment où elle en a le plus besoin. Lorsqu'elle est à une longueur, cette réduction passe à 47 %. Cette année, avec le nouveau règlement, cette perte sera limitée respectivement à 4 % et 18 %.

Les principales modifications ont été édictées par l'équipe Motorsport de la F1, en collaboration avec l'instance dirigeante mondiale. Elles visent à réduire les turbulences créées par les pièces suivantes sur les nouvelles voitures de F1 : l'aileron avant, les winglets au-dessus des roues avant, les jantes et les pneus, ainsi que l'aileron arrière.

L'aileron avant a été simplifié et redessiné pour augmenter son efficacité lorsque vous suivez une voiture de près. Comme pour les changements sur les autres éléments clés, le maître-mot est la réduction du flux d'air « perturbé » sortant de l'arrière de la monoplace : le nouvel aileron avant canalisera l'air autour de la voiture, plutôt que de l'envoyer directement vers l'aileron arrière ou sous la voiture.

Des winglets seront autorisées au-dessus des roues avant, avec pour objectif de maîtriser le flux d'air et de le déplacer vers l'extérieur, et donc à distance de l'aileron arrière, ce qui aidera à réduire le volume d'air perturbé renvoyé dans le sillage de la voiture qui suit. Autre changement au niveau des pneus : c'est le retour des cache-roues, qui permettent d'éviter que des turbulences sortent de la jante et de mieux contrôler le flux d'air autour du pneu.

Les pneus avant et arrière seront plus larges, passant à 18 pouces, afin d'augmenter leur adhérence. Cela réduira les glissades et leur surchauffe, ce qui permettra aux pilotes de mieux les contrôler, et donc d'attaquer plus facilement. On voit rarement la déformation des pneumatiques en charge, à part à la faveur d'un ralenti, mais leur profil affiné réduira cet effet en diminuant la taille des flancs, réduisant leurs mouvements et donc leur capacité à créer des turbulences.

L'aileron arrière a été redessiné pour éviter qu'il propulse autant d'air vers le haut et l'extérieur, afin de former un sillage plus étroit, ce qui réduira l'air perturbé en direction d'une voiture qui la suit de près.

D'autres modifications ne seront pas visibles par les fans de F1, mais changeront la tenue de route des monoplaces. Dans leur soubassement, les fonds étagés sont remplacés par des tubes de Venturi qui sont conçus pour augmenter l'appui sans créer beaucoup de turbulence. Les véhicules alignés en 2021 et avant utilisaient d'autres modules aérodynamiques pour générer de l'appui, mais ces winglets et déflecteurs perdaient de leur efficacité lorsqu'une voiture était prise dans la traînée d'une autre.

Ces modifications de règlement avaient été proposées pour la saison 2021, mais la pandémie a conduit au report de leur application jusqu'à cette année.

La grande interrogation concerne l'efficacité de ces changements et la possibilité de générer plus de possibilités de dépassements, ce qu'adorent les fans de F1. Toutefois, les pilotes se sont montrés sceptiques lors de leur 1re inspection des nouveaux modèles. Après l'avoir essayé sur simulateur l'automne dernier, Lando Norris (McLaren) a décrit l'expérience comme « très différente et pas aussi agréable ». Il est évident que les concepteurs et les ingénieurs travaillent d'arrache-pied à améliorer leur maniabilité.

Côté moteur, aucun changement majeur. En fait, leurs spécifications seront figées pour quatre ans : une excellente nouvelle pour les écuries qui ont le meilleur moteur cette saison, moins pour les autres. Seule modification, les moteurs turbo hybrides 1,6 L bénéficieront de pièces plus standard, afin de maîtriser les coûts, mais ils seront surtout alimentés par un carburant avec une plus grande proportion de biocomposants, passant de 5,75 % à 10 %, ce qui en fait de l'E10 – le carburant des voitures de ville.

Ci-contre : présentation d'un prototype de monoplace Formule 1 2022 montré aux pilotes lors de son lancement au GP du Royaume-Uni l'an dernier, pour leur permettre d'apprécier ses nouvelles courbes.

#PurposeDriven
2022

OMP
WILLIAMS
RACING

PIRELLI
ROLEX
aramco
DHL
1
FIA

ROLEX
2022
aramco
PIRELLI
1
FIA
P ZERO

» FOCUS : MIAMI OFFRE UNE NOUVELLE CHANCE AUX ÉTATS-UNIS

Depuis six décennies, la F1 peine à passionner l'Amérique. Pourtant, l'immense affluence enregistrée l'automne dernier au Circuit des Amériques pour le GP des États-Unis témoigne d'un engouement certain. Le timing était donc parfait pour offrir aux États-Unis une 2e course, à Miami – et le pays en demande déjà une 3e.

Pour parler de l'avenir du GP des États-Unis, il convient de jeter un œil dans le rétroviseur pour faire la liste des circuits qui ont flirté avec la F1 sans parvenir à établir une relation durable. Laissons de côté la période dans laquelle l'Indy 500 était une manche du Championnat du monde : le Sebring a ouvert le bal en 1959, suivi par le tout aussi éphémère Riverside l'année suivante. Watkins Glen, au nord de New York, a été une étape régulière de 1961 à 1980, avant d'être passé de mode. Entre 1976 et 1983, il y eut même une 2e manche outre-Atlantique, dans les rues de Long Beach en Californie qui a lancé la mode des circuits éphémères. En 1981 et 1982, Las Vegas a accueilli un Grand Prix dans le parking du casino Caesars Palace. En fait, les États-Unis ont hébergé une 3e course en 1982, dans les rues de Detroit, la capitale de l'automobile, une histoire d'amour qui a duré sept ans. Dallas (Texas) a eu sa chance en 1984, mais le revêtement du temple du pétrole n'était pas à la hauteur. Cinq ans plus tard, Phoenix (Arizona) a organisé un circuit urbain entre 1989 et 1991.

Ce fut ensuite le tour de l'Indianapolis Motor Speedway, qui a créé un circuit urbain utilisant en partie son mythique ovale, pour une amourette entre 2000 et 2007. C'est en 2012 qu'est créé le Circuit des Amériques, un lieu conçu expressément pour attirer la F1 au Texas. C'est le coup de foudre : il met parfaitement en valeur les F1, grâce à sa grande palette de types de virages. Problème : les amateurs américains de F1 des côtes est et ouest doivent faire un long voyage pour pouvoir admirer les bolides. Il existe de très bons circuits sur route, certains avec de magnifiques décors (Road America, Mid-Ohio ou Road Atlanta), mais les mesures de sécurité ne sont pas adaptées à la vitesse des monoplaces actuelles. Bien sûr, les écuries adorent les circuits à l'ancienne, comme Spa-Francorchamps et Suzuka, mais aucun de ces trois-là n'est situé suffisamment proche d'une ville majeure capable d'absorber les coûts substantiels que représente l'accueil d'un Grand Prix.

Cette liste contient un grand absent : Miami et sa population à majorité hispanique qui aime plus la F1 que le reste des États-Unis. Bernie Ecclestone, le patron de la F1, a longtemps poussé pour une autre mégalopole : New York. Un circuit a failli voir le jour, de l'autre côté de la rivière Hudson dans le New Jersey, avant de capoter.

Et donc, après tant de mouvements, de plans avortés et environ 40 années de discussions, le projet de Miami va enfin se concrétiser – d'autant qu'il a le mérite d'incarner la philosophie d'amener la F1 vers les fans. C'est comme cela que Liberty Media, propriétaire de la F1, envisage de développer son audience américaine. Le succès de la série Netflix *Drive to Survive* s'est déjà retranscrit au niveau de la billetterie. Dans l'idéal, la présence d'un pilote américain en F1 y participerait beaucoup, mais ce n'est pas la voie prise par l'unique écurie américaine, Haas F1. Le nom de Colton Herta revient souvent, mais il semblerait que le champion d'Indycar devra attendre 2023.

À la fin de l'année dernière, des discussions ont eu lieu concernant le rachat de Sauber par Michael Andretti – pilote McLaren en 1993 et fils de Mario Andretti, le champion du monde 1978. Cela pourrait y contribuer aussi. La présence de deux manches de F1 au calendrier permet de captiver le public, même si les organisateurs du Circuit des Amériques et de Miami préfèrent que les deux courses soient espacées dans le temps. Cette présence américaine pourrait également attirer davantage de sponsors américains, ce qui profiterait à tous.

Et maintenant que Miami est confirmé, Las Vegas semble revenir à la charge pour tenter de faire oublier sa tentative bien trop modeste il y a quatre décennies. L'idée derrière ce projet est évidemment d'attirer du monde dans ses casinos, et maintenant que la F1 a une tout autre dimension que dans les années 1980, cela pourrait avoir une chance d'aboutir.

En haut à gauche : partenaire principal du GP de Miami, Tom Garfinkel est allé à la pêche aux idées lors du GP néerlandais de Zandvoort.

En haut à droite : la police d'État regarde la McLaren de Lewis Hamilton filer près d'eux à Indianapolis en 2007.

Au milieu : Ayrton Senna dominait la concurrence dans sa McLaren lors du GP des États-Unis 1991 dans les rues de Phoenix.

Ci-contre : le polyvalent Hard Rock Stadium offrira un magnifique décor au circuit temporaire utilisé pour le GP de Miami.

PETRONAS

FOSTER'S
Agip
ICEBERG
CAMPARI
Marlboro
FOSTER'S

» FOCUS : LES PILOTES FRANÇAIS DE RETOUR AU TOP ?

À une époque, au milieu des années 1980, les pilotes français dominaient la F1 : en nombre sur la grille de départ, mais aussi sur les podiums à l'arrivée. Il a fallu attendre 1985 pour qu'un pilote tricolore remporte le titre, avec Alain Prost. Certaines saisons, aucun pilote français n'était engagé, mais aujourd'hui leur nombre grimpe.

Historiquement, la France a toujours figuré au plus haut niveau des courses automobiles, en accueillant la toute 1re (un Paris-Rouen en 1894) et le 1er Grand Prix, le GP de France 1906 sur un circuit routier proche du Mans. Il semble donc incroyable d'avoir dû attendre la 36e saison du Championnat du monde pour sacrer un pilote français.

Ce fut bien sûr Alain Prost, l'un des plus grands pilotes de l'Histoire qui a aussi remporté les éditions 1986, 1989 et 1993. Mais depuis, la France attend son successeur au palmarès. Ce pourrait être Pierre Gasly ou Esteban Ocon, qui ont déjà remporté des GP et pourraient atteindre le sommet, si l'occasion leur en est donnée. Mais un petit jeune frappe déjà à la porte : Théo Pourchaire.

Dans les années 1950, les pilotes français conduisaient souvent des voitures Lago-Talbot qui ne pouvaient pas rivaliser avec les meilleures monoplaces italiennes d'Alfa Romeo, Ferrari et Maserati. Jean Behra était rapide mais impulsif, tandis que Maurice Trintignant s'est imposé deux fois à Monaco. Dans les années 1960, les Français étaient relégués à un rôle de figuration, alors que les titres étaient confisqués par des anglophones : Phil Hill (États-Unis), Graham Hill, Jim Clark, John Surtees et Jackie Stewart (Royaume-Uni), Jack Brabham (Australie) et Denny Hulme (Nouvelle-Zélande).

Le prochain espoir français se nommait Johnny Servoz-Gavin, à la fin des années 1960, mais il est parti aussi vite qu'il n'était arrivé. Jean-Pierre Beltoise a remporté une course unique à Monaco en 1972. C'est alors qu'émergeait le 1er Français qui avait l'étoffe d'un champion du monde : François Cevert. Il était prêt à succéder au jeune retraité Jackie Stewart comme star de l'écurie Tyrrell en 1974, mais il s'est tué dans un accident en 1973.

Les administrateurs des sports mécaniques français décidaient alors de réaliser un effort concerté pour accompagner ses pilotes les plus talentueux, en trouvant des sponsors. L'objectif : offrir des bourses aux pilotes du bas de la pyramide, la Formule Renault, et soutenir les plus performants dans leur progression en F3, en F2, et bien entendu, en F1. Les résultats furent sensationnels, en particulier pour le programme Pilote Elf qui a donné leur chance à Didier Pironi, Prost, Patrick Tambay et Olivier Panis, tout en aidant René Arnoux et Jean-Pierre Jabouille qui avaient déjà commencé leur carrière, comme BP France l'a fait pour Jacques Laffite.

Dès lors, les pilotes français pesaient davantage, même si les deux écuries françaises Renault et Ligier peinaient à concurrencer Lotus, Brabham, McLaren et Williams.

Les compagnies pétrolières ont progressivement diminué leur contribution, ce dont profitait Marlboro pour devenir le mécène des jeunes prodiges en F3000. Mais la législation française changeait alors pour interdire les fabricants de tabac de sponsoriser le sport : avec la diminution des bourses, le vivier des pilotes français s'épuisait de manière alarmante. L'exception à la règle est Panis, qui s'illustrait en s'imposant à Monaco en 1996.

Les fans français s'enthousiasmaient de nouveau au début du XXIe siècle pour des jeunes pilotes de karting qui brillaient sur la scène mondiale et se frayaient un chemin dans le monde des monoplaces, parfois avec l'aide du programme de sponsoring de Red Bull. Il s'agissait d'Esteban Ocon, Pierre Gasly et Anthoine Hubert, ainsi que du Monégasque Charles Leclerc. Hubert mourait tragiquement lors d'une course de F2 race à Spa-Francorchamps en 2019. Mais depuis cette triste journée, Gasly a rebondi suite à son éviction de Red Bull Racing pour remporter son 1er Grand Prix, à Imola en 2020 sous la bannière d'AlphaTauri, un succès reproduit par Ocon au volant d'une Alpine l'an dernier en Hongrie.

Désormais, Pourchaire est sur leurs talons : s'il n'a pas de baquet en F1 pour 2022, le pilote précoce de 18 ans a déjà un sacré parcours. Lors de la 1re saison complète en F2, il s'est imposé à Monaco, puis à Monza : il est alors dans la course au titre, jusqu'à ce que l'Australien Oscar Piastri se détache en tête, en 2de partie de saison.

En haut : un podium 100 % français composé de Prost, Arnoux et Pironi qui ont dominé le GP de France 1982 au circuit Paul Ricard.

Au milieu : Pierre Gasly remet les pilotes français en selle en gagnant le GP d'Italie à Monza pour la Scuderia AlphaTauri.

En bas à gauche : Esteban Ocon fête sa victoire au GP de Hongrie avec Fernando Alonso, l'an dernier avec Alpine.

En bas à droite : Théo Pourchaire, futur grand espoir français, a remporté l'une des courses de F2 à Monaco l'an dernier.

RICARD

DRS

finetwork

PIRELLI
TAGHeuer
OFFICIAL WATCH MONACO GP
MONACOGRANDPRIX

Esteban Ocan est félicité par une équipe Alpine aux anges pour sa victoire sensationnelle au Grand Prix de Hongrie.

ROLEX
ALPINE
E-TECH
Castrol
ALPINE

» GUIDE DES CIRCUITS 2022

Ces deux dernières années, les fans de Formule 1 ont pris l'habitude d'un calendrier de Championnat du monde réaménagé pour répondre aux contraintes de la pandémie. Ils devraient être ravis de retrouver un programme plus traditionnel, avec 23 Grands Prix et un seul absent notable – le GP de Chine – compensé par le retour d'Imola et l'avènement de Miami.

En dehors des restrictions de déplacements, l'une des plus grandes difficultés pour Liberty Media, l'organisateur du Championnat du monde, consiste à trouver un enchaînement naturel entre ses Grands Prix (qui atteignent un nombre record cette année) afin d'éviter les burn-out chez les écuries qui parcourent le monde en 23 courses. Il semble logique que Djeddah (Arabie saoudite) se tienne une semaine après le lever de rideaux au Bahreïn. Cela offre un peu plus de temps à l'Australie pour améliorer son taux de vaccination relativement faible. Les équipes ont hâte de retrouver Melbourne, une belle ville où l'accueil des fans est toujours fantastique.

En remplacement du GP de Chine (mis en pause jusqu'à 2023), Imola recevra son 3e Grand Prix en trois ans, après ses 14 années d'absence au calendrier de la F1, appelé par courtoisie le GP d'Émilie-Romagne. Le seul nouveau circuit cette année sera inauguré au mois de mai, Miami hébergeant enfin sa propre course après avoir été le théâtre de nombreux événements au fil des décennies. Le volet européen commence deux semaines plus tard : mi-mai, les F1 débarqueront en Espagne, avant la grand-messe annuelle de Monaco la semaine suivante. La mi-juin verra un autre enchaînement, avec l'Azerbaïdjan suivi du Canada.

Deux autres duos de manches sont prévus avant la trêve estivale : d'abord Silverstone enchaîné avec le Red Bull Ring, puis à la fin du mois, le GP de France précédant l'étape en Hongrie. Ces deux paires forment une belle harmonie.

Les écuries reviendront ensuite pour un bloc de trois courses : Spa-Francorchamps, Zandvoort et Monza, trois sites relativement proches. Le trio suivant va davantage mettre à l'épreuve les responsables de la logistique, avec d'abord le dernier GP de Russie organisé à Sotchi*, suivi de Singapour et d'un retour très attendu à Suzuka. Autant dire qu'il faudra privilégier le transport aérien au transport terrestre.

Cap ensuite sur l'Amérique, avec le GP des États-Unis au Circuit des Amériques, suivi d'un saut de puce (relatif) jusqu'à Mexico. La caravane de la F1 se rendra ensuite au Brésil après une semaine de pause. Il faudra ensuite enchaîner directement, car pour éviter un télescopage avec la Coupe du Monde de football au Qatar fin novembre, l'ultime course de la saison sera organisée une semaine après celle de São Paulo. La manche d'Abu Dhabi conclura donc un véritable marathon de 23 courses en tout juste 35 semaines.

L'introduction l'an dernier des courses de sprint plus courtes le samedi sur trois GP, avec une séance de qualifications avancée au vendredi, a été une expérience intéressante. De nombreuses écuries ont protesté que cela alourdissait grandement leur budget – qui est déjà limité par règlement. Liberty Media souhaite toutefois organiser six sprints en 2023, dans le but d'augmenter la popularité et le temps d'antenne de la F1 au cours des prochaines saisons.

Ces 23 week-ends de courses pourront bien sûr être modifiés dans les mois qui viennent, face notamment aux hésitations de l'Australie pour ce grand retour après l'édition 2020 annulée, ou les craintes du Japon d'un nouveau rebond du virus comme le pays en avait souffert l'an dernier en accueillant les Jeux olympiques.

En 2023, la Chine voudra retrouver sa propre course et le Qatar sera prêt à accueillir son 2e GP, après une année de pause due au Mondial de la FIFA. Pour les saisons à venir, faudra-t-il sacrifier des manches pour les inclure ? Car avec un calendrier déjà surchargé et des écuries faisant déjà de leur maximum pour gérer au mieux un nombre record de courses, difficile de les imaginer accepter de passer à 25 manches en 2023.

** À l'heure où nous imprimons ce livre la FIA considère que les circonstances rendent impossible la tenue du GP de Russie.*

SAKHIR

Les écuries ont appris à connaître Sakhir ces dernières années, et même à y dompter deux tracés différents en 2020 afin que le Bahreïn puisse y accueillir deux Grands Prix.

Le Championnat du monde a longtemps attendu de faire étape au Moyen-Orient. Pas uniquement pour les revenus pétroliers des nations arabes qui leur permettent de financer l'accueil d'un Grand Prix, mais aussi grâce à leur fuseau horaire qui convient à la plupart des pays qui regardent la F1, qui reste eurocentrique. Donc au lieu d'avoir un départ à la mi-journée pour les téléspectateurs européens, la course débute plus tard, sous les projecteurs.

Le circuit est divisé en deux parties. La 1re représente une oasis, avec des pelouses vertes bien arrosées : il s'agit de la ligne droite sur laquelle se dressent la tribune principale et le paddock. La 2e fait écho aux paysages locaux, le désert, même si les rochers qui entourent la piste sont aspergés de produit adhésif pour limiter la poussière. Les deux 1ers virages portent la signature de l'architecte de piste Hermann Tilke, avec une 1re épingle suivie presque immédiatement par un 2e virage dans l'autre sens. De là, les pilotes accélèrent sur la courbe puis sur la ligne droite qui débouche sur l'épingle du virage 4. Le circuit décrit ensuite un S à aborder en 5e vitesse et débouche sur un virage 8 serré, lieux de prédilection pour les dépassements. C'est également le cas du virage 10, où la piste fait une boucle à l'arrière du paddock. La piste reprend alors en montée dans l'une de ses courbes clés, le virage 11, jusqu'au sommet du virage 13, à partir duquel les pilotes sont en descente jusqu'au double virage final qui leur permet de franchir la lignée d'arrivée en pleine accélération et de vrombir à quelque 320 km/h au bout de la ligne des stands.

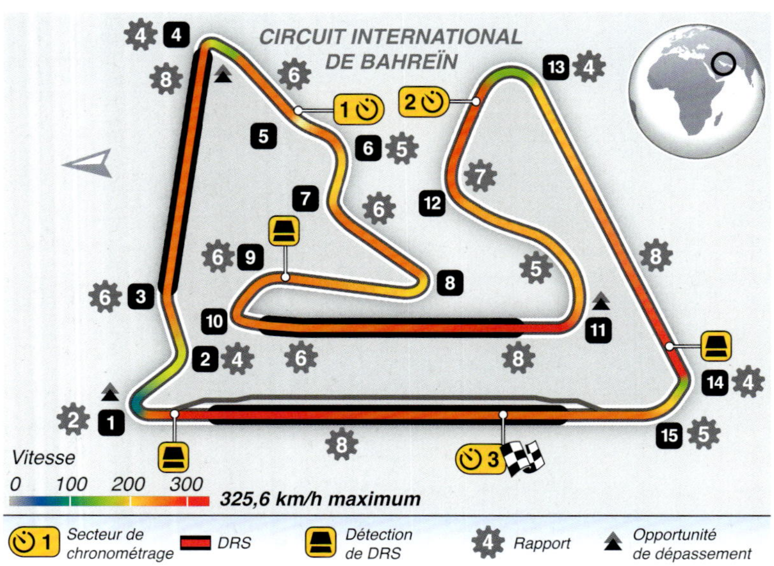

TEMPS DE LA POLE 2021 : **VERSTAPPEN (RED BULL), 1'28.997S, 218,91 KM/H**
VITESSE MOYENNE DU VAINQUEUR 2021 : **197,35 KM/H**
TOUR LE PLUS RAPIDE 2021 : **BOTTAS (MERCEDES), 1'32.090S, 211,56 KM/H**
RECORD DU TOUR : **M SCHUMACHER (FERRARI), 1'30.252S, 216,07 KM/H (2004)**

PISTE

GRAND PRIX DU BAHREÏN

Date :	**20 mars**
Nom du circuit :	**Circuit international du Bahreïn**
Longueur :	**5,412 km**
Nombre de tours :	**57**
E-mail :	**info@bic.com.bh**
Site Web :	**www.bahraingp.com.bh**

PRÉCÉDENTS VAINQUEURS

2013	**Sebastian Vettel** RED BULL
2014	**Lewis Hamilton** MERCEDES
2015	**Lewis Hamilton** MERCEDES
2016	**Nico Rosberg** MERCEDES
2017	**Sebastian Vettel** FERRARI
2018	**Sebastian Vettel** FERRARI
2019	**Lewis Hamilton** MERCEDES
2020	**Lewis Hamilton** MERCEDES
2020	**Sergio Pérez** RACING POINT
2021	**Lewis Hamilton** MERCEDES

Lieu : le Circuit international du Bahreïn est situé à Sakhir, environ 32 km au sud de la capitale Manama, bâti sur une partie légèrement vallonnée d'un désert rocailleux.
Son 1er Grand Prix : Michael Schumacher a dominé l'édition inaugurale du GP du Bahreïn pour Ferrari en 2004, devançant son coéquipier Rubens Barrichello. Les pilotes ont appris à ne pas prendre les virages trop large, au risque de ramener des cailloux tranchants sur la piste.
Course inoubliable : l'usure des gommes est importante sur tous les GP, mais c'est encore plus le cas à Sakhir. Pourtant, en choisissant d'effectuer un seul changement de pneus en 2018, Ferrari a aidé Sebastian Vettel à battre la Mercedes de Valtteri Bottas.
Star montante du pays : les pilotes bahreïniens restent rares, surtout dans les monoplaces juniors. Ils préfèrent généralement disputer la Porsche Carrera Cup du Moyen-Orient, dont Jaber Al-Khalifa et Ali Al Khalifa ont terminé dans le top 12 l'an dernier.
Virage le plus difficile : le virage 11 est le plus épineux. Cette courbe à gauche en montée se resserre alors que les pilotes freinent, avant un enchaînement direct avec un virage à droite.

DJEDDAH

Conçue avec l'objectif d'être le circuit urbain le plus rapide de l'histoire, la piste de Djeddah n'a pas déçu pour son inauguration, avec une vitesse moyenne de 250 km/h et une belle fluidité de course.

Singapour avait fixé la barre très haute en bâtissant le circuit de Marina Bay pour la 1re visite de la F1 sur l'île en 2008. Il faut dire que la *skyline* du quartier des affaires illuminé de nuit offre un décor exceptionnel pour cette course.

L'Arabie saoudite s'en est forcément inspirée au moment de créer une féerie lumineuse similaire pour sa course nocturne, avec plusieurs bâtiments et tribunes suspendues qui évoquent des éléments des circuits de Singapour, mais aussi de Yas Marina à Abu Dhabi, trois lieux dont l'atmosphère change au coucher du soleil.

Avec 6,175 km, le Circuit urbain de Djeddah est le 2e plus long du Championnat du monde de la Formule 1, derrière Spa-Francorchamps (7,004 km), et ne propose pas moins de 27 virages. Ce qui le rend si spécial, ce sont les longues séquences de courbes rapides entre les deux virages serrés. La séquence entre le virage 4 et le virage 19 inclut neuf courbes dans lesquelles la vitesse ne descend jamais en dessous de 240 km/h. L'enchaînement entre les virages 18 à 26 est encore plus rapide : au sortir du virage 24, une longue courbe à gauche mène vers le dernier virage à une vitesse pouvant atteindre 315 km/h – une vitesse loin d'être standard pour un circuit urbain !

À deux endroits de la piste, les monoplaces flirtent avec les 320 km/h : dans le S du virage 21, et à l'approche de l'ultime épingle du circuit, au virage 27.

Il est possible qu'à l'avenir, le GP d'Arabie saoudite quitte le Circuit urbain de Djeddah pour un circuit en dur dédié à la F1.

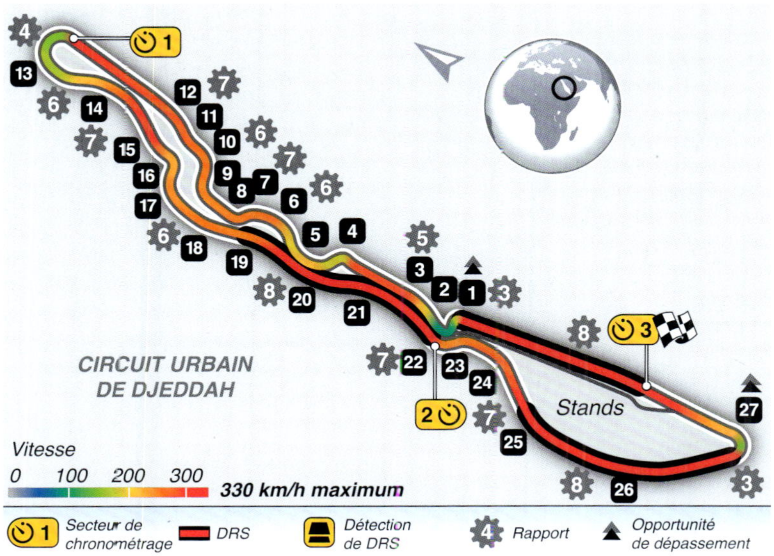

TEMPS DE LA POLE 2021 : **HAMILTON (MERCEDES), 1'27.511S, 253,98 KM/H**
VITESSE MOYENNE DU VAINQUEUR 2021 : **146,58 KM/H**
TOUR LE PLUS RAPIDE 2021 : **HAMILTON (MERCEDES), 1'30.734S, 244,96 KM/H**
RECORD DU TOUR : **HAMILTON (MERCEDES), 1'30.734S, 244,96 KM/H (2021)**

PISTE

GRAND PRIX D'ARABIE SAOUDITE

Date :	**27 mars**
Nom du circuit :	**Circuit urbain de Djeddah**
Longueur :	**6,175 km**
Nombre de tours :	**50**
E-mail :	**non communiqué**
Site Web :	**www.saudiarabiangp.com**

PRÉCÉDENTS VAINQUEURS

2021	**Lewis Hamilton** MERCEDES

Lieu : le circuit a été construit à environ 13 km au nord du centre de Djeddah, sur un bout de côte tournée vers l'ouest gagné sur la mer Rouge pour fournir des lagons.

Son 1er Grand Prix : le GP d'Arabie saoudite 2021 a été extraordinaire, avec un duel au sommet émaillé d'accrochages entre Lewis Hamilton et Max Verstappen, qui a reçu plusieurs pénalités et dû se contenter de la 2e place. Les deux pilotes aborderaient donc la dernière manche d'Abu Dhabi à égalité de points : 369,5 pts chacun.

Course inoubliable : certainement la course contre la montre pour terminer le circuit à temps pour son 1er GP en novembre ! Elle démontre le désir des organisateurs d'offrir un beau spectacle sur un circuit parsemé de courbes rapides.

Plus grand pilote saoudien : membre de la famille royale et ministre des Sports, Abdulaziz Al Faisal reste le pilote saoudien le plus titré, après avoir gagné les 24 heures de Dubaï GT en 2015 et 2018 au volant d'une Black Falcon inscrite par Mercedes, ainsi que la Porsche GT3 Moyen-Orient en 2010 et 2012. Il a également participé aux 24 heures du Mans tous les ans de 2011 à 2015.

Star montante du pays : Reema Juffali est une pilote de courses saoudienne, une rareté. Cette femme de 30 ans concourt en monoplace depuis 2018. L'an dernier, elle était engagée GB3 britannique, la catégorie auparavant baptisée F3 BRDC.

» MELBOURNE

Les conditions d'entrée sur le territoire australien étaient drastiques pendant la pandémie, rendant impossible la tenue du traditionnel lever de rideau de la saison de F1.

L'Albert Park de Melbourne est un joli parc municipal, un océan de verdure avec un lac en son centre et divers équipements sportifs en bordure, dont un parcours de golf. C'est là que la F1 aime à s'inviter chaque année en mars pour faire des tours de piste autour du lac. Habituellement symbole de liberté, cette manche sera encore plus attendue cette année car l'édition 2021 avait été rayée du calendrier, et l'année précédente avait ressemblé à un faux départ, les écuries ayant dû plier bagage sans concourir à cause de l'éclosion de foyers de Covid-19.

La piste commence par une chicane droite-gauche assez large, mais le 1er virage est très souvent le théâtre d'accrochages lors du 1er tour de la saison. Mais c'est aussi le cas du virage 3, l'un des plus prisés pour les dépassements. Les pilotes y arrivent au terme d'une ligne droite étroite et bordée d'un mur de béton qui masque ce virage à 100° à droite sur lequel ils arrivent à fond. Martin Brundle y a vécu une sortie de piste acrobatique lors du 1er GP à Melbourne, à cause d'un embouteillage sur la piste.

La piste s'ouvre ensuite un peu en passant le Centre des Sports, mais n'en donne réellement la sensation qu'après le virage 8 à droite qui laisse derrière lui les arbres. Cernés par le lac à droite et le parcours de golf à gauche, les pilotes peuvent lâcher les chevaux et passer les 300 km/h, avant la chicane gauche-droite qui précède le club nautique.

Le virage 13 est une belle opportunité de dépassements : les voitures décélèrent nettement et la piste se rétrécit avec une série de virages serrés bordés d'arbres.

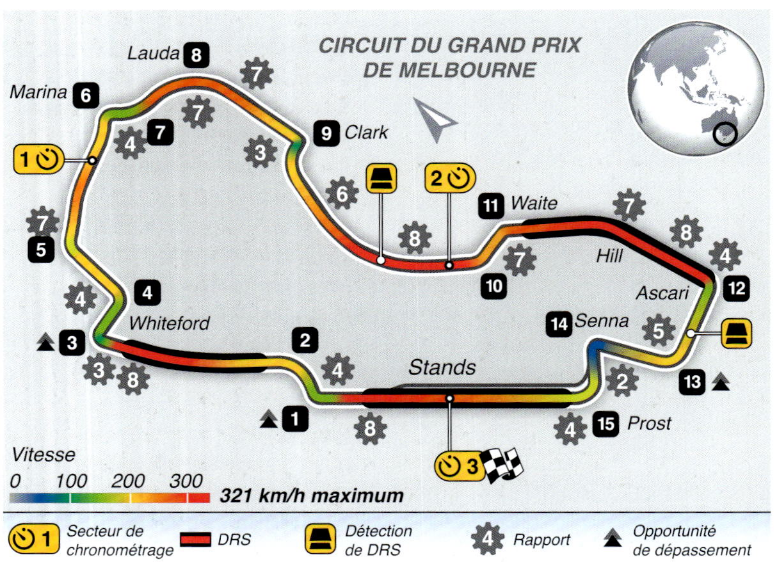

TEMPS DE LA POLE 2019 : **HAMILTON (MERCEDES), 1'20.486S, 215,95 KM/H**
VITESSE MOYENNE DU VAINQUEUR 2019 : **223,07 KM/H**
TOUR LE PLUS RAPIDE 2019 : **BOTTAS (MERCEDES), 1'25.580S, 223,07 KM/H**
RECORD DU TOUR : **M SCHUMACHER (FERRARI), 1'24.125S, 226,94 KM/H (2004)**

PISTE

GRAND PRIX D'AUSTRALIE

Date :	**10 avril**
Nom du circuit :	**Albert Park**
Longueur :	**5,300 km**
Nombre de tours :	**58**
E-mail :	**enquiries@grandprix.com.au**
Site Web :	**www.grandprix.com.au**

PRÉCÉDENTS VAINQUEURS

2010	**Jenson Button** McLAREN
2011	**Sebastian Vettel** RED BULL
2012	**Jenson Button** McLAREN
2013	**Kimi Räikkönen** LOTUS
2014	**Nico Rosberg** MERCEDES
2015	**Lewis Hamilton** MERCEDES
2016	**Nico Rosberg** MERCEDES
2017	**Sebastian Vettel** FERRARI
2018	**Sebastian Vettel** FERRARI
2019	**Valtteri Bottas** MERCEDES

Lieu : c'est le circuit le plus facile d'accès depuis le centre-ville (à part pour Monaco et Singapour) car il est desservi par le tram, un trajet de moins de 2 km.

Son 1er Grand Prix : auparavant organisé à Adélaïde, le GP d'Australie s'est installé à Melbourne en 1996. Jacques Villeneuve a failli être sacré pour sa 1re course, mais la pression d'huile de sa Williams a chuté et c'est son coéquipier Damon Hill qui s'est imposé.

Course inoubliable : le sprint jusqu'au 1er virage au 1er tour est toujours synonyme de danger, mais jamais plus qu'en 2002 lorsque la Williams de Ralf Schumacher a volé dans les airs après avoir percuté l'arrière de la Ferrari de Barrichello. Six autres monoplaces ont été éliminées dans cet incident.

Plus grand pilote australien : Jack Brabham a donné leurs lettres de noblesse aux pilotes australiens en étant sacré en 1959 et 1960 au volant d'une Cooper. Il a ensuite formé sa propre écurie et remporté le titre de F1 en 1966. Mention spéciale pour Mark Webber et ses neuf victoires pour Red Bull entre 2009 et 2012.

Star montante du pays : Oscar Piastri a dominé les catégories juniors, le championnat d'Europe Formule Renault 2019, la F3 FIA 2020 et la F2 l'an dernier.

IMOLA

Ce circuit italien à l'ancienne a charmé de nouveaux fans en 2020 lorsqu'il a été ajouté de façon impromptue dans un calendrier réaménagé, avec son tracé vallonné et son décor pittoresque.

Bien qu'Imola ait accueilli le GP de Saint-Marin à 24 reprises entre 1981 et 2006, il ne situe pas à Saint-Marin, mais au nord-ouest de l'enclave – en Italie, donc. Ce titre de courtoisie a surtout permis aux *tifosi* de bénéficier de deux manches chaque année.

La piste d'Imola démarre sur du plat, à 50 mètres de la rivière qui borde la moitié du circuit et décrit une légère courbe à gauche sur Targuardo pour arriver sur ce qui était autrefois la grande courbe de Tamburello. Depuis qu'Ayrton Senna s'y est tué quand sa Williams a harponné le mur sur le côté droit de la piste en 1994, elle a été remplacée par une chicane.

Une autre chicane a été ajoutée sur ce qui était une ligne droite coudée arrivant sur l'épingle de Tosa : c'est dommage, car l'approche de ce virage était un excellent endroit pour les dépassements. À partir de Tosa, le tracé part à gauche en montée vers Piratella. Cette courbe se prend en 5ᵉ, avant de plonger sur Acque Minerali qui propulse les pilotes à gauche avant de plonger à droite. La piste monte alors de nouveau jusqu'à la chicane placée sur le point culminant du circuit : Variante Alta.

Le tracé bordé d'arbres enchaîne alors sur deux virages à gauche en descente jusqu'à retrouver la rivière. De là, les pilotes ne font qu'accélérer en négociant les courbes vers la droite, jusqu'à la ligne d'arrivée et la sortie des stands sur Targuardo où les monoplaces frôlent les 300 km/h. Ils ont alors déjà attaqué un nouveau tour, avec son cortège de frissons et sous la clameur des *tifosi* italiens.

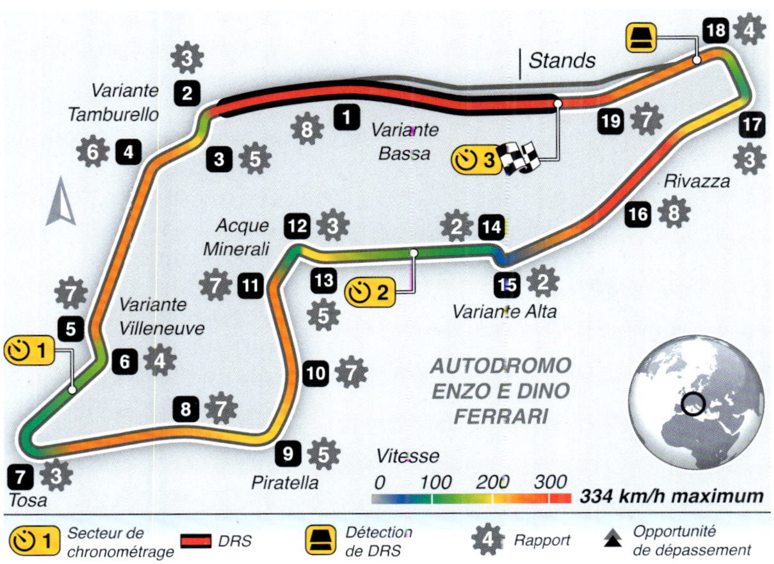

TEMPS DE LA POLE 2021 : **HAMILTON (MERCEDES), 1'14.411S, 237,49 KM/H**
VITESSE MOYENNE DU VAINQUEUR 2021 : **151,27 KM/H**
TOUR LE PLUS RAPIDE 2021 : **HAMILTON (MERCEDES), 1'16.702S, 230,40 KM/H**
RECORD DU TOUR : **HAMILTON (MERCEDES), 1'15.484S, 234,12 KM/H (2020)**

PISTE

GRAND PRIX D'ÉMILIE-ROMAGNE

Date :	**24 avril**
Nom du circuit :	**Autodromo Enzo & Dino Ferrari**
Longueur :	**4,906 km**
Nombre de tours :	**63**
E-mail :	**info@autodromoimola.it**
Site Web :	**www.autodromoimola.it**

PRÉCÉDENTS VAINQUEURS

1999*	**Michael Schumacher** FERRARI
2000*	**Michael Schumacher** FERRARI
2001*	**Ralf Schumacher** WILLIAMS
2002*	**Michael Schumacher** FERRARI
2003*	**Michael Schumacher** FERRARI
2004*	**Michael Schumacher** FERRARI
2005*	**Fernando Alonso** RENAULT
2006*	**Michael Schumacher** FERRARI
2020	**Lewis Hamilton** MERCEDES
2021	**Max Verstappen** RED BULL

* Sous le nom de GP de Saint-Marin

Lieu : le circuit est construit entre la rivière Santerno et les collines de la rive sud d'Imola, une ville située à environ 35 km au sud-est de Bologne.

Son 1ᵉʳ Grand Prix : après une course de F1 hors championnat en 1963 remportée par Jim Clark sur Lotus, Imola a dû attendre 1980 pour accueillir le GP d'Italie, Monza n'ayant plus la cote après le décès de Ronnie Peterson en 1978. Puis il est retourné à Monza, et Imola n'est revenu au calendrier qu'en 1981, sous le nom de GP de Saint-Marin, une édition inaugurale remportée par Piquet sur Brabham.

Course inoubliable : Imola réussissait bien à Michael Schumacher, mais il a terminé trois fois 2ᵉ avant de s'y imposer enfin avec Ferrari. C'est en 1999 que le peuple italien a exulté : Mika Häkkinen est sorti de piste et Ferrari a mieux joué le coup que McLaren pour ravir la victoire à David Coulthard.

Meilleur pilote du pays : la principauté de Saint-Marin n'a pas encore produit de pilote de F1. Christian Montanari a pourtant brillé dans les World Series by Renault en 2005 et 2006, avant d'opter pour les voitures de course et de bien figurer en GP2 en 2007.

MIAMI

Ce nouveau rendez-vous du Championnat du monde 2022 a mis du temps à se concrétiser. Après une forte opposition des riverains, il s'est établi sur un nouveau site.

L'arrivée d'un Grand Prix dans le centre-ville de Miami fait l'objet de discussions depuis… les années 1990. Mais tous les projets ont capoté, notamment face au lever de bouclier des riverains. Après moult moutures de plans controversées près du cœur de la ville, il a été décidé de bâtir un circuit temporaire autour du stade de la franchise NFL des Miami Dolphins, en banlieue de Miami. Projet approuvé : les États-Unis tiennent leur 2e manche, avec celle du Circuit des Amériques.

Les tracés à 18 virages se parcourent dans le sens inverse des aiguilles d'une montre – ce qui est inhabituel. La ligne de départ donne rapidement sur le virage 1, début d'une chicane à vitesse moyenne qui débouche sur une grande courbe vers la droite. Trois virages s'enchaînent ensuite avant un arc-de-cercle à gauche qui débouche sur une ligne droite légèrement courbée et extrêmement rapide s'achevant sur l'épingle du virage 11. À cet endroit-là, les monoplaces passent de 320 à 80 km/h, offrant une belle fenêtre de dépassement, ce que souhaitaient les architectes du circuit.

La piste se resserre ensuite avec une série de virages lents. Puis elle change complètement de nature après le virage 16, avec la plus longue ligne droite du tracé jusqu'à l'épingle à gauche du virage 17. Un gauche-droite plus tard, devant d'immenses tribunes temporaires, les pilotes terminent par une courte ligne droite.

Les circuits américains n'ont pas toujours su retenir leurs Grands Prix de F1, mais l'Autodrome international de Miami a signé un contrat de 10 ans à partir de 2022.

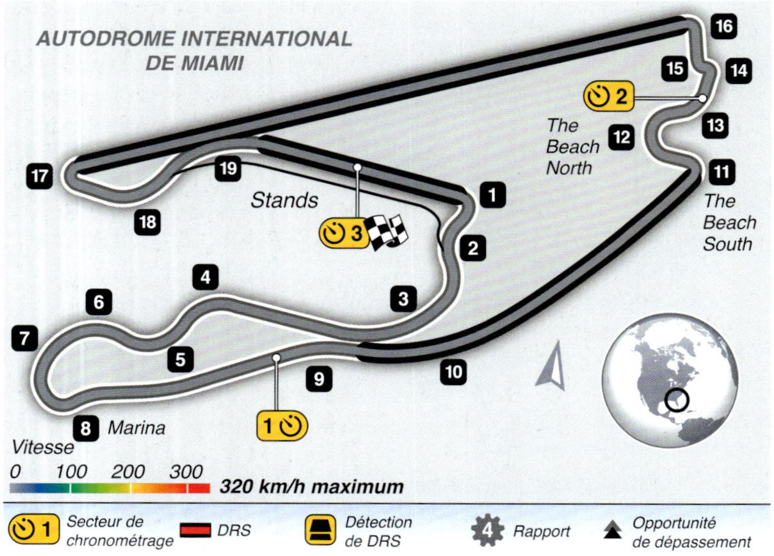

CONÇU PAR APEX, CE TRACÉ SE DIFFÉNCIE DES 1ers CIRCUITS URBAINS EN PERMETTANT AUX MONOPLACES D'EXPRIMER TOUTE LEUR PUISSANCE SUR LIGNES DROITES, AU LIEU D'ENCHAÎNER LES VIRAGES À 90°. IL A TOUT LE LOISIR DE LE FAIRE, COMME IL EST CONSTRUIT SUR UN PARKING.

PISTE

GRAND PRIX DE MIAMI

Date :	**8 mai**
Nom du circuit :	**Autodrome international de Miami**
Longueur :	**5,411 km**
Nombre de tours :	**56**
E-mail :	**info@f1miamigp.co**
Site Web :	**www.f1miamigp.com**

PRÉCÉDENTS VAINQUEURS

1re course

Lieu : ce nouveau circuit se situe dans la banlieue de Miami Gardens, au nord de la ville, sur le site du Hard Rock Stadium.

Plus beau virage : sur les 19 courbes, le virage 17 semble redoutable d'autant qu'il arrive après la plus longue ligne droite du circuit. Un endroit idéal pour attaquer… mais aussi pour défendre.

Historique des courses en Floride : l'État est surtout connu pour ses deux circuits mythiques, le Daytona International Speedway et le Sebring, tous deux utilisés à l'année par des événements de voitures de course. Daytona accueille aussi la célèbre course de NASCAR. La Floride a déjà hébergé des courses d'Indycar sur des circuits urbains à Miami : au Bicentennial Park, au Tamiami Park, à l'ovale de Homestead puis au Bayfront Park à partir de 2002. Elles se déroulent désormais dans les rues de Saint-Pétersbourg, sur le golfe du Mexique.

Meilleur pilote de Floride : aucun Floridien n'a encore piloté en F1, mais Ryan Hunter-Reay est habitué aux sommets en Indycar. Promu de la Formula Atlantic il y a 19 ans, il a remporté 16 courses d'Indycar, dont 4 l'année de son sacre avec Andretti Autosport, mais également l'Indy 500 de 2014. En 2020, Hunter-Reay a gagné le Sebring 12 hours.

Star montante de la Floride : Kyle Kirkwood a remporté le titre des Indy Lights, son 4e sacre en monoplace en cinq ans, avec un chèque de 1,3 M$ qui l'a aidé à décrocher sa place en Indycar pour 2022.

BARCELONE

L'antre du GP d'Espagne était la destination préférée des écuries de F1 lorsqu'elles bénéficiaient d'essais illimités en présaison, grâce à sa palette de virages différents. Aujourd'hui, elle paraît un peu moins spéciale.

Le Grand Prix d'Espagne a intégré le Championnat du monde en 1951, en proposant un circuit urbain dans les rues du quartier Pedralbes de Barcelone. Disparu du calendrier en 1952, il fait son retour en 1968 sur le circuit de Jarama, en banlieue de Madrid, en alternance avec le parc de Montjuïc dans le centre de Barcelone jusqu'au milieu des années 1970. En 1986, il se délocalise sur le circuit de Jerez, au sud-est de l'Espagne.

Mais depuis 1991, la course se déroule au Circuit de Barcelone-Catalogne. Il est passionnant en particulier grâce à son relief, mais le tracé offre peu d'occasions de dépassements, à part dans le 1er virage.

Depuis la ligne de départ, la piste démarre en légère descente, avec deux 1ers virages droite-gauche très liés. La route monte alors doucement dans la courbe menant au virage 3, avant un retour sur le plat jusqu'au virage 4, où la piste tourne à droite et plonge vers un virage 5 serré.

Le virage 7 est au pied de la colline et la piste remonte, avec un Campsa qui s'aborde en aveugle et dont la vitesse de sortie conditionne la ligne droite qui suit. Le tracé descend ensuite jusqu'à virage 10 qui a été modifié ces dernières années pour diminuer légèrement les opportunités de dépassements. De là, l'asphalte reprend de l'altitude.

La piste repasse ensuite à plat jusqu'au virage 12, suivi par un virage serré à droite et une chicane délicate en descente qui mène au 16e et dernier virage. La suite, c'est une ligne droite à 320 km/h et une maîtrise parfaite du freinage pour tenter un dépassement dans le virage 1.

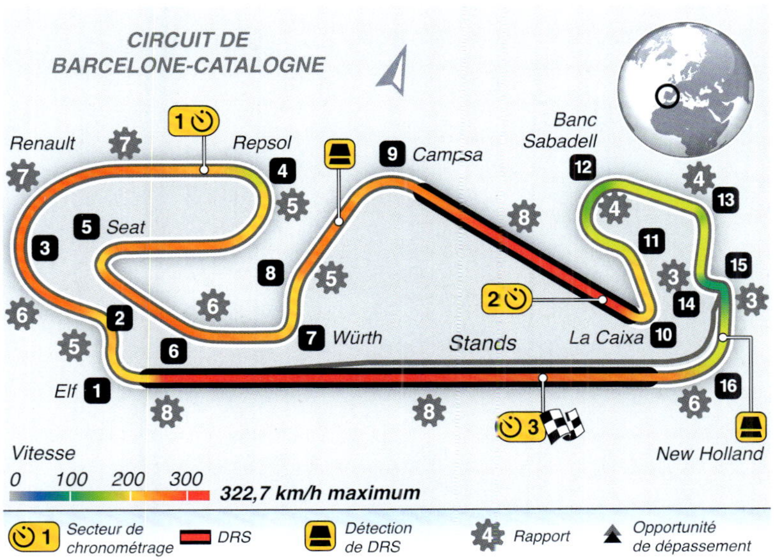

TEMPS DE LA POLE 2021 : **HAMILTON (MERCEDES), 1'16.741S, 219,30 KM/H**
VITESSE MOYENNE DU VAINQUEUR 2021 : **198,70 KM/H**
TOUR LE PLUS RAPIDE 2021 : **VERSTAPPEN (RED BULL), 1'18.149S, 215,35 KM/H**
RECORD DU TOUR : **VERSTAPPEN (RED BULL), 1'18.149S, 215,35 KM/H (2021)**

PISTE

GRAND PRIX D'ESPAGNE

Date :	**22 mai**
Nom du circuit :	**Circuit de Barcelone-Catalogne**
Longueur :	**4,654 km**
Nombre de tours :	**66**
E-mail :	**info@circuitcat.com**
Site Web :	**www.circuitcat.com**

PRÉCÉDENTS VAINQUEURS

2011	**Sebastian Vettel** RED BULL
2012	**Pastor Maldonado** WILLIAMS
2013	**Fernando Alonso** FERRARI
2014	**Lewis Hamilton** MERCEDES
2015	**Nico Rosberg** MERCEDES
2016	**Max Verstappen** RED BULL
2017	**Lewis Hamilton** MERCEDES
2018	**Lewis Hamilton** MERCEDES
2019	**Lewis Hamilton** MERCEDES
2021	**Lewis Hamilton** MERCEDES

Lieu : le circuit de Barcelone-Catalogne est situé dans la région vallonnée à 25 km au nord de la ville. À son inauguration, c'était en pleine campagne, mais la croissance industrielle a changé son cadre.
Son 1er Grand Prix : l'Espagne est le berceau des courses de moto, mais les fans de compétitions automobiles ont été ravis lorsque le GP a déménagé du lointain circuit de Jerez pour une piste plus proche de la majorité d'entre eux. Inauguré en 1991, il a immédiatement accueilli un Grand Prix, remporté de main de maître par Nigel Mansell (Williams).
Course inoubliable : l'édition 2012 a créé la surprise en offrant à Williams sa dernière victoire en date, grâce à Pastor Maldonado – un pilote rapide mais téméraire. Ce jour-là, il a réalisé la course parfaite, au cœur de sa meilleure saison (5e). Williams était alors sans victoire depuis huit ans.
Plus grand pilote espagnol : Fernando Alonso est sans conteste la plus grande star d'Espagne. Il est devenu le 1er vainqueur ibérique d'un Grand Prix en 2003, puis son 1er champion du monde en 2005.
Star montante du pays : Rafael Villagomez, engagé en F3 l'an dernier

Le tracé du circuit de Monaco a peu évolué depuis son 1er Grand Prix, mais les yachts présents dans son port sont désormais bien plus imposants.

UBS
EMOJI
AVA
LONDON

MONACO

Le plus célèbre des circuits urbains reste une manche à part dans le monde de la F1. Un endroit impitoyable pour les pilotes comme pour les écuries, mais ce décor reste une magnifique vitrine de ce sport.

Monte Carlo est un lieu sublime baigné d'un climat doux : dans ce quartier de Monaco niché entre la montagne et la mer, l'opulence donne l'impression d'être dans un monde à part, bordé par les super-yachts de la ploutocratie.

Et puis, il y a la course. Le circuit est très exigu, et malgré les modifications apportées ces 10 dernières années en fin de parcours – avec notamment des stands désormais dignes de ce nom – les barrières sont toujours à quelques mètres de la ligne de course.

La ligne droite de départ/arrivée est légèrement courbée et une petite chicane surgit avant le 1er virage, Sainte-Dévote. Une voie d'échappement est heureusement présente car les échanges sont souvent musclés lors du 1er tour. Vient ensuite une grande montée jusqu'au Casino, après la magnifique courbe à gauche de Massenet, un virage 3 piégeux. Après le virage du Casino délicat à négocier, les barrières cèdent temporairement la place à la vue, avant que le tracé ne plonge vers le Mirabeau jusqu'à la mythique épingle du Grand Hôtel, suivi du Portier qui marque l'arrivée en bord de mer. Pas le temps d'admirer la vue : les pilotes s'engouffrent alors dans le tunnel sous l'hôtel, une longue courbe rapide à droite dont ils émergent à 290 km/h pour freiner sur la chicane du port. Après ce gauche-droite-gauche, ils vrombissent le long des yachts, prennent le virage Bureau de tabac et arrivent dans le secteur des piscines, avec ses quatre virages qui s'enchaînent rapidement. Arrive ensuite la Rascasse, un virage à droite très serré qui calme les ardeurs, tout comme le dernier virage.

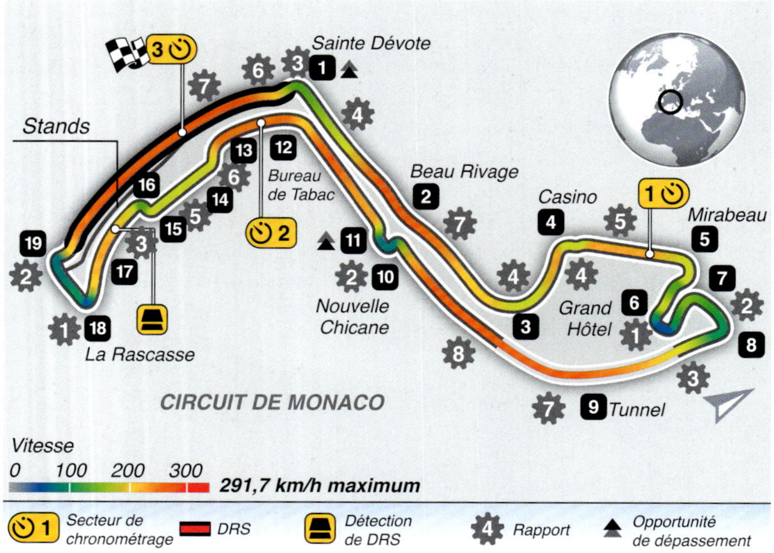

TEMPS DE LA POLE 2021 : **LECLERC (FERRARI), 1'10.346S, 170,77 KM/H**
VITESSE MOYENNE DU VAINQUEUR 2021 : **157,83 KM/H**
TOUR LE PLUS RAPIDE 2021 : **HAMILTON (MERCEDES), 1'12.909S, 164,76 KM/H**
RECORD DU TOUR : **HAMILTON (MERCEDES), 1'12.909S, 164,76 KM/H (2021)**

PISTE

GRAND PRIX DE MONACO

Date :	**29 mai**
Nom du circuit :	**Circuit de Monaco**
Longueur :	**3,339 km**
Nombre de tours :	**78**
E-mail :	**info@acm.mc**
Site Web :	**www.acm.mc**

PRÉCÉDENTS VAINQUEURS

2011	**Sebastian Vettel** RED BULL
2012	**Mark Webber** RED BULL
2013	**Nico Rosberg** MERCEDES
2014	**Nico Rosberg** MERCEDES
2015	**Nico Rosberg** MERCEDES
2016	**Lewis Hamilton** MERCEDES
2017	**Sebastian Vettel** FERRARI
2018	**Daniel Ricciardo** RED BULL
2019	**Lewis Hamilton** MERCEDES
2021	**Max Verstappen** RED BULL

Lieu : le circuit est au cœur de Monte Carlo, débutant entre le château Grimaldi et le port, avant de serpenter dans la ville.
Son 1er Grand Prix : la 2e manche du Championnat du monde s'est déroulée ici, en 1950. Juan Manuel Fangio (Alfa Romeo) a été sacré, avec un tour d'avance sur Alberto Ascari (Ferrari).
Course inoubliable : aucune édition ne se mesure à celle de 1982 en matière de suspense. À trois tours de la fin, Alain Prost mène au volant de sa Renault, mais il glisse sur la piste mouillée. Riccardo Patrese prend la tête, mais glisse aussi. Il reprendra la course, mais Didier Pironi le dépasse et prend la 1re place au dernier tour. Sa Ferrari s'arrête dans le tunnel, puis l'Alfa Romeo d'Andrea Cesaris subit une défaillance électrique et Patrese s'impose finalement pour Brabham.
Plus grand pilote monégasque : Louis Chiron a terminé 3e ici en 1950, mais ce succès est éclipsé par Charles Leclerc, débauché par Ferrari pour sa 2e saison de F1 en 2019 et vainqueur à Spa et Monza.
Star montante du pays : Arthur Leclerc, frère cadet de Charles, a le potentiel pour être la prochaine star de la principauté en F1.

BAKOU

Toutes les écuries vont se méfier de potentielles défaillances de pneumatiques, suite aux accidents de Lance Stroll et Max Verstappen, lâchés par leurs gommes dans la ligne droite principale à 290 km/h l'an passé.

Certains circuits proposent parfois des scénarios incroyables ; d'autres sont quasiment toujours spectaculaires, comme la course urbaine de la capitale de l'Azerbaïdjan qui offre le meilleur et le pire depuis son inscription au calendrier du Championnat du monde en 2016. Chacun espère ne pas revoir les crevaisons à haute vitesse survenues l'an dernier.

Le circuit de Bakou propose deux facettes différentes : les rues du quartier moderne en dehors des murs de la ville, puis celles de la vieille ville.

La ligne droite du départ longe la mer, dont elle est séparée par un parc. Les quatre 1ers virages sont typiques des courses urbaines : des angles droits, trois à gauche puis un à droite, où il est très difficile de dépasser – à part peut-être dans le virage 1, un peu plus large.

Après une chicane et un virage serré à droite, la piste atteint le pied de la citadelle et le décor change alors du tout au tout : place aux devantures de magasins, puis à l'ascension claustrophobe le long des remparts, avant de retrouver de l'air et de la lumière en débouchant sur un parc.

Si l'Azerbaïdjan souhaitait accueillir un Grand Prix, c'était notamment pour faire connaître sa capitale, ce que fait parfaitement la portion suivante, qui passe devant les banques, les bâtiments administratifs et les ambassades, le tout en légère montée. Mais à partir du virage 15, la route plonge, avant un virage 16 serré à gauche, suivi de quelques courbes rapides menant tout droit à la ligne d'arrivée. Ce passage est composé de 4 virages, mais les pilotes atteignent souvent les 320 km/h avant même d'attaquer l'ultime ligne droite.

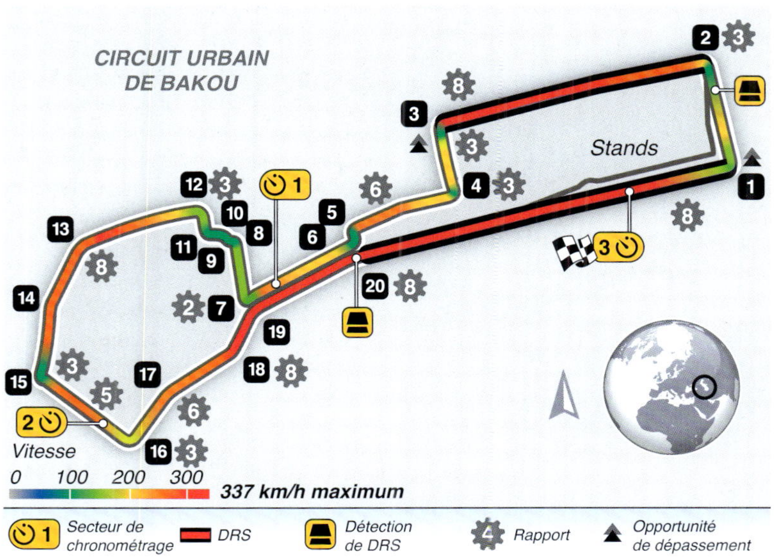

TEMPS DE LA POLE 2021 : **LECLERC (FERRARI), 1'41.218S, 213,50 KM/H**
VITESSE MOYENNE DU VAINQUEUR 2021 : **137,44 KM/H**
TOUR LE PLUS RAPIDE 2021 : **VERSTAPPEN (RED BULL), 1'44.481S, 206,83 KM/H**
RECORD DU TOUR : **LECLERC (FERRARI), 1'43.009S, 209,79 KM/H (2019)**

PISTE

GRAND PRIX D'AZERBAÏDJAN

Date :	**12 juin**
Nom du circuit :	**Circuit urbain de Bakou**
Longueur :	**3,006 km**
Nombre de tours :	**21**
E-mail :	**info@bakugp.az**
Site Web :	**www.bakugp.az**

PRÉCÉDENTS VAINQUEURS

2016	**Nico Rosberg** MERCEDES
2017	**Daniel Ricciardo** RED BULL
2018	**Lewis Hamilton** MERCEDES
2019	**Valtteri Bottas** MERCEDES
2021	**Sergio Pérez** RED BULL

Lieu : Bakou est situé au centre de la côte ouest de la mer Caspienne, sur la péninsule d'Abşeron. Le circuit se trouve en plein cœur de la capitale, où les vents peuvent dissiper les températures élevées.

Son 1er Grand Prix : Mercedes a dominé la 1re édition en 2016. Vainqueur de la pole, Nico Rosberg s'est facilement imposé, tandis que son coéquipier Lewis Hamilton terminait seulement 5e après avoir débuté à la 10e place suite à un contact avec un mur.

Course inoubliable : le scénario du 2e Grand Prix de Bakou est imbattable. Il est rare de voir un pilote emboutir un autre à vitesse réduite, derrière la *safety car*. C'est pourtant ce qu'il s'est produit en 2017 lorsque Sebastian Vettel était tellement frustré que Lewis Hamilton n'accélère pas après le virage 15 qu'il l'a percuté au niveau de l'aileron arrière, laissant Daniel Ricciardo filer vers le trophée.

Plus grand pilote de l'Azerbaïdjan : lors de l'édition inaugurale du GP, il n'y avait aucun pilote azéri. Et il n'y en a pas plus aujourd'hui, en grande partie car il s'agit d'un circuit temporaire, dans un pays qui ne propose aucune infrastructure à ses aspirants pilotes.

Virage le plus difficile : le virage 16 est un angle droit à gauche qui se prend en 3e vitesse. Ce n'a rien d'inédit en soi, mais ce qui importe est sa vitesse de sortie, car il lance une série de courbes rapides et la ligne droite finale.

MONTRÉAL

La manche canadienne du Championnat du monde a toujours été l'une des plus populaires – certes pour son circuit, mais surtout pour la beauté de la ville et l'ambiance festive qui y règne.

Le Circuit Gilles Villeneuve est baptisé en l'honneur du pilote de F1 adulé du pays et dont le fils Jacques est devenu l'unique champion du monde canadien. Mais, vu la nature contrainte du tracé, pas sûr qu'il aurait été le préféré du célèbre casse-cou.

Le principal défi relevé par la construction du circuit à la fin des années 1970 était le manque d'espace : il était coincé entre la pointe d'une île sur le fleuve Saint-Laurent et enclavé par le stade d'aviron utilisé lors des Jeux olympiques 1976.

Le tracé suit une courbe à droite précédant un virage serré à gauche, un lieu privilégié pour les sorties de piste et les carambolages au fil des années, surtout lors du 1er tour.

La suite, c'est le Virage Senna, une épingle à droite qui amène la piste le long du rivage, avant de serpenter à travers un S, une courbe rapide à droite et deux chicanes. Le rythme s'accélère alors jusqu'à l'épingle la plus serrée du circuit, une belle opportunité de dépassements.

Le plus important dans cette portion est de bien gérer un ralentissement marqué, car il précède la plus longue ligne droite du tracé. Les pilotes peuvent atteindre les 320 km/h avant d'avoir à rétrograder pour les deux derniers virages : les n° 13 et 14 forment une chicane qu'ils négocient à 180 km/h pour tenter de dépasser leurs concurrents. Ça ne fonctionne pas toujours, comme le prouvent les accidents occasionnels dans le mur qui marque le début de la ligne des stands. L'un des aspects les plus spectaculaires de ce circuit est que les murs se dressent à quelques centimètres seulement du bord de la piste.

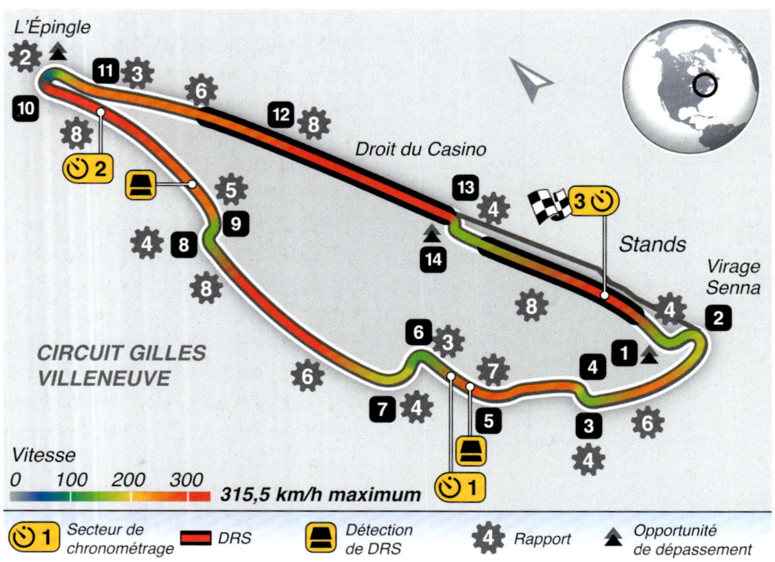

TEMPS DE LA POLE 2019 : **HAMILTON (MERCEDES), 1'28.319S, 238,12 KM/H**
VITESSE MOYENNE DU VAINQUEUR 2019 : **219,84 KM/H**
TOUR LE PLUS RAPIDE 2019 : **VETTEL (FERRARI), 1'32.740S, 226,77 KM/H**
RECORD DU TOUR : **VETTEL (FERRARI), 1'32.740S, 226,77 KM/H (2019)**

PISTE

GRAND PRIX DU CANADA

Date :	**19 juin**
Nom du circuit :	**Circuit Gilles Villeneuve**
Longueur :	**4,361 km**
Nombre de tours :	**70**
E-mail :	**info@circuitgillesvilleneuve.ca**
Site Web :	**www.circuitgillesvilleneuve.ca**

PRÉCÉDENTS VAINQUEURS

2010	**Lewis Hamilton** McLAREN
2011	**Jenson Button** McLAREN
2012	**Lewis Hamilton** McLAREN
2013	**Sebastian Vettel** RED BULL
2014	**Daniel Ricciardo** RED BULL
2015	**Lewis Hamilton** MERCEDES
2016	**Lewis Hamilton** MERCEDES
2017	**Lewis Hamilton** MERCEDES
2018	**Sebastian Vettel** FERRARI
2019	**Lewis Hamilton** MERCEDES

Lieu : l'île Notre-Dame a été choisie pour y implanter le circuit car il s'agissait de l'endroit le plus vaste à proximité du centre-ville et desservi par le métro, ce qui économisait à l'organisation la construction d'un grand parking.
Son 1er Grand Prix : en 1978, Jean-Pierre Jarier, qui dépannait Lotus suite au décès de Ronnie Peterson, filait droit vers la victoire quand il a été victime d'une panne, laissant le titre à la star canadienne Gilles Villeneuve.
Course inoubliable : le triomphe de Jenson Button en 2011 reste dans les mémoires car il a écopé d'une pénalité aux stands, avant de pourchasser Sebastian Vettel et de le pousser à l'erreur dans l'ultime tour.
Plus grand pilote canadien : Jacques Villeneuve est devenu l'unique pilote canadien sacré en 2007, mais son père Gilles est considéré comme le meilleur pilote de l'histoire de la nation. Dauphin de Jody Scheckter, son coéquipier chez Ferrari, en 1979, il s'est tué à Zolder trois ans plus tard avant de pouvoir décrocher sa propre couronne.
Star montante du pays : le Canada n'a pas de vivier de jeunes talents en ce moment pour succéder à Lance Stroll et Nicholas Lafiti. Mais Mac Clark a fait bonne impression en F4 USA l'an dernier.

SILVERSTONE

Ce circuit mythique fait toujours le plein et la passion des fans contribue à son succès, tout comme son histoire et ses liens avec les âges d'or de la F1.

À l'origine, Silverstone était un simple aéroport servant durant la Seconde Guerre mondiale. Désœuvré au retour de la paix, il était repris par des fans de courses qui voyaient dans sa piste et ses routes périphériques une belle occasion de créer un circuit. Et 74 ans après son ouverture, on devine encore sa disposition d'antan, malgré les nombreux changements et améliorations qu'il a subis au fil des décennies.

Le 1er tournant, Abbey, est une courbe à droite très rapide, mais les pilotes doivent freiner dur pour négocier Village, avant de serpenter dans The Loop. Cette portion voit beaucoup de tentatives de dépassements, surtout en début de course lorsque les écarts sont faibles.

En sortant bien sur la ligne droite Wellington Straight, ils s'offrent ensuite la possibilité de doubler dans Brooklands. De la même manière, une trajectoire maîtrisée dans Luffield ouvre la voie à un dépassement dans Copse, comme Lewis Hamilton a tenté de le faire l'an dernier sur Max Verstappen. Mais comme ils l'ont illustré, ce n'est pas toujours sans danger. Vient ensuite l'une des plus belles portions des circuits de F1 : Becketts et sa série de gauche-droite que les pilotes abordent en 7e vitesse avant de baisser d'un rapport à chaque virage, avec des changements de direction brusques et difficiles à gérer.

Hangar Straight permet enfin aux pilotes de se reposer un peu – mais sans baisser leur garde : un concurrent aurait vite fait de leur faire l'intérieur dans Stowe. La piste marque ensuite une descente, puis Vale offre une dernière occasion de dépassement avant l'ultime virage à droite, Club, qui semble interminable et conclut le tour.

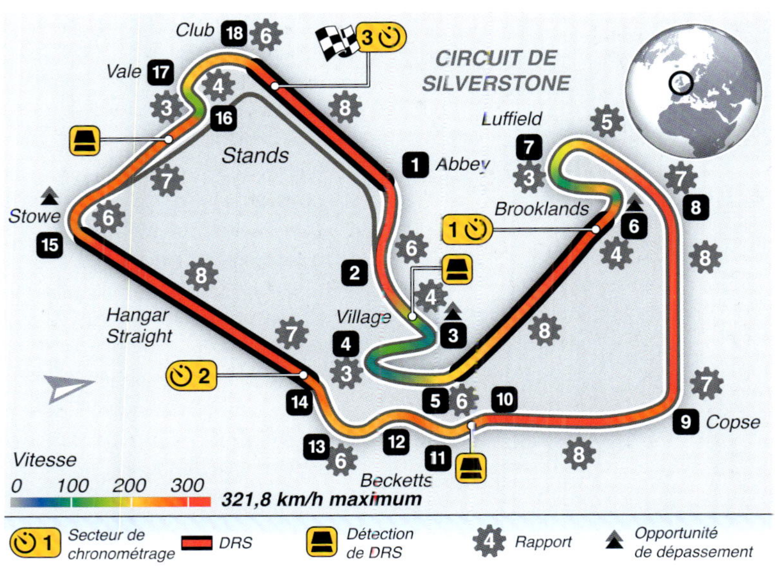

TEMPS DE LA POLE 2021 : **UNE QUALIFICATION SPRINT A ÉTÉ ORGANISÉE**
VITESSE MOYENNE DU VAINQUEUR 2021 : **155,18 KM/H**
TOUR LE PLUS RAPIDE 2021 : **PEREZ (RED BULL), 1'28.617S, 239,31 KM/H**
RECORD DU TOUR : **VERSTAPPEN (RED BULL), 1'27.097S, 243,49 KM/H (2020)**

PISTE

GRAND PRIX DU ROYAUME-UNI

Date :	**3 juillet**
Nom du circuit :	**Silverstone**
Longueur :	**5,900 km**
Nombre de tours :	**52**

E-mail : **sales@silverstone-circuit.co.uk**
Site Web : **www.silverstone-circuit.co.uk**

PRÉCÉDENTS VAINQUEURS

2013	**Nico Rosberg** MERCEDES
2014	**Lewis Hamilton** MERCEDES
2015	**Lewis Hamilton** MERCEDES
2016	**Lewis Hamilton** MERCEDES
2017	**Lewis Hamilton** MERCEDES
2018	**Sebastian Vettel** FERRARI
2019	**Lewis Hamilton** MERCEDES
2020	**Lewis Hamilton** MERCEDES
2020*	**Max Verstappen** RED BULL
2021	**Lewis Hamilton** MERCEDES

*Lors du GP du 70e anniversaire

Lieu : Silverstone est situé à 25 km au sud-est de Northampton, en plein cœur de l'Angleterre.

Son 1er Grand Prix : deux ans après avoir accueilli le 1er GP britannique en 1948, Silverstone a eu les honneurs de la 1re manche du 1er Championnat du monde F1. Les 158s rouges d'Alfa Romeo ont surclassé la concurrence : Giuseppe Farina, Luigi Fagioli et Reg Parnell ont occupé le podium, ayant terminé avec deux tours d'avance sur les suivants.

Course inoubliable : quasi champion pour sa 1re saison en F1, Lewis Hamilton a rebondi en 2008 en s'imposant à Silverstone avec sa course la plus aboutie : malgré des conditions météo difficiles, il a franchi la ligne d'arrivée avec quasiment une minute d'avance sur son dauphin.

Meilleur pilote britannique : Jim Clark a remporté deux titres de F1 et Jackie Stewart en a gagné trois, mais ils ne peuvent pas rivaliser avec les sept couronnes collectionnées par Lewis Hamilton quatre décennies plus tard.

Star montante du pays : Lando Norris et George Russell ont la capacité de devenir champion du monde. Mais la prochaine star pourrait bien être Dan Ticktum, un jeune pilote aussi rapide que fougueux.

RED BULL RING

Situé dans les montagnes de la Styrie, ce circuit a été très sollicité dernièrement : il a notamment accueilli deux Grands Prix la saison dernière. Autre particularité : il semble conçu pour générer des incidents.

Les changements d'élévation sont l'un des ingrédients clés des grands circuits et celui-ci en regorge, avec ses pentes au pied des montagnes. Il s'agit d'une version tronquée de la piste d'origine sur ce même site, l'Österreichring inauguré en 1969, mais il en a conservé l'essence enivrante.

La montée vers le virage 1 est la plus raide du circuit : les pilotes voient surtout le ciel défiler à grande vitesse jusqu'à ce qu'ils arrivent au sommet, dans le virage à angle droit. L'architecte a bien fait de prévoir une grande zone de dégagement, car il n'est pas rare de voir une monoplace le prendre trop large, d'autant que la piste s'aplatit juste au tournant.

À partir de là, les pilotes accélèrent pour monter la côte et décrivent un arc léger à gauche avant de freiner pour l'épingle au sommet. Beaucoup de pilotes font preuve de zèle dans ce virage à droite, provoquant des contacts inévitables. La piste continue alors à monter un peu, puis descend en direction de Schlossgold ; il s'agit d'un virage serré, mais deux monoplaces peuvent le franchir côte à côte – même si ça n'est pas passé pour Alex Albon en 2020, parti en tête-à-queue après son contact avec Lewis Hamilton.

La descente se poursuit sur les virages 6 et 7, avant de remonter dans le 8. L'avant-dernière courbe est en dévers jusqu'à l'énorme compression du dernier virage en bas de piste. Il n'y a plus alors qu'à accélérer dans la ligne d'arrivée où les pilotes démarrent un nouveau tour à 320 km/h.

Au pied de la montagne, la météo peut être changeante : une stratégie sur route mouillée est donc indispensable.

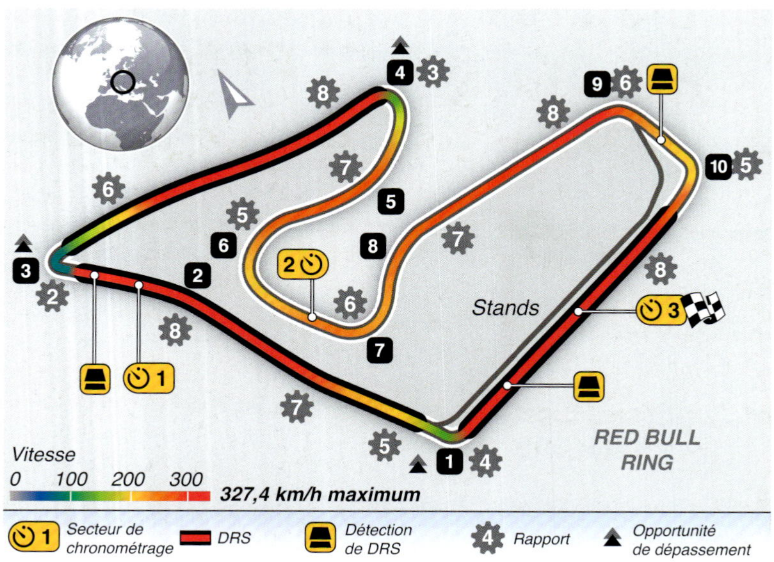

TEMPS DE LA POLE 2021 : **VERSTAPPEN (RED BULL), 1'03,720S, 243,95 KM/H**
VITESSE MOYENNE DU VAINQUEUR 2021 : **223,37 KM/H***
TOUR LE PLUS RAPIDE 2021 : **VERSTAPPEN (RED BULL), 1'06.200S, 234,81 KM/H**
RECORD DU TOUR : **SAINZ JR (MCLAREN), 1'05.619S, 236,89 KM/H (2020*)**

PISTE

GRAND PRIX D'AUTRICHE

Date :	**10 juillet**
Nom du circuit :	**Red Bull Ring**
Longueur :	**4,326 km**
Nombre de tours :	**71**
E-mail :	**information@projekt-spielberg.at**
Site Web :	**www.projekt-spielberg.at**

PRÉCÉDENTS VAINQUEURS

2014	**Nico Rosberg** MERCEDES
2015	**Nico Rosberg** MERCEDES
2016	**Lewis Hamilton** MERCEDES
2017	**Valtteri Bottas** MERCEDES
2018	**Max Verstappen** RED BULL
2019	**Max Verstappen** RED BULL
2020	**Valtteri Bottas** MERCEDES
2020*	**Lewis Hamilton** MERCEDES
2021*	**Max Verstappen** RED BULL
2021	**Max Verstappen** RED BULL

*Au GP de Styrie

Lieu : le Red Bull Ring est éloigné des grandes villes autrichiennes. La plus proche est Graz, à 70 km au sud-est.
Son 1er Grand Prix : l'Österreichring a accueilli une course en 1969. L'année suivante, le timing semble parfait pour ses grands débuts en F1, car le pilote autrichien Jochen Rindt joue le titre mondial. Mais il ne serait pas sacré sur ses terres : la victoire est allée à Jacky Ickx (Ferrari), son rival pour le titre.
Course inoubliable : dans les années 1970, le GP d'Autriche a souvent offert aux pilotes la 1re victoire de leur carrière : c'est arrivé trois années d'affilée. Mais la 1re, l'édition 1975, remporte la palme de la plus loufoque : Vittorio Brambilla est en tête lorsque la course est arrêtée prématurément à cause de pluies diluviennes. Le pilote italien fête alors sa victoire avec trop d'entrain et encastre sa monoplace March dans les rails.
Plus grand pilote autrichien : Gerhard Berger a remporté 10 victoires en Grand Prix et Niki Lauda trois titres mondiaux, mais le plus grand pourrait bien être Rindt. Dominateur en F2 et en F1, il s'est tué au GP d'Italie 1970, son compteur bloqué à six victoires. Il est l'unique pilote à avoir été sacré champion du monde à titre posthume.

PAUL RICARD

Depuis son retour au calendrier de la F1, le circuit français n'a pas encore réédité de courses sensationnelles, mais les écuries adorent ses installations ultra-modernes.

Lorsque le Paul Ricard a été inauguré en 1970, il était unique en son genre : c'était certainement le 1er circuit conçu avec la sécurité des pilotes en tête – avec de grandes zones de dégagement plutôt que des barrières ou des arbres plantés au bord de la ligne de course. Financé par Paul Ricard, le créateur de la célèbre boisson anisée, il était résolument moderne avec une piste large et très rapide par endroits, notamment à la fin de la 2e ligne droite.

Au fil des années, le tracé a été modifié et découpé, mais sa forme globale était fidèle à celle d'origine pour son retour en F1 en 2018 après 28 années d'absence. Avec une différence notable : les barrières étaient encore plus éloignées de la piste, qui est désormais bordée de bandes d'asphalte de plus en plus abrasives pour ralentir les monoplaces sorties de route. Le 1er virage est précédé d'une légère pente qui s'accentue à sa sortie. Sa forme est une invitation au dépassement lors du 1er tour, tout comme la chicane des virages 3/4/5. À partir de Sainte-Beaume (n°6), la piste remonte jusqu'à déboucher sur la ligne droite Mistral, qu'il faut aborder avec le plus de vitesse possible. La chicane gauche-droite-gauche coupe ce qui était autrefois une immense ligne droite unique. Vient ensuite la mythique courbe de Signes, qui se prend en 8e vitesse à 280 km/h. Il est possible d'y réaliser un dépassement, même s'il aura plus de chances de réussir au virage 11, Beausset. La piste se rétrécit alors jusqu'au dernier tournant, un virage serré à droite jusqu'à la ligne d'arrivée. Peu de chances d'y doubler un concurrent, mais le virage 1 arrive rapidement.

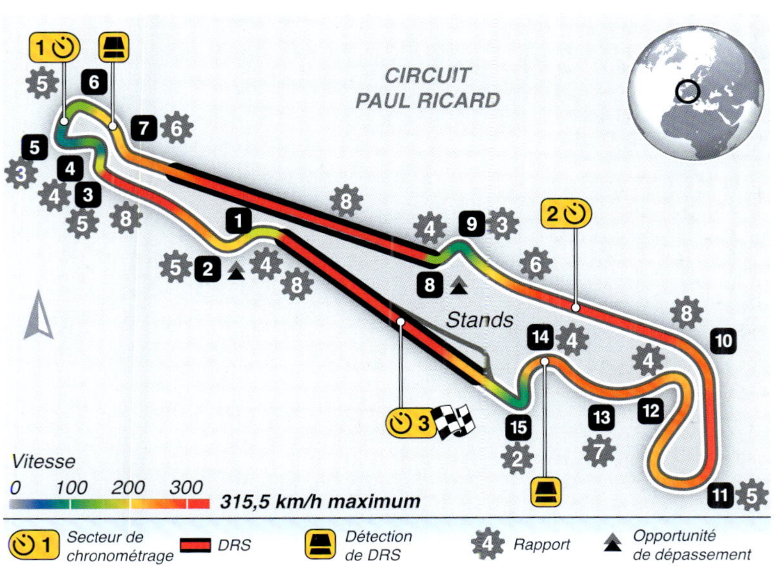

TEMPS DE LA POLE 2021 : **VERSTAPPEN (RED BULL), 1'29.990S, 233,70 KM/H**
VITESSE MOYENNE DU VAINQUEUR 2021 : **212,53 KM/H**
TOUR LE PLUS RAPIDE 2021 : **VERSTAPPEN (RED BULL), 1'36.404S, 218,15 KM/H**
RECORD DU TOUR : **VETTEL (FERRARI), 1'32.740S, 226,77 KM/H (2019)**

PISTE

GRAND PRIX DE FRANCE

Date :	**24 juillet**
Nom du circuit :	**Circuit Paul Ricard**
Longueur :	**5,842 km**
Nombre de tours :	**53**
E-mail :	**circuit@circuitpaulricard.com**
Site Web :	**www.circuitpaulricard.com**

PRÉCÉDENTS VAINQUEURS

1983	**Alain Prost** RENAULT
1985	**Nelson Piquet** BRABHAM
1986	**Nigel Mansell** WILLIAMS
1987	**Nigel Mansell** WILLIAMS
1988	**Alain Prost** McLAREN
1989	**Alain Prost** McLAREN
1990	**Alain Prost** FERRARI
2018	**Lewis Hamilton** MERCEDES
2019	**Lewis Hamilton** MERCEDES
2021	**Max Verstappen** RED BULL

Lieu : entouré de pins et des collines de la Provence, le circuit est situé au Castellet, sur un plateau à 30 km au nord-est de Toulon.

Son 1er Grand Prix : l'écurie Tyrrell raflait les deux 1res places en 1971, avec Jackie Stewart devant François Cevert.

Course inoubliable : Ivan Capelli était à trois tours de créer la surprise en remportant l'édition 1990 au volant de sa Leyton House, mais il n'a pas pu empêcher le retour de la Ferrari d'Alain Prost.

Plus grand pilote français : Alain Prost est sans rival. Le quadruple champion du monde alliait son intelligence tact que à sa vitesse : il a gagné son 1er GP dès sa 2e saison en F1.
Le « Professeur » a remporté trois titres avec McLaren, en 1985, 1986 et 1989, avant d'être de nouveau sacré en 1993 à son retour chez Williams.

Star montante du pays : le nom de Théo Pourchaire revient régulièrement, suite à sa belle saison en F2 l'an passé, avec une manche remportée à Monaco alors qu'il avait seulement 17 ans. Il a de plus été vice-champion de F3 FIA l'année précédente et sacré en F4 l'année d'avant.

» HUNGARORING

Un tracé serré, tournoyant, ondulant : voici un circuit qui peut semer le chaos, comme au 1er virage l'an dernier. Et, pour compliquer encore la donne, ajoutez-y des températures à faire fondre les gommes.

Le Hungaroring vaut d'abord et surtout par son décor : ce sont ses collines et ses vallées qui le façonnent et lui donnent tout son intérêt. Le tour commence en haut d'une vallée, en descend jusqu'au pied, puis remonte à l'opposé avant de revenir. À plusieurs endroits, on peut voir au moins un tiers du circuit.

La ligne droite de départ/arrivée plonge jusqu'au 1er virage, puis la pente s'accentue dans la 2e zone de DRS. La descente se poursuit dans la 2e courbe, qui propose de belles occasions de dépassements, mais seulement au 1er tour lorsque les pilotes ne peuvent pas changer de ligne à cause du trafic.

L'inclinaison favorise ensuite l'accélération : les pilotes prennent le virage 3 en 6e vitesse et dépassent les 300 km/h lorsqu'ils atteignent le fond de la vallée avant de remonter. Vient ensuite le virage 4, sans doute le plus redoutable du circuit car il s'aborde en aveugle et en 5e.

Le suivant remonte sur la droite et ouvre la voie d'une portion quasi plate jusqu'au virage 11, avec la chicane 6/7 pour seule interruption.

Passé le virage 11, les pilotes attaquent la partie du retour en redescendant dans la vallée avant de rétrograder en 3e vitesse pour le virage 12, puis de gérer le serpentin qui passe derrière les stands. L'ultime virage, s'il est bien pris, les met sur la lancée d'une ligne droite négociée à 315 km/h et d'une possible manœuvre de dépassement au virage 1.

Le GP de Hongrie est une course à part pour la plupart des écuries, car elle marque généralement la dernière manche avant une trêve estivale bien méritée.

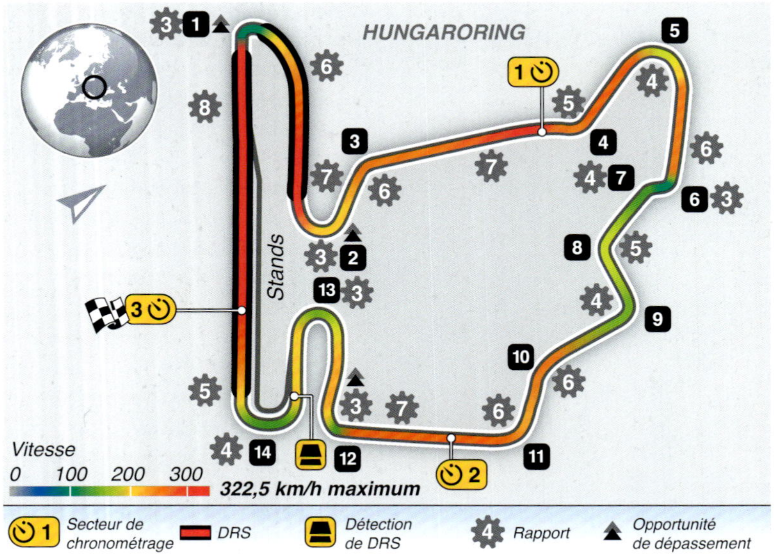

TEMPS DE LA POLE 2021 : **HAMILTON (MERCEDES), 1'15.419S, 209,11 KM/H**
VITESSE MOYENNE DU VAINQUEUR 2021 : **147,51 KM/H**
TOUR LE PLUS RAPIDE 2021 : **GASLY (ALPHATAURI), 1'18.394S, 201,18 KM/H**
RECORD DU TOUR : **HAMILTON (MERCEDES), 1'16.627S, 205,82 KM/H (2020)**

PISTE

GRAND PRIX DE HONGRIE

Date :	**31 juillet**
Nom du circuit :	**Hungaroring**
Longueur :	**4,381 km**
Nombre de tours :	**70**
E-mail :	**office@hungaroring.hu**
Site Web :	**www.hungaroring.hu**

PRÉCÉDENTS VAINQUEURS

2012	**Lewis Hamilton** McLAREN
2013	**Lewis Hamilton** MERCEDES
2014	**Daniel Ricciardo** RED BULL
2015	**Sebastian Vettel** FERRARI
2016	**Lewis Hamilton** MERCEDES
2017	**Sebastian Vettel** FERRARI
2018	**Lewis Hamilton** MERCEDES
2019	**Lewis Hamilton** MERCEDES
2020	**Lewis Hamilton** MERCEDES
2021	**Esteban Ocon** ALPINE

Lieu : quittez Budapest par le nord-ouest et roulez pendant 20 km jusqu'au début des collines, et vous trouverez le circuit juste à côté du village de Mogyorod.
Son 1er Grand Prix : l'attribution d'un GP à une Hongrie communiste a surpris, mais le circuit a été construit à temps pour l'édition 1986 et plus de 200 000 fans sont venus y assister. Depuis, il n'a plus quitté le calendrier. La course inaugurale a été remportée par Nelson Piquet (Williams) devant son compatriote Ayrton Senna (Lotus).
Course inoubliable : le Hungaroring offre des combats serrés, mais peu de dépassements. Pour voir leur nombre augmenter, il faut compter sur la pluie – et c'est ce qu'a fait Jenson Button en 2006. Alors qu'il était 14e sur la grille de départ, il a maîtrisé les conditions météorologiques pour offrir à Honda sa 1re victoire de l'ère moderne de la F1.
Plus grand pilote hongrois : malgré la présence d'un GP sur ses terres depuis 35 ans, la Hongrie n'a pas encore eu de grand pilote. Seul Zsolt Baumgartner a évolué en F1, avec des résultats décevants pour Jordan en 2003 et Minardi en 2004.
Star montante du pays : le mieux classé en 2021 était Laszlo Toth qui a terminé dans le peloton de queue en F3 FIA.

SPA-FRANCORCHAMPS

Le circuit de Spa-Francorchamps dompte parfaitement les pentes des collines boisées des Ardennes pour en faire un lieu splendide pour une course qui monte, virevolte et plonge afin de mettre les pilotes au défi.

Le circuit d'origine était une merveille absolue : ouvert en 1924, il utilisait des routes publiques pour descendre depuis le village de Francorchamps, monter une longue colline puis descendre dans la vallée voisine pour une grande ligne droite reliant les villes de Malmedy et Stavelot, avant de remonter tout aussi sec jusqu'à son point de départ. Il mesurait plus de 14 km de long.

Le tracé actuel en utilise la 1re et la dernière portions, reliées en 1979 par une boucle bâtie pour l'occasion, faisant la jonction entre les Combes et ce qui est désormais baptisé le virage Paul Frère. Résultat, une boucle de 7 km qui conserve la magie des lieux avec laquelle les circuits modernes ne peuvent rivaliser.

La piste commence par une petite ligne droite conduisant jusqu'à l'épingle de La Source, où les accrochages sont légion au 1er tour. Elle plonge ensuite à revers dans la descente des anciens stands avant de décrire un gauche-droite à Eau Rouge ; de là, la montée jusqu'à Raidillon est encore plus franche. S'ensuit la ligne droite de Kemmel jusqu'au meilleur endroit pour dépasser, la chicane des Combes. Les pilotes descendent alors jusqu'à l'épingle de Rivage et au double virage de Pouhon, avant que la pente ne diminue dans Fagnes. La remontée commence au virage Paul Frère, avec une courbe à couper le souffle qui se prend en 7e vitesse à près de 320 km/h : Blanchimont. Le tour de piste se conclut par une chicane droite-gauche, dernière opportunité de dépassement. C'est un endroit redoutable pour tous les coureurs et souvent balayé par des averses, avec des changements d'élévation décor.

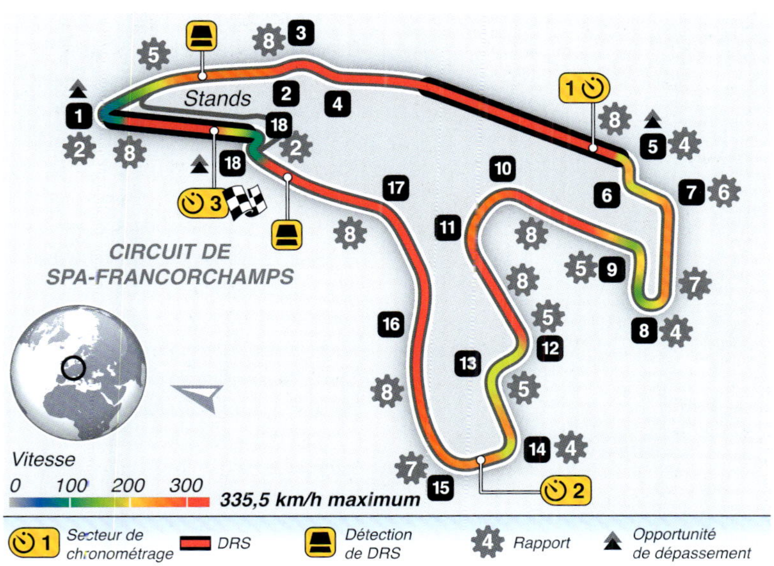

TEMPS DE LA POLE 2021 : **VERSTAPPEN (RED BULL), 1'59.765S, 210,53 KM/H**
VITESSE MOYENNE DU VAINQUEUR 2021 : **119,61 KM/H**
TOUR LE PLUS RAPIDE 2021 : **NON APPLICABLE CAR COURU DERRIÈRE LA *SAFETY CAR***
RECORD DU TOUR : **BOTTAS (MERCEDES), 1'46.286S, 237,29 KM/H (2018)**

PISTE

GRAND PRIX DE BELGIQUE

Date :	**28 août**
Nom du circuit :	**Spa-Francorchamps**
Longueur :	**7 004 km**
Nombre de tours :	**44**
E-mail :	**secretariat@spa-francorchamps.be**
Site Web :	**www.spa-francorchamps.be**

PRÉCÉDENTS VAINQUEURS

2012	**Jenson Button** McLAREN
2013	**Sebastian Vettel** RED BULL
2014	**Daniel Ricciardo** RED BULL
2015	**Lewis Hamilton** MERCEDES
2016	**Nico Rosberg** MERCEDES
2017	**Lewis Hamilton** MERCEDES
2018	**Sebastian Vettel** FERRARI
2019	**Charles Leclerc** FERRARI
2020	**Lewis Hamilton** MERCEDES
2021	**Max Verstappen** RED BULL

Lieu : Spa-Francorchamps est situé à 15 km au sud de la station thermale de Spa, juste à l'extérieur du village de Francorchamps auquel il doit son nom.
Son 1er Grand Prix : il a accueilli le GP de Belgique en 1925, avant d'être integré au tout 1er Championnat du monde de F1, en 1950. Juan Manuel Fangio remportait la course pour Alfa Romeo.
Course inoubliable : la météo changeante a servi à cerner le potentiel de Michael Schumacher en 1992, un an après y avoir découvert la F1. Il était derrière Martin Brundle, son coéquipier chez Benetton lorsqu'il a remarqué que ses pneus pluie se dégradaient : il plongeait aux stands pour chausser des pneus secs.
En retardant son arrêt d'un tour, Brundle a perdu du temps et terminait 4e alors que Schumacher brillait.
Plus grand pilote belge : Thierry Boutsen a remporté trois courses en 1989 et 1990, mais c'est Jacky Ickx qui est passé le plus près du titre. C'était en 1970, lorsqu'il a decroché trois victoires pour Ferrari, sans parvenir à rattraper au classement Jochen Rindt lors des trois dernières manches courues après le décès de l'Autrichien au GP d'Italie.
Star montante du pays : Amaury Cordeel concourait en F3 FIA l'an dernier.

» ZANDVOORT

Ce circuit néerlandais historique a bénéficié d'une nouvelle tribune l'an dernier pour fêter son retour en F1 : l'ambiance était électrique pour soutenir le héros local, Max Verstappen.

Il suffit de regarder la passion affichée par les fans revêtus d'orange et poussant Max Verstappen vers la victoire pour comprendre combien Zandvoort avait manqué à la F1 durant ses 35 ans d'absence. Le décor a tout d'un film de gladiateur, avec ses dunes qui protègent le circuit de la brise balnéaire et réverbèrent la clameur.

Inauguré en 1948, il s'agit du 1er chef-d'œuvre de John Hugenholtz, l'architecte de circuits qui concevrait Suzuka. Zandvoort se distingue par la fluidité exceptionnelle de son tracé, qui franchit et contourne les dunes, rythmé par des courbes très rapides. Il est resté inchangé jusqu'à la fin des années 1980, lorsque la 2e partie du circuit a cédé la place à un camp de vacances. Fort heureusement, la portion surmontant les dunes jusqu'au plongeon de Scheivlak a été restaurée en 1999, et une partie retour virevoltante ajoutée. Mais la modification la plus importante concerne le Hugenholtz Bocht, le virage derrière les stands qui bénéficie d'un réel *banking*, cette inclinaison de piste pour donner la sensation d'un bol. C'était déjà le cas de l'ultime courbe, avec ses 18 % d'inclinaison, conçue pour propulser les monoplaces dans la dernière ligne droite. L'idée était de renforcer les duels dans le 1er virage, le Tarzan au *banking* léger qui a rendu ce circuit célèbre et que les pilotes abordent à quasiment 320 km/h.

Le retour de Zandvoort au calendrier a ravivé une passion jamais démentie des fans néerlandais qui avait été privés de F1 depuis bien trop longtemps. Les chances de titre de Verstappen n'ont fait qu'attiser la ferveur que possèdent seuls les pays ayant une grande culture de la course.

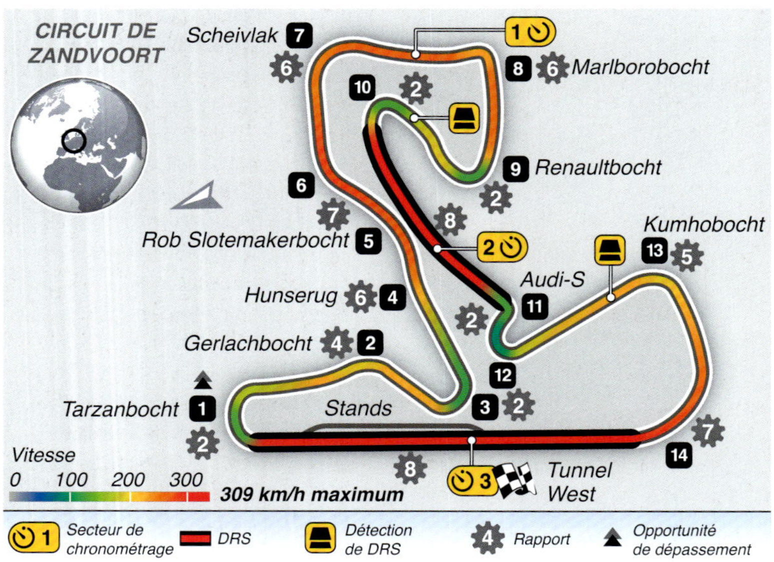

TEMPS DE LA POLE 2021 : **VERSTAPPEN (RED BULL), 1'08.885S, 222,57 KM/H**
VITESSE MOYENNE DU VAINQUEUR 2021 : **204,18 KM/H**
TOUR LE PLUS RAPIDE 2021 : **HAMILTON (MERCEDES), 1'11.097S, 215,65 KM/H**
RECORD DU TOUR : **HAMILTON (MERCEDES), 1'11.097S, 215,65 KM/H (2021)**

PISTE

GRAND PRIX DES PAYS-BAS

Date :	**4 septembre**
Nom du circuit :	**Zandvoort**
Longueur :	**4,307 km**
Nombre de tours :	**71**
E-mail :	**info@circuitzandvoort.nl**
Site Web :	**www.circuitzandvoort.nl**

PRÉCÉDENTS VAINQUEURS

1977	**Niki Lauda** FERRARI
1978	**Mario Andretti** LOTUS
1979	**Alan Jones** WILLIAMS
1980	**Nelson Piquet** BRABHAM
1981	**Alain Prost** RENAULT
1982	**Didier Pironi** FERRARI
1983	**René Arnoux** FERRARI
1984	**Alain Prost** McLAREN
1985	**Niki Lauda** McLAREN
2021	**Max Verstappen** RED BULL

Lieu : le circuit se situe à la bordure nord de Zandvoort, une ville sur la côte de la mer du Nord, à quelques stations en train à l'ouest d'Amsterdam.

Son 1er Grand Prix : en 1952, la F1 cherchait ses marques. Le Championnat du monde s'est même couru selon les règles de la F2 afin d'assurer le bon niveau global des monoplaces. Les meilleures étaient les Ferrari, dont celle pilotée par Alberto Ascari, qui y a remporté sa 5e course consécutive, une série qu'il porterait à neuf en 1953.

Course inoubliable : le moteur Ford Cosworth DFV a déboulé dans la F1 lors de la 3e manche de l'édition 1967 sous le capot des Lotus. Il a bousculé l'ordre établi lorsque Graham Hill a remporté la pole avant que son coéquipier Jim Clark ne s'offre une victoire nette.

Meilleur pilote néerlandais : malgré les belles promesses affichées par Jan Lammers à la fin des années 1970, c'est Jos Verstappen – le père de Max – qui a offert son 1er podium au pays, lors du GP de Hongrie 1994.

Star montante du pays : le plus prometteur est sans doute Rinus VeeKay, vainqueur en Indycar cette année à 21 ans. De son côté, Richard Verschoor a connu la victoire en F2 l'an passé.

MONZA

Cette année marque le centenaire de l'inauguration de Monza : ce merveilleux circuit possède donc une histoire à laquelle elle ne saurait échapper. Mais c'est tant mieux, car ce lieu fabuleux est rempli de fans passionnés.

À 1re vue, le tracé de Monza est d'une simplicité confondante : de grandes lignes droites, une poignée de courbes et trois petites chicanes, histoire de dire. Mais au volant d'une monoplace, il se révèle bien plus complexe à naviguer… D'autant que les chicanes sont souvent abordées par des meutes de pilotes : pour s'imposer à Monza, il faut savoir aussi bien attaquer que défendre sa position.

Le tour commence par une grosse accélération jusqu'à la 1re chicane, qui est désormais un droite-gauche-droite, alors que de nombreuses variations ont été testées depuis les années 1970 pour ralentir les voitures. La 2e partie est plus resserrée que la 1re : il n'est donc pas rare d'y voir des accrochages ou des pilotes ralentis par les graviers qui bordent la sortie. La Curva Biassono réalise ensuite une courbe à droite, en 7e vitesse, pour amener jusqu'à la 2e chicane, un gauche-droite moins sévère. Les deux courbes Lesmo qui suivent sont plus délicates à négocier, mais ce double virage à droite est moins redoutable qu'il ne l'a été, quand les arbres se dressaient au bord de la piste. S'il est bien pris, le 2e virage Lesmo (qui s'aborde en 6e tout de même) permet de gagner un avantage de vitesse qui se prolonge jusqu'à la chicane Ascari, après une descente et sous le pont. Les pilotes accélèrent alors pour arriver lancés sur la dernière courbe, ce qui déclenche parfois des collisions. Autre lieu prisé pour les dépassements : l'entrée de la Parabolica, désormais rebaptisée en l'honneur de Michele Alboreto. Ensuite, les pilotes remettent les gaz dès qu'ils l'osent pour tenter de flirter avec les 350 km/h avant de freiner pour la 1er chicane.

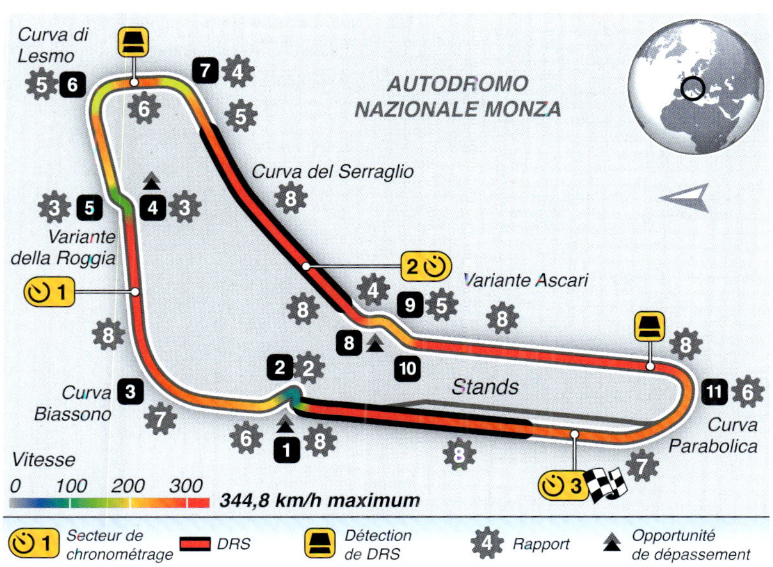

TEMPS DE LA POLE 2021 : **UNE QUALIFICATION SPRINT A ÉTÉ ORGANISÉE**
VITESSE MOYENNE DU VAINQUEUR 2021 : **224,68 KM/H**
TOUR LE PLUS RAPIDE 2021 : **RICCIARDO (MCLAREN), 1'24.812S, 245,89 KM/H**
RECORD DU TOUR : **M SCHUMACHER (FERRARI), 1'21.046S, 257,34 KM/H (2004)**

PISTE

GRAND PRIX D'ITALIE

Date :	**11 septembre**
Nom du circuit :	**Autodromo Nazionale Monza**
Longueur :	**5,793 km**
Nombre de tours :	**53**
E-mail :	**infoautodromo@monzanet.it**
Site Web :	**www.monzanet.it**

PRÉCÉDENTS VAINQUEURS

2012	**Lewis Hamilton** McLAREN
2013	**Sebastian Vettel** RED BULL
2014	**Lewis Hamilton** MERCEDES
2015	**Lewis Hamilton** MERCEDES
2016	**Nico Rosberg** MERCEDES
2017	**Lewis Hamilton** MERCEDES
2018	**Lewis Hamilton** MERCEDES
2019	**Charles Leclerc** FERRARI
2020	**Pierre Gasly** ALPHATAURI
2021	**Daniel Ricciardo** McLAREN

Lieu : la ville de Monza se situe à 15 km environ au nord-ouest de Milan, au cœur d'un parc royal.
Son 1er Grand Prix : la 1re manche du Championnat du monde organisée à Monza en 1950 a été remportée par Giuseppe Farina lorsqu'Alberto Ascari a dû emprunter la Ferrari de son coéquipier Dorino Serafini après avoir cassé la sienne.
Course inoubliable : la puissance de l'image de 2020 nous oblige à choisir cette édition. Pierre Gasly, assis sur le podium au terme de la cérémonie où il vient de monter sur la 1re marche du podium pour la 1re fois de sa carrière.
Plus grand pilote italien : Alberto Ascari a permis à Ferrari de s'imposer en dominant les éditions 1952 et 1953 après Giuseppe Farina. Il avait certainement la meilleure voiture, ce qui ne l'avait pas empêché de finir 2e en 1951. Depuis, aucun autre pilote italien n'a été sacré champion du monde.
Star montante du pays : s'il y avait autrefois une armée de pilotes italiens dans les différentes catégories de monoplaces, il est difficile de voir en Alessio Deledda ou Matteo Nannini le successeur d'Antonio Giovinazzi en F1, après leur campagne médiocre en F2.

» SOTCHI

Avec les projets de déménager le GP de Russie vers un nouveau circuit proche de Saint-Pétersbourg, ce devrait être la dernière édition organisée sur ce circuit hybride sur les côtes de la mer Noire.

Ce circuit urbain produit davantage d'incidents que de moments mémorables de courses : s'il s'agit bien de la dernière année où il accueille le Grand Prix de Russie, il risque de ne pas faire trop de malheureux.

Le nom de « Sotchi Autodrom » suggère que ce circuit est permanent, mais ce n'est pas le cas. Il s'agit en fait d'un tracé urbain temporaire créé autour des différentes patinoires sorties de terre lorsque la ville a hébergé les Jeux olympiques d'hiver 2014.

Le 1er virage est quantité négligeable, une simple courbe à droite. Les pilotes doivent bien gérer leur freinage pour profiter de la meilleure opportunité de dépassement, lors du virage 2. Il s'agit d'un angle droit à 90° qui s'aborde à plus de 320 km/h ; heureusement, la piste est assez large à cet endroit, avec une grande zone de dégagement qui accueille chaque année les pilotes au freinage un peu trop téméraire.

Vient ensuite la courbe la plus étrange de l'histoire de la F1, un arc de cercle à gauche enchaîné immédiatement qui permet une accélération constante lors des 180° de cette parabole. À sa sortie figure un angle droit, puis un autre, suivi d'une courbe, puis d'une autre : c'est l'archétype des circuits urbains d'antan.

Il faut attendre le virage 10 pour découvrir une portion de circuit ouverte, avec une courbe rapide que les monoplaces dévalent à 320 km/h jusqu'au virage 13 à droite. La suite est composée d'une courbe à gauche et de quatre nouveaux virages à 90° pour atterrir sur la ligne d'arrivée, où une bonne sortie est souvent synonyme de possibilité d'attaquer dans le virage 1.

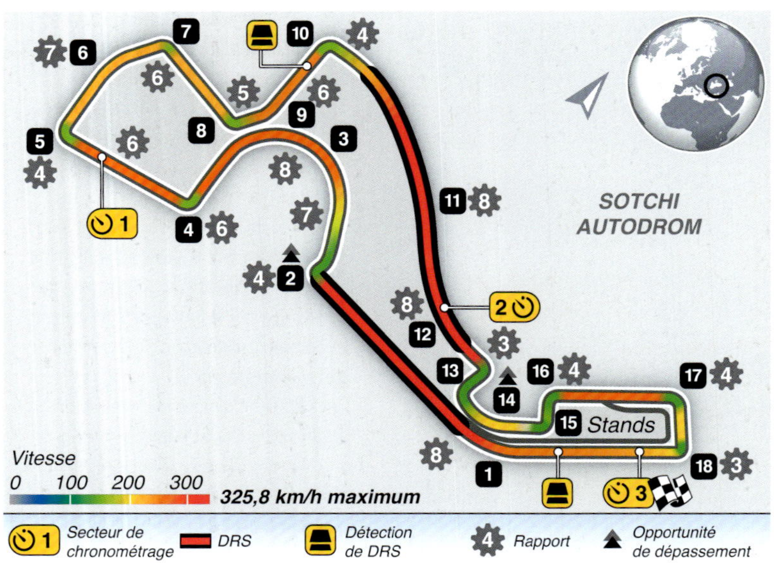

TEMPS DE LA POLE 2021 : **NORRIS (MCLAREN), 1'41.993S, 206,41 KM/H**
VITESSE MOYENNE DU VAINQUEUR 2021 : **204,94 KM/H**
TOUR LE PLUS RAPIDE 2021 : **NORRIS (MCLAREN), 1'37.423S, 216,09 KM/H**
RECORD DU TOUR : **HAMILTON (MERCEDES), 1'35.761S, 219,84 KM/H (2019)**

PISTE

GRAND PRIX DE RUSSIE	
Date :	**25 septembre**
Nom du circuit :	**Sotchi Autodrom**
Longueur :	**5,848 km**
Nombre de tours :	**53**
E-mail :	**info@sochiautodrom.ru**
Site Web :	**www.sochiautodrom.ru**

PRÉCÉDENTS VAINQUEURS	
2014	**Lewis Hamilton** MERCEDES
2015	**Lewis Hamilton** MERCEDES
2016	**Nico Rosberg** MERCEDES
2017	**Valtteri Bottas** MERCEDES
2018	**Lewis Hamilton** MERCEDES
2019	**Lewis Hamilton** MERCEDES
2020	**Valtteri Bottas** MERCEDES
2021	**Lewis Hamilton** MERCEDES

Lieu : Sotchi est le joyau de la côte nord de la mer Noire. Station balnéaire prisée par l'intelligentsia russe, elle propose aussi une station de ski utilisée par les JO 2014.

Son 1er Grand Prix : Lewis Hamilton s'est imposé en 2014 grâce à deux petits miracles. Le 1er, c'est l'abandon de Nico Rosberg, son coéquipier chez Mercedes, à cause d'un problème d'accélérateur ; le 2d, un problème avec son aileron arrière qui n'a pas eu trop de conséquences.

Course inoubliable : Hamilton espérait remporter l'édition 2020, mais il a été pénalisé pour avoir simulé des départs dans des zones non autorisées, ce qui a ouvert la voie au succès de son coéquipier Valtteri Bottas.

Plus grand pilote russe : Vitaly Petrov et Daniil Kvyat ont tous deux eu les honneurs. Petrov, grâce à sa 3e place au GP de Melbourne 2011 pour Renault. Kvyat a créé la surprise en s'emparant de la 2e place au Hungaroring au volant de sa Toro Rosso en 2015.

Star montante du pays : Robert Shwartzman fait forte impression depuis longtemps. Le pilote de 22 ans, 3e en World Kart Series 2013, brille en monoplaces depuis. Champion F3 FIA en 2019, il a terminé 4e en 2020 et 2e en 2021 en F2 FIA lors de ses deux saisons pour Prema Racing.

MARINA BAY

Le circuit Marina Bay de Singapour reste un modèle pour les tracés urbains, avec sa grande variété de virages, son architecture complexe et son décor d'immeubles à couper le souffle.

De tout temps, Singapour a été synonyme d'efficacité et de détermination : il n'est donc pas surprenant que l'île ait relevé le défi d'organiser une course dans ses rues et qu'elle ait si brillamment réussi.

En utilisant les avenues les plus prestigieuses de la ville, elle propose un tracé combinant des lignes droites de longueur respectable avec les inévitables virages à angle droit, mais également des courbes rapides.

Le tour de piste commence fort, avec une chicane difficile à manœuvrer qui débouche presque immédiatement sur un virage 3 serré à gauche. Il est rare que toutes les monoplaces sortent indemnes de cette portion lors du 1er tour. Le virage 5 est un angle droit, mais les pilotes accélèrent ensuite à travers la courbe et la ligne droite pour atteindre 320 km/h avant de freiner pour passer un virage 7 en 3e vitesse. Les deux virages suivants ont un angle aigu, dans un décor qui change pour la verdure du Club de cricket de Singapour. Les pilotes franchissent alors le pont Anderson en acier, avant un virage serré à gauche devant le Fullerton Hotel suivi d'une accélération franche dans l'espace dégagé du pont de l'Esplanade. Après la descente à la fin du pont, le circuit tourne à droite devant le théâtre de l'Esplanade pour lancer une portion contenant un S aux virages 16 et 17, puis un gauche-droite-droite-gauche dans lequel la piste disparaît sous une grande tribune avant d'émerger derrière. La double courbe finale se prend en 6e vitesse, aidant les pilotes à prendre de la vitesse pour espérer atteindre les 300 km/h avant de se placer pour préparer le virage 1.

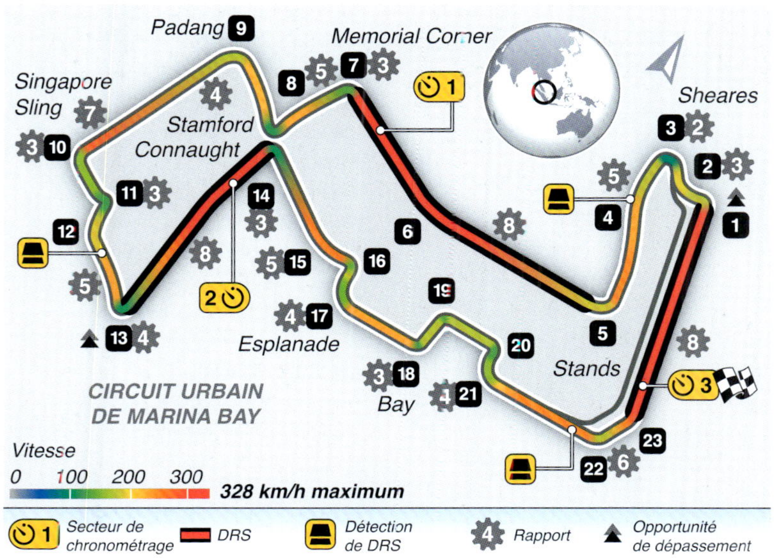

TEMPS DE LA POLE 2021 : **LECLERC (FERRARI), 1'36.217S, 189,43 KM/H**
VITESSE MOYENNE DU VAINQUEUR 2021 : **156,22 KM/H**
TOUR LE PLUS RAPIDE 2021 : **MAGNUSSEN (HAAS), 1'42.301S, 178,16 KM/H**
RECORD DU TOUR : **MAGNUSSEN (HAAS), 1'41.905S, 178,86 KM/H (2018)**

PISTE

GRAND PRIX DE SINGAPOUR

Date :	**2 octobre**
Nom du circuit :	**Circuit Marina Bay**
Longueur :	**5,073 km**
Nombre de tours :	**61**
E-mail :	**info@singaporegp.sg**
Site Web :	**www.singaporegp.sg**

PRÉCÉDENTS VAINQUEURS

2010	**Fernando Alonso** FERRARI
2011	**Sebastian Vettel** RED BULL
2012	**Sebastian Vettel** RED BULL
2013	**Sebastian Vettel** RED BULL
2014	**Lewis Hamilton** MERCEDES
2015	**Sebastian Vettel** FERRARI
2016	**Daniel Ricciardo** RED BULL
2017	**Lewis Hamilton** MERCEDES
2018	**Lewis Hamilton** MERCEDES
2019	**Sebastian Vettel** FERRARI

Lieu : les rues des circuits urbains sont souvent difficiles à reconnaître, une fois enlevés barrières, stands et tribunes. Celui de Singapour est au cœur de la ville, passant la Cour suprême, la mairie et la grande roue Singapore Flyer.

Son 1er Grand Prix : il a bénéficié d'un accueil triomphal pour ses débuts en 2008. Cette édition reste célèbre car Renault aurait filouté en demandant à Nelson Piquet Jr de percuter un mur pour déclencher l'arrivée de la *safety car* afin de pousser les autres pilotes à aller ravitailler, permettant à son coéquipier Fernando Alonso de prendre la 1re place après un passage précoce aux stands. Il a remporté la course qu'il avait commencée à la 15e place.

Course inoubliable : le feu d'artifice au démarrage de l'édition 2017. Sebastian Vettel, en pole, tente de fermer la porte à Max Verstappen, mais l'expédie contre son propre coéquipier Kimi Räikkönen, qui casse sa direction et harponne Verstappen au 1er virage.

Star montante du pays : malgré la richesse du pays et la présence d'un Grand Prix depuis 2008, aucun pilote singapourien n'est réellement parvenu à atteindre l'élite. Le plus prometteur actuellement est le jeune Danial Frost qui concourt en Indy Lights aux États-Unis.

» SUZUKA

Deux années sans Suzuka, c'est long. Mais le tassement de la pandémie de Covid-19 dans le monde a rouvert les portes du circuit et les pilotes devraient de nouveau nous régaler sur ce tracé à l'ancienne.

Les améliorations continues portées sur la sécurité des monoplaces de F1 sont formidables, mais Suzuka reste un circuit où les pilotes réfléchissent à deux fois avant de s'aventurer hors de la piste. Il les met à l'épreuve avec son éventail de virages délicieusement difficiles et ses barrières si proches de la ligne de course qu'elles incitent à une certaine retenue – qui est la bienvenue lorsqu'on est au volant de bolides aussi puissants.

Le tracé débute par une ligne droite en descente qui mène vers un 1er virage en deux parties : la 1re en dépression, la 2e qui remonte à sa sortie. Ce qui suit est l'une des meilleures portions de circuit de F1 : des S en montée, une séquence de quatre courbes qui slaloment derrière les stands.

Après un double gauche, la piste devient plane un moment avant les périlleuses courbes de Degner, suivi d'un élément architectural rare : le tracé passe en dessous de la route retour. La suite, c'est un lieu idéal pour les dépassements avec une chicane à gauche. Tout s'accélère ensuite avec une longue courbe à droite en montée jusqu'à une parabole à gauche baptisée « Spoon Curve » – la « courbe de la cuillère » qui propulse les pilotes sur une grande ligne droite à peine coupée par le virage 130R qui se négocie en 8e vitesse. La dernière portion est plus technique, avec une chicane droite-gauche suivie d'une ultime courbe à droite dont la ligne de course conditionne le lancement dans la dernière ligne droite – et évidemment une potentielle manœuvre de dépassement dans le virage 1.

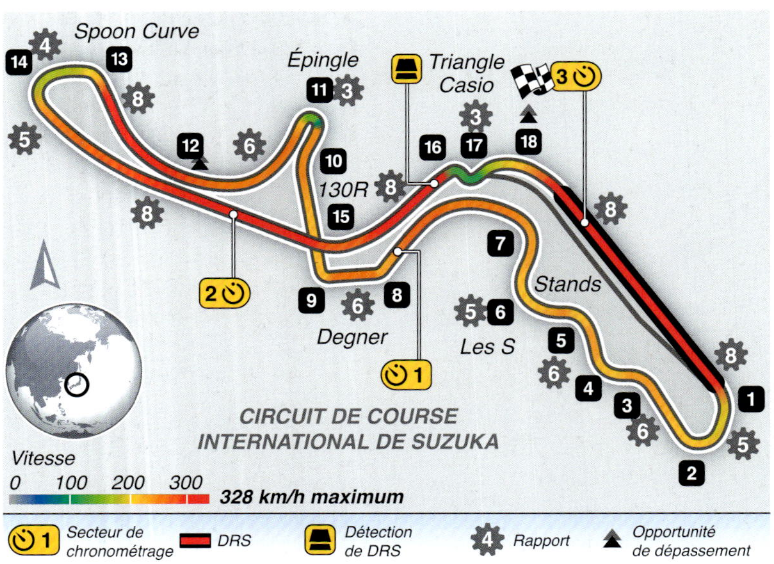

TEMPS DE LA POLE 2019 : **VETTEL (FERRARI), 1'27.064S, 240,11 KM/H**
VITESSE MOYENNE DU VAINQUEUR 2019 : **221,32 KM/H**
TOUR LE PLUS RAPIDE 2019 : **HAMILTON (MERCEDES), 1'30.983S, 229,77 KM/H**
RECORD DU TOUR : **HAMILTON (MERCEDES), 1'30.983S, 229,77 KM/H (2019)**

PISTE

GRAND PRIX DU JAPON

Date :	**9 octobre**
Nom du circuit :	**Circuit de Suzuka**
Longueur :	**5,806 km**
Nombre de tours :	**53**
E-mail :	**info@suzukacircuit.co.up**
Site Web :	**www.suzukacircuit.co.jp**

PRÉCÉDENTS VAINQUEURS

2010	**Sebastian Vettel** RED BULL
2011	**Jenson Button** McLAREN
2012	**Sebastian Vettel** RED BULL
2013	**Sebastian Vettel** RED BULL
2014	**Lewis Hamilton** MERCEDES
2015	**Lewis Hamilton** MERCEDES
2016	**Nico Rosberg** MERCEDES
2017	**Lewis Hamilton** MERCEDES
2018	**Lewis Hamilton** MERCEDES
2019	**Valtteri Bottas** MERCEDES

Lieu : situé à 50 km au sud-ouest de Nagoya, le circuit se trouve quelques kilomètres à l'intérieur des terres, au pied des petites collines.

Son 1er Grand Prix : après deux Grand Prix organisés au Fuji Speedway dans les années 1970, ce fut le tour de Suzuka en 1987. Gerhard Berger a remporté la pole et la course pour participer à la renaissance de Ferrari, tandis que Williams était à la peine – entre l'accident de Nigel Mansell durant les essais et l'abandon de Nelson Piquet, le futur champion victime d'une panne moteur alors qu'il était 4e.

Course inoubliable : Damon Hill (Williams) a livré une prestation parfaite en 1994, parvenant à maîtriser des conditions de course difficiles pour résister à Michael Schumacher (Benetton) et entretenir ses espoirs de titre avant la dernière manche.

Plus grand pilote japonais : Aguri Suzuki a été un pionnier pour les pilotes nippons, grâce à sa 3e place au GP du Japon 1990. Un exploit reproduit par Takuma Sato au GP des États-Unis 2004.

Star montante du pays : maintenant que Yuki Tsunoda a vécu sa 1re saison de F1, les fans japonais espèrent que Ayumu Iwasa, pilote au fort potentiel et vainqueur en F3 FIA, le rejoindra.

CIRCUIT DES AMÉRIQUES

La construction d'un circuit à partir d'une page blanche, comme celui-ci au Texas, offre la liberté de bâtir une réalisation à part. Cette piste, située près d'Austin, utilise à merveille sa topographie escarpée.

La liste des circuits ayant accueilli le GP des États-Unis est très longue, du Sebring en 1959 à l'Indianapolis Motor Speedway en 2000 – et sept autres dans l'intervalle.

Mais, depuis 2012, il a élu domicile au Circuit des Amériques, un rendez-vous très populaire disputé sur un circuit bâti pour l'occasion qui a tiré son inspiration des meilleurs virages des plus beaux circuits du monde. Et c'est une belle réussite.

La ligne droite des stands débouche sur une grande montée jusqu'au virage 1, comme le Red Bull Ring. Cette épingle à gauche en descente est suivie d'une courbe à droite ; après quoi, la piste s'aplanit et propose une fabuleuse série de S jusqu'au virage 9, rappelant ceux du Suzuka – même si le tracé japonais est incliné, quand celui-ci est plan.

L'épingle du virage 11 ouvre sur une longue ligne droite où les monoplaces frôlent les 330 km/h avant de réaliser un freinage extrêmement important pour négocier les 100° du virage 12, une belle opportunité de dépassement.

Les *corners* suivants sont serrés, mais l'enchaînement des virages 16 à 18 qui suit est plus rapide, formant une magnifique courbe à droite avec une légère montée à l'entrée, suivie d'une belle descente. Après un virage 19 en 5e vitesse, le dernier tournant du tracé est un nouveau virage à 100°, comme le virage 12 – sauf qu'ici, la sortie compte davantage que l'entrée. Les pilotes doivent remettre les gaz aussi rapidement que possible pour espérer rejoindre leurs concurrents et bénéficier de leur aspiration pour gravir la ligne droite et tenter un dépassement dans l'épingle du virage 1.

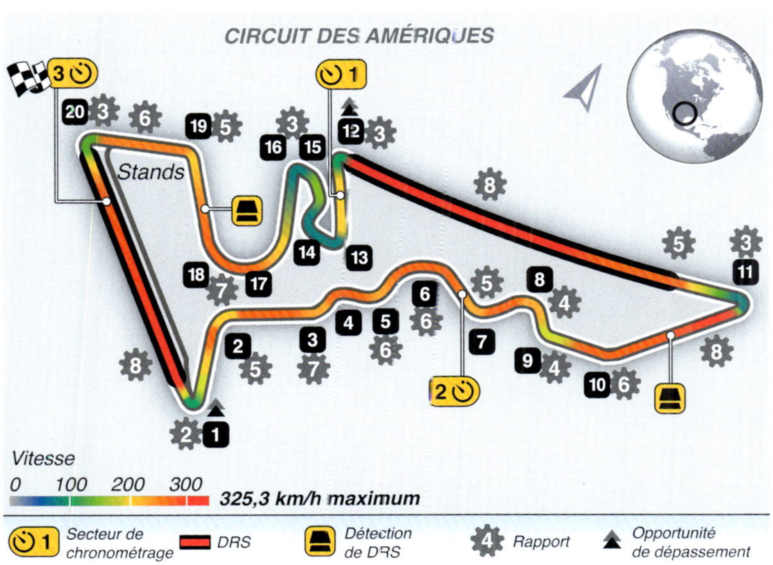

TEMPS DE LA POLE 2021 : **VERSTAPPEN (RED BULL), 1'32.910S, 213,61 KM/H**
VITESSE MOYENNE DU VAINQUEUR 2021 : **195,58 KM/H**
TOUR LE PLUS RAPIDE 2021 : **HAMILTON (MERCEDES), 1'38.485S, 201,52 KM/H**
RECORD DU TOUR : **LECLERC (FERRARI), 1'36.169S, 206,37 KM/H (2019)**

PISTE

GRAND PRIX DES ÉTATS-UNIS

Date :	**23 octobre**
Nom du circuit :	**Circuit des Amériques**
Longueur :	**5,472 km**
Nombre de tours :	**56**
E-mail :	**info@circuitoftheamericas.com**
Site Web :	**www.circuitoftheamericas.com**

PRÉCÉDENTS VAINQUEURS

2012	**Lewis Hamilton** McLAREN
2013	**Sebastian Vettel** RED BULL
2014	**Lewis Hamilton** MERCEDES
2015	**Lewis Hamilton** MERCEDES
2016	**Lewis Hamilton** MERCEDES
2017	**Lewis Hamilton** MERCEDES
2018	**Kimi Räikkönen** FERRARI
2019	**Valtteri Bottas** MERCEDES
2021	**Max Verstappen** RED BULL

Lieu : la capitale texane est relativement plate, mais des collines font leur apparition au sud-est d'Austin – c'est là que se niche le « COTA », à une vingtaine de kilomètres du centre-ville.

Son 1er Grand Prix : ce circuit réussit bien à Lewis Hamilton. 2e sur la grille de départ, il est resté dans la roue du *poleman* Sebastian Vettel (Red Bull) pendant la majorité de la course, avant de saisir l'occasion quand elle s'est présentée, une obstruction de Narain Karthikeyan (HRT) dans le virage 12.

Course inoubliable : le GP des États-Unis 2018 a mis un terme à cinq ans et demi de disette – 111 Grand Prix sans victoire – pour Kimi Räikkönen. Le Finlandais a ménagé les gommes de sa Ferrari quand Lewis Hamilton a été forcé de passer une 2e fois par les stands.

Plus grand pilote américain : Phil Hill a été le 1er champion du monde américain en 1961, mais c'est Mario Andretti qui détient le plus beau palmarès. Champion sur Lotus en 1978, il a aussi éclaboussé de sa classe l'Indycar Series pendant trois décennies.

Star montante du pays : les catégories juniors n'ont pas tellement la cote sur les monoplaces aux États-Unis, ce qui force ses jeunes espoirs à faire leurs gammes ailleurs. Logan Sargeant est le plus prometteur actuellement.

MEXICO

De longues lignes droites, une quantité de virages produisant autant d'opportunités de dépassements et des tribunes monumentales remplies de fans passionnés : l'antre mexicain du sport mécanique est sublime.

Pour débuter un tour de circuit, rien ne vaut une longue ligne droite bien large – d'autant plus lorsqu'elle est bordée d'arbres et qu'elle débouche sur une séquence de trois virages qui permet potentiellement de gagner quelques places lors du 1er tour. Mais ce droite-gauche-droite peut également vous faire chuter au classement, selon comment vous l'abordez.

Cette portion est suivie de la 2e plus longue ligne droite du circuit, avant un virage serré à gauche, puis un autre à droite, qui ouvre sur l'épingle du virage 6. C'est le point de bascule du tracé qui dévoile alors sa plus belle séquence, deux S entre les virages 7 et 10. Il n'existe pas de plus belle vision que les monoplaces qui y serpentent à grande vitesse.

Elles accélèrent alors sur la courbe n° 11 puis tout droit, avant de freiner fortement pour un virage 12 très serré à droite. Ce qui suit est proprement extraordinaire car la piste s'invite dans ce qui est normalement un stade de baseball, avec des tribunes gigantesques offrant une vue spectaculaire sur les débats, avant que les monoplaces ne disparaissent dans une percée pour aborder le Peraltada, un virage à 180° légèrement en pente qui fut l'un des plus redouté du monde de la F1. À l'époque de Nigel Mansell, en 1992, il se prenait pied au plancher alors que des bosses le rendaient dangereux. En freinant tôt pour un virage 16 qui se prend en 3e vitesse permet aux pilotes de tenter de prendre l'aspiration d'un concurrent, de frôler les 350 km/h en bout de ligne droite et de lancer un dépassement dans le large virage 1.

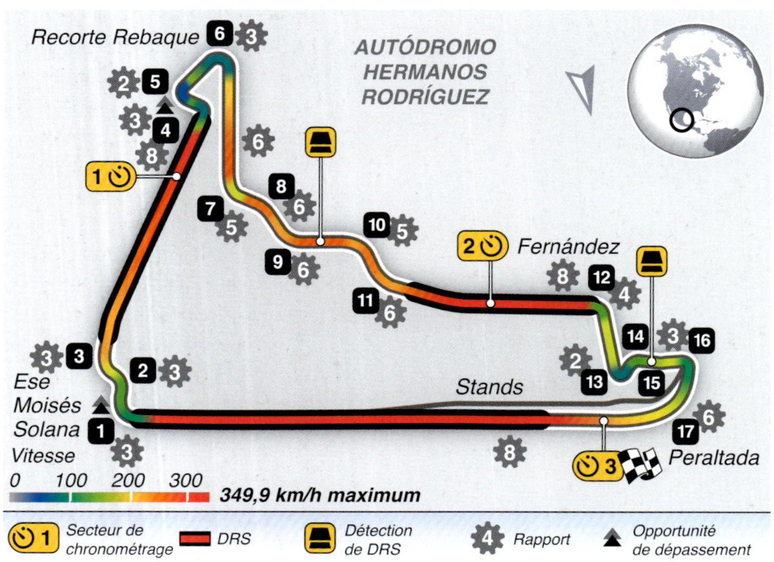

TEMPS DE LA POLE 2021 : **BOTTAS (MERCEDES), 1'15.875S, 204,20 KM/H**
VITESSE MOYENNE DU VAINQUEUR 2021 : **185,71 KM/H**
TOUR LE PLUS RAPIDE 2021 : **BOTTAS (MERCEDES), 1'17.774S, 199,22 KM/H**
RECORD DU TOUR : **BOTTAS (MERCEDES), 1'17.774S, 199,22 KM/H (2021)**

PISTE

GRAND PRIX DU MEXIQUE

Date :	**30 octobre**
Nom du circuit :	**Autodromo Hermanos Rodriguez**
Longueur :	**4,303 km**
Nombre de tours :	**71**
E-mail :	**Rosario@cie.com.mx**
Site Web :	**autodromohermanosrodriguez.com.mx**

PRÉCÉDENTS VAINQUEURS

1989	**Ayrton Senna** McLAREN
1990	**Alain Prost** FERRARI
1991	**Riccardo Patrese** WILLIAMS
1992	**Nigel Mansell** WILLIAMS
2015	**Nico Rosberg** MERCEDES
2016	**Lewis Hamilton** MERCEDES
2017	**Max Verstappen** RED BULL
2018	**Max Verstappen** RED BULL
2019	**Lewis Hamilton** MERCEDES
2021	**Max Verstappen** RED BULL

Lieu : Mexico est une ville tentaculaire et chaotique, il était donc sage de décider de bâtir ce circuit autour du Magdalena Mixhuca, dans la banlieue sud-est de la capitale, car l'urbanisation fait rage autour de ce lieu qui reste immuable.
Son 1er Grand Prix : après une course officieuse en 1962, le Championnat du monde y a fait étape pour la 1re fois en 1963. Jim Clark s'y est imposé avec panache sur Lotus, terminant avec 1'40s d'avance sur Jack Brabham.
Course inoubliable : en 1964, le titre se jouait entre trois pilotes britanniques. Clark était à un tour de la victoire lorsque le moteur de sa Lotus a rendu l'âme. Graham Hill aurait pu en profiter mais sa BRM a été emboutie par la Ferrari de Lorenzo Bandini. Dan Gurney a remporté la course devant John Surtees (Ferrari) qui s'emparait du titre.
Plus grand pilote mexicain : en 2021, Sergio Pérez a égalé le record du nombre de victoires en GP par un pilote mexicain, détenu par Pedro Rodriguez (2). C'est pourtant le frère de Pedro, Ricardo, qui possédait le plus de talent, mais il est en mort en 1962, à 20 ans.
Star montante du pays : les fans mexicains espèrent que Rafael Villagomez brillera en F3 Europe.

INTERLAGOS

On reproche souvent aux circuits modernes de manquer de caractère. Difficile en effet de lutter sur ce plan avec Interlagos, l'exemple parfait d'un tracé à l'ancienne : c'est un lieu absolument magnifique.

Il semblerait que le projet de ramener le GP du Brésil à Rio de Janeiro pour la 1re fois depuis 1989 ait été remisé – pour la plus grande joie des fans de F1, car Interlagos est un lieu à part.

Alors évidemment, ses infrastructures sont bien en dessous des normes contemporaines, mais tout pilote qui aura vécu la plongée du 1er virage vous dira qu'il n'existe pas de montagnes russes plus exaltantes. Et les nombreux fans qui garnissent des tribunes gigantesques aussi colorées qu'animées vous jureront qu'il n'existe pas de meilleure manière de passer une journée inoubliable.

Le 1er virage, Descida do Sol, se prend en aveugle et en dévers, lançant les pilotes dans une compression qui tourne à droite dans le S de Senna. S'ensuit une grande accélération qui propulse les monoplaces à 310 km/h jusqu'en bas de la colline où les attend le Descida do Lago. Après une 2e courbe à gauche, la piste remonte en direction de Ferradura (virage 6) derrière les stands.

Ensuite, descentes et montées s'enchaînent : descente vers Pinheirinho (virage 9), montée vers Cotovelo, descente vers Mergulho, puis une inclinaison plus douce vers Junção (virage 12). À partir de là, le tracé décrit une courbe à gauche en montée constante et la piste se rétrécit suite au Subida dos Boxes (virage 14) avec le mur des stands à gauche et la grande tribune à droite. Les pilotes tentent de prendre l'aspiration pour se lancer dans un dépassement dans le virage 1. À cet endroit-là, ils sont saisis par le sentiment de grand espace : c'est là que le circuit d'origine proposait une courbe en *banking*.

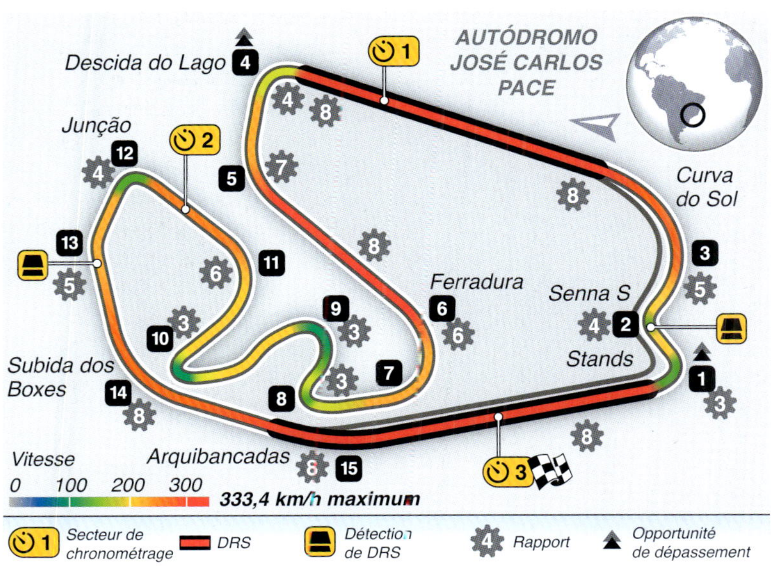

TEMPS DE LA POLE 2021 : **HAMILTON (MERCEDES), 1'08.733S, 225,69 KM/H**
VITESSE MOYENNE DU VAINQUEUR 2021 : **193,66 KM/H**
TOUR LE PLUS RAPIDE 2021 : **PÉREZ (RED BULL), 1'11.010S, 218,45 KM/H**
RECORD DU TOUR : **BOTTAS (MERCEDES), 1'10.540S, 219,90 KM/H (2018)**

PISTE

GRAND PRIX DE SÃO PAULO

Date :	**13 novembre**
Nom du circuit :	**Autodromo Jose Carlos Pace Interlagos**
Longueur :	**4,292 km**
Nombre de tours :	**71**
E-mail :	**info@gpbrazil.com**
Site Web :	**www.gpbrazil.com**

PRÉCÉDENTS VAINQUEURS

2011	**Mark Webber** RED BULL
2012	**Jenson Button** McLAREN
2013	**Sebastian Vettel** RED BULL
2014	**Nico Rosberg** MERCEDES
2015	**Nico Rosberg** MERCEDES
2016	**Lewis Hamilton** MERCEDES
2017	**Sebastian Vettel** FERRARI
2018	**Lewis Hamilton** MERCEDES
2019	**Max Verstappen** RED BULL
2021	**Lewis Hamilton** MERCEDES

Lieu : l'expansion urbaine de São Paulo est telle qu'elle a quasiment englouti le circuit, alors qu'il est situé à plus de 14 km du centre-ville. À sa construction en 1940, il était en rase campagne.
Son 1er Grand Prix : après une course hors calendrier en 1972, Interlagos a été intégré au Championnat du monde en 1973. La foule était en délire, portant vers la victoire un pilote natif de São Paulo : Emerson Fittipaldi qui a mené la course au volant de sa Lotus.
Course inoubliable : Ayrton Senna avait déjà remporté 27 Grands Prix lorsqu'il s'est enfin imposé « à domicile » en 1991. Leader du début à la fin, il a dû composer avec une boîte de vitesses capricieuse qui l'a forcé à boucler le dernier tour en 6e vitesse. Il a terminé avec 3s d'avance sur Riccardo Patrese (Williams) et dans un tel état de fatigue qu'il a fallu le hisser hors de sa monoplace.
Plus grand pilote brésilien : Fittipaldi a montré l'exemple, puis Nelson Piquet a dépassé le maître dans les années 1980. C'était avant qu'arrive Senna, qui a remporté trois titres de F1 avec McLaren entre 1988 et 1991.
Star montante du pays : avec une 2e place en F2 à Monaco, Felipe Drugovich pourrait être le prochain Brésilien à briller en F1.

» YAS MARINA

Quelques modifications étaient attendues pour améliorer l'expérience de course, et elles ont pleinement respecté le contrat : ce site est désormais digne d'accueillir la dernière course de la saison.

Lorsqu'il a ouvert ses portes en 2009, le Circuit Yas Marina a fait forte impression chez les écuries, et le gouvernement d'Abu Dhabi pouvait s'enorgueillir d'avoir financé la construction des infrastructures les plus modernes de la F1. Un projet audacieux, à la limite du tape-à-l'œil, mais d'excellente qualité. Et pourtant, les courses qui s'y déroulaient ressemblaient plus à des processions ordonnées qu'à des sprints agrémentés de coups de dés. Les dépassements se faisaient surtout aux stands. Des modifications étaient attendues.

Le virage 1 est un 90° à gauche qui offre de belles opportunités de dépassements : il est resté inchangé, contrairement au virage 5, dont la chicane a été supprimée pour les pilotes puissent aborder directement l'épingle à gauche ; parfait pour dépasser un adversaire. Vient ensuite la plus longue ligne droite du circuit qui se conclut par une chicane gauche-droite, comme avant. À la fin de la ligne droite suivante, 2e modification : l'ancienne chicane a laissé la place à une belle courbe à gauche inclinée qui favorise les dépassements.

L'un des concepts d'origine du circuit concernait le trajet retour après ces lignes droites, avec pour objectif de se rapprocher des sensations de Monaco. Là aussi, contrat rempli, quand la piste file le long de la marina, le tracé est rempli de virages serrés qui arrivent vite, comme à Monaco. Pourtant, quatre de ces courbes ont été ouvertes pour améliorer la fluidité au moment où le circuit passe sous l'un des signes distinctifs du circuit, l'arche de l'hôtel Yas Viceroy.

La piste est désormais mieux adaptée au bouquet final de la saison.

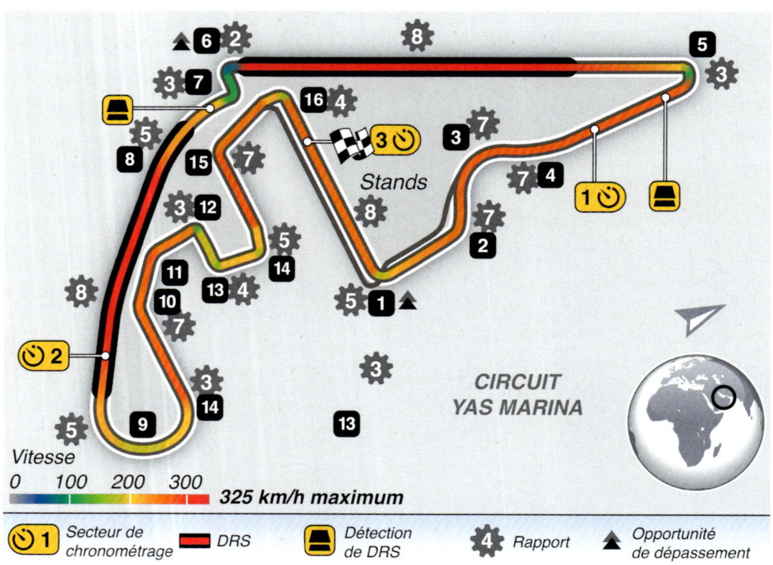

TEMPS DE LA POLE 2021 : **VERSTAPPEN (RED BULL), 1'22.109S, 231,54 KM/H**
VITESSE MOYENNE DU VAINQUEUR 2021 : **203,46 KM/H**
TOUR LE PLUS RAPIDE 2021 : **VERSTAPPEN (RED BULL), 1'26.103S, 220,80 KM/H**
RECORD DU TOUR : **VERSTAPPEN (RED BULL), 1'26.103S, 220,80 KM/H (2021)**

PISTE

GRAND PRIX D'ABU DHABI

Date :	**20 novembre**
Nom du circuit :	**Circuit Yas Marina**
Longueur :	**5,281 km**
Nombre de tours :	**58**
E-mail :	**customerservice@yasmarinacircuit.com**
Site Web :	**www.yasmarinacircuit.com**

PRÉCÉDENTS VAINQUEURS

2012	**Kimi Räikkönen** LOTUS
2013	**Sebastian Vettel** RED BULL
2014	**Lewis Hamilton** MERCEDES
2015	**Nico Rosberg** MERCEDES
2016	**Lewis Hamilton** MERCEDES
2017	**Valtteri Bottas** MERCEDES
2018	**Lewis Hamilton** MERCEDES
2019	**Lewis Hamilton** MERCEDES
2020	**Max Verstappen** RED BULL
2021	**Max Verstappen** RED BULL

Lieu : le circuit Yas Marina est situé dans un pôle de loisirs bâti autour d'une marina. En plus des yachts qui y mouillent et du circuit, le complexe abrite un parc d'attractions Ferrari World, un golf et des hôtels.

Son 1er Grand Prix : les Red Bull ont dominé le 1er GP d'Abu Dhabi, en 2009. Sebastian Vettel s'est imposé devant Mark Webber au cours d'une course que Lewis Hamilton aurait pu remporter sans les problèmes de freins de sa McLaren.

Course inoubliable : jusqu'au final spectaculaire de l'an dernier, le Grand Prix 2010 avait été le plus passionnant à Yas Marina. Mais l'édition 2020 remportée par Max Verstappen reste mémorable pour McLaren : ses pilotes Lando Norris et Carlos Sainz Jr. ont terminé 5e et 6e pour arracher à Racing Point la 3e place du classement des constructeurs.

Plus grand pilote aboudabien : engagé en Championnat du monde d'endurance, Khaled Al Qubaisi est le pilote qui possède le plus beau palmarès de l'émirat. Ses filles Amna et Hamda évoluent en F3 en Asie et en Italie.

Virage le plus difficile : il s'agit du nouveau virage 9, rendu encore plus spectaculaire avec son *banking*.

Pour son dernier GP pour Mercedes, Valtteri Bottas a terminé à la 6e place sous les projecteurs de Yas Marina en 2021.

RETOUR SUR LA SAISON 2021

Lewis Hamilton et Mercedes ont tout donné face à Max Verstappen et Red Bull Racing. McLaren a remporté une victoire, mais termine 4e derrière Ferrari. Alpine et AlphaTauri ont occupé le milieu de tableau, avec une victoire en Hongrie pour l'écurie française. Aston Martin s'est montré imprévisible, tandis que la 2e place de George Russell dans un GP de Belgique annulé par la pluie a aidé Williams à passer devant Alfa Romeo.

Que rêver de mieux qu'une course au titre entre deux écuries ainsi qu'entre leurs deux pilotes stars, avec la promesse qu'ils brilleront chacun sur des circuits différents ? La tension entre Hamilton et Verstappen s'est malheureusement envenimée au fil de la saison, alimentée par les réseaux sociaux, au point de devenir physique sur la piste.

Après leur duel musclé à Silverstone, la monoplace de Verstappen a terminé sur celle d'Hamilton à Monza, puis le Néerlandais a semblé pousser le Britannique hors du circuit à Interlagos. Sans parler de la collision survenue lors de 1re visite de la F1 en Arabie saoudite, où un Verstappen bien trop viril a été pénalisé à trois reprises. Hamilton s'est imposé à Djeddah : les deux pilotes abordaient donc l'ultime manche à égalité, avec 369,5 points chacun. Leurs coéquipiers respectifs, Valtteri Bottas et Sergio Pérez, ont bien tenté de jouer leur rôle, mais aucun n'était suffisamment rapide pour réellement peser dans les débats. Mercedes a donc remporté le championnat des constructeurs pour la 8e fois d'affilée, mais a vu la couronne des pilotes lui échapper dans le dernier tour du dernier circuit, aux mains de Max Verstappen. En tant que fournisseur

moteur de Red Bull, Honda a donc pu se réjouir de participer à ce sacre, son 1er depuis le titre d'Ayrton Senna pour McLaren en 1991.

Derrière ce duo de tête, c'est McLaren qui a le mieux débuté la saison, grâce notamment à Lando Norris, alors que Daniel Ricciardo prenait ses marques dans cette nouvelle équipe. Leur jour de gloire est arrivé à Monza, où l'Australien s'est imposé devant son coéquipier britannique, après l'accrochage entre Hamilton et Verstappen.

Ferrari a alors repris du poil de la bête : Charles Leclerc, Carlos Sainz Jr. et leurs ingénieurs ont puisé de nouvelles ressources de leurs SF21 pour aider leur écurie à terminer 3e.

La seule autre écurie à avoir remporté une victoire en 2021 est Alpine – pas grâce à son double champion du monde Fernando Alonso, mais à Esteban Ocon qui a triomphé en Hongrie. La firme française devance au classement AlphaTauri : si la 2de écurie Red Bull a tiré son épingle du jeu, elle le doit à un très bon Pierre Gasly, 3e dans les rues de Bakou et deux fois 4e. Son coéquipier débutant Yuki Tsunoda a brillé en fin de saison, se classant 4e devant Gasly à Abu Dhabi.

La saison d'Aston Martin a été plus terne, sans pourtant manquer d'étincelles, à l'image de la 2e place de Sebastian Vettel à Bakou comme en Hongrie – même si cette dernière lui a été retirée par disqualification.

Pour sa 1re saison complète depuis son rachat, Williams a brillé. Elle a notamment brillé à Spa, où George Russell s'est emparé de la 2e des qualifications sur une piste en train de sécher. Le classement ayant été figé, les points reçus ont été divisés par deux, mais cela a tout de même aidé à l'écurie à terminer à la 8e place du classement final.

Alfa Romeo (feu Sauber) a passé la saison au duel avec Aston Martin, mais les deux écuries ont vu leurs pilotes terminer souvent juste derrière la 10e place et donc sans point. En fin de saison, Kimi Räikkönen a raccroché le volant avec le record du nombre de courses disputées en F1. Son coéquipier Antonio Giovinazzi est parti sans fanfare, limogé pour faire place à un pilote payant. De son côté, Haas F1 a terminé l'année les mains vides. La faute à l'inexpérience de ses pilotes Mick Schumacher et Nikita Mazepin – un choix dicté par le budget, quand le talent de Romain Grosjean ou Kevin Magnussen, ses pilotes 2020, aurait été précieux.

GP DU BAHREÏN

Le scénario tant espéré de voir Lewis Hamilton et Mercedes concurrencés pour le titre s'est réalisé, car Max Verstappen a non seulement rivalisé avec le septuple champion du monde, mais il est passé tout près de le battre, sans une erreur qui lui a coûté la victoire.

Red Bull Racing a ouvert les hostilités quand Verstappen s'est offert la pole pour 0,4s d'avance sur Hamilton grâce notamment au moteur de Honda, qui voulait partir de la F1 sur une bonne note.

Le Néerlandais a pris la tête de la course, mais la *safety car* est sortie de suite car Nikita Mazepin, pour le 1er Grand Prix de sa carrière, a perdu le contrôle de sa Haas, qui devait être remorquée.

La course a donc réellement débuté après trois tours et Verstappen a rapidement pris le large avec Hamilton, qui a ravitaillé après 13 tours, contre 17 pour le pilote Red Bull, ce qui a donné l'avantage à Mercedes. Valtteri Bottas se rapprochait alors de la tête de course, après avoir initialement été dépassé par la Ferrari de Charles Leclerc, mais un problème aux stands lui a coûté ses chances.

En restant sept tours de plus en piste avec son 2e train de pneus, Verstappen a repris l'initiative, forçant Hamilton à ménager ses gommes pour les faire tenir jusqu'au terme. Le Néerlandais effaçait son retard et faisait la jonction au 50e tour. Trois tours plus tard, il dépassait Hamilton dans le virage 2, mais ses quatre roues avaient franchi le vibreur, il a donc été forcé de rendre la 1re place.

Sergio Pérez, qui avait sauvé sa carrière en F1 en s'imposant sur ce circuit en 2020 pour Racing Point, a souffert d'un problème électrique lors du tour de formation, ce qui l'a obligé à démarrer des stands. Sa 5e place finale est donc plus qu'honorable. Pour son retour en F1, Fernando Alonso a dû abandonner sur un problème de freins. Le meilleur *rookie* a été Yuki Tsunoda : au volant de la 2e AlphaTauri, il a dépassé Kimi Räikkönen et Fernando Alonso pour rebondir après un départ médiocre et se classer 9e. Aston Martin a pris un point grâce à la 10e place de Lance Stroll, tandis que Sebastian Vettel a davantage souffert.

SAKHIR 1re MANCHE — DATE : **28 MARS 2021**

Tours : **56** • Distance : **302,82 km** • Météo : **Chaud et sec**

Cl.	Pilote	Écurie	Résultat	Arrêts	Chrono qualif.	Grille
1	**Lewis Hamilton**	Mercedes	1h32m03.897s	2	1m29.385s	2
2	**Max Verstappen**	Red Bull	1h32m04.642s	2	1m28.997s	1
3	**Valtteri Bottas**	Mercedes	1h32m41.280s	3	1m29.586s	3
4	**Lando Norris**	McLaren	1h32m50.363s	2	1m29.974s	7
5	**Sergio Pérez** *	Red Bull	1h32m55.944s	3	1m30.659s	11
6	**Charles Leclerc**	Ferrari	1h33m02.987s	2	1m29.678s	4
7	**Daniel Ricciardo**	McLaren	1h33m09.901s	2	1m29.927s	6
8	**Carlos Sainz Jr.**	Ferrari	1h33m10.997s	2	1m30.215s	8
9	**Yuki Tsunoda**	AlphaTauri	1h33m29.589s	2	1m31.203s	13
10	**Lance Stroll**	Aston Martin	1h33m30.610s	2	1m30.601s	10
11	**Kimi Räikkönen**	Alfa Romeo	1h33m32.761s	2	1m31.238s	14
12	**Antonio Giovinazzi**	Alfa Romeo	55 tours	2	1m30.708s	12
13	**Esteban Ocon**	Alpine	55 tours	2	1m31.724s	16
14	**George Russell**	Williams	55 tours	2	1m33.430s	15
15	**Sebastian Vettel** !,!!	Aston Martin	55 tours	1	1m32.056s	20
16	**Mick Schumacher**	Haas	55 tours	2	1m32.449s	18
17	**Pierre Gasly**	AlphaTauri	52 tours/boîte de vitesses	3	1m29.809s	5
18	**Nicholas Latifi**	Williams	51 tours/fuite	2	1m31.936s	17
R	**Fernando Alonso**	Alpine	32 tours/freins	3	1m30.249s	9
R	**Nikita Mazepin**	Haas	0 tour/accident	0	1m33.273s	19

TOUR LE PLUS RAPIDE : **BOTTAS, 1M32.090S, 211,56 KM/H (56e TOUR)** • LEADERS DE COURSE : **VERSTAPPEN 1-17 ET 28-39, HAMILTON 18-27 ET 40-56.**

* DÉPART DES STANDS • ! 5 PLACES DE PÉNALITÉ SUR LA GRILLE POUR AVOIR IGNORÉ DES DRAPEAUX JAUNES

• !! 10S DE PÉNALITÉ POUR AVOIR PROVOQUÉ UNE COLLISION

Verstappen est en tête au début du 1er tour, mais c'est Hamilton qui finira par s'imposer.

GP D'ÉMILIE-ROMAGNE

Max Verstappen a atteint ses objectifs à Imola, donnant le ton de ses ambitions pour 2021. Lewis Hamilton a laissé passer sa chance avec une erreur qui l'a rétrogradé à la 9e place, avant de batailler et de terminer 2e devant Lando Norris.

Les qualifications ne se sont pas jouées seulement entre Hamilton et Verstappen : Norris se dirigeait même tout droit vers la pole, avant une sortie de piste de sa McLaren. Sergio Pérez s'est ensuite élancé et a réalisé le 2e meilleur temps, malgré une petite erreur à la fin, pour rétrograder son coéquipier à la 3e place.

Le début de ce GP n'a pas été avare en spectacle : les freins des deux Aston Martin ont pris feu avant le départ, puis la piste mouillée a mis à l'épreuve les pilotes, qui peinaient à trouver de l'adhérence avec leurs pneus intermédiaires. Verstappen réalisait le meilleur départ, revenant côte à côte avec Hamilton dans la chicane gauche-droite dont il sortait en tête, tandis que la Mercedes endommageait son aileron avant sur les vibreurs.

Maîtrisant l'adhérence à géométrie variable du circuit, Verstappen creusait une avance… réduite à néant quand la *safety car* était déployée suite à la collision entre Nicholas Latifi et Nikita Mazepin, après la sortie de piste du Canadien.

Nouveau départ, scénario identique : Verstappen semait ses poursuivants. Il s'arrêtait au 27e tour pour repasser en slicks, imité par Hamilton au tour suivant, mais l'ordre restait inchangé. Mais au 31e tour, le Britannique terminait dans les barrières lors d'une tentative de dépassement sur George Russell (Williams) au virage Tosa. Contraint de regagner les stands pour changer son aileron, il en ressortait à la 9e place. Les malheurs de Mercedes continuaient : Valtteri Bottas était victime d'une collision avec Russell qui avait perdu l'adhérence. Encore une fois, Verstappen redémarrait le plus fort, suivi par Norris qui dépassait Charles Leclerc pour prendre la 2e place. De son côté, Hamilton remontait jusqu'à arriver dans les roues de Norris, qu'il dépassait à trois tours de la fin.

La joie de Verstappen pour sa 1re victoire de l'année, le jour où Hamilton est sorti de piste.

IMOLA 2e MANCHE — DATE : **18 AVRIL 2021**

Tours : **63** • Distance : **309,04 km** • Météo : **Frais et humide**

Cl.	Pilote	Écurie	Résultat	Arrêts	Chrono qualif.	Grille
1	**Max Verstappen**	Red Bull	2h02m34.598s	2	1m14.498s	3
2	**Lewis Hamilton**	Mercedes	2h02m56.598s	4	1m14.411s	1
3	**Lando Norris**	McLaren	2h02m58.300s	2	1m14.875s	7
4	**Charles Leclerc**	Ferrari	2h03m00.177s	2	1m14.740s	4
5	**Carlos Sainz Jr.**	Ferrari	2h03m01.634s	2	1m15.199s	11
6	**Daniel Ricciardo**	McLaren	2h03m25.818s	2	1m14.826s	6
7	**Pierre Gasly**	AlphaTauri	2h03m27.416s	4	1m14.790s	5
8	**Lance Stroll** !	Aston Martin	2h03m31.507s	3	Pas de temps	10
9	**Esteban Ocon**	Alpine	2h03m40.302s	5	1m15.210s	9
10	**Fernando Alonso**	Alpine	2h03m41.159s	3	1m15.593s	15
11	**Sergio Pérez**	Red Bull	2h03m41.749s	2	1m14.446s	2
12	**Yuki Tsunoda** *!	AlphaTauri	2h03m47.782s	3	Pas de temps	20
13	**Kimi Räikkönen** !!	Alfa Romeo	2h04m09.371s	3	1m15.974s	16
14	**Antonio Giovinazzi**	Alfa Romeo	62 tours	4	1m16.122s	17
15	**Sebastian Vettel** **	Aston Martin	61 tours	5	1m15.394s	13
16	**Mick Schumacher**	Haas	61 tours	4	1m16.279s	18
17	**Nikita Mazepin**	Haas	61 tours	4	1m16.797s	19
R	**Valtteri Bottas**	Mercedes	30 tours/collision	1	1m14.898s	8
R	**George Russell**	Williams	30 tours/collision	1	1m15.261s	12
R	**Nicholas Latifi**	Williams	0 tour/sortie de route	0	1m15.593s	14

TOUR LE PLUS RAPIDE : **HAMILTON, 1M16.702S, 230,40 KM/H (60e TOUR)** • LEADERS DE COURSE : **VERSTAPPEN 1-26 ET 29-63, HAMILTON 27-28.**

*** 5 PLACES DE PÉNALITÉ SUR LA GRILLE POUR REMPLACEMENT DE BOÎTE DE VITESSES • ** DÉPART DES STANDS • ! 5S DE PÉNALITÉ POUR DÉPASSEMENT DES LIMITES DE LA PISTE • !! 30S DE PÉNALITÉ POUR N'ÊTRE PAS RENTRÉ AUX STANDS POUR LE RESTART**

GP DU PORTUGAL

Repoussé à la 3e place, Hamilton n'y est pas resté longtemps : après avoir repris la tête de la course, il l'a dominée pour terminer avec quasiment 30 secondes d'avance et remporter la 97e victoire de sa carrière en F1.

Parfois frustré par son rôle de n° 2 chez Mercedes, Valtteri Bottas a démontré tout son talent en prenant la pole à l'Autodromo Internacional do Algarve, même s'il terminait seulement 0.007s devant Hamilton. Les Red Bull s'offraient la 2e ligne sur la grille en tournant 0.4s moins vite sur ce circuit complexe et encore glissant après son resurfaçage en 2020. Mercedes pouvait donc afficher un certain optimisme.

Le départ était propre, mais pas la fin du 1er tour : Kimi Räikkönen était en train de vérifier un paramètre sur son volant quand il a été aspiré par l'Alfa Romeo de son coéquipier Antonio Giovinazzi, fracassant son aileron avant et forçant son abandon.

Après plusieurs tours derrière la *safety car* et Bottas, Max Verstappen dépassait Hamilton au redémarrage, mais l'Anglais lui reprenait la 2e place au 11e tour. Verstappen notait que la performance des pneumatiques des Mercedes semblait diminuer : Hamilton savait qu'il devait accélérer. C'est ce qu'il faisait au virage 1 du 20e tour, un dépassement splendide par l'extérieur sur Bottas pour prendre la tête.

Pour viser la 2e place, Verstappen ravitaillait un tour avant Bottas. La Mercedes perdait 1s aux stands, puis réalisait une petite glissade lors du virage 1 après son retour en piste : cela suffisait au bonheur de Verstappen, qui le dépassait dans la foulée.

Sergio Pérez confirmait son regain de forme en offrant la 4e place à Red Bull après un beau duel avec la McLaren de Lando Norris. Les Ferrari ont fait quelques étincelles, mais sans parvenir à concrétiser : Charles Leclerc terminait 6e, tandis que Carlos Sainz Jr. – un temps 4e – devait se contenter de la 11e place, victime de l'usure de ses gommes.

Grâce à son bon travail sur le châssis, Alpine plaçait deux voitures dans les points, avec Ocon 7e et Alonso 8e.

PORTIMÃO 3e MANCHE — DATE : **2 MAI 2021**

Tours : **66** • Distance : **306,82 km** • Météo : **Doux et ensoleillé**

Cl.	Pilote	Écurie	Résultat	Arrêts	Chrono qualif.	Grille
1	**Lewis Hamilton**	Mercedes	1h34m31.421s	1	1m18.355s	2
2	**Max Verstappen**	Red Bull	1h35m00.569s	2	1m18.746s	3
3	**Valtteri Bottas**	Mercedes	1h35m04.951s	2	1m18.348s	1
4	**Sergio Pérez**	Red Bull	1h35m11.156s	1	1m18.890s	4
5	**Lando Norris**	McLaren	1h35m22.790s	1	1m19.116s	7
6	**Charles Leclerc**	Ferrari	1h35m27.202s	1	1m19.306s	8
7	**Esteban Ocon**	Alpine	1h35m35.170s	1	1m19.042s	6
8	**Fernando Alonso**	Alpine	1h35m36.229s	1	1m19.456s	13
9	**Daniel Ricciardo**	McLaren	1h35m46.790s	1	1m19.839s	16
10	**Pierre Gasly**	AlphaTauri	1h35m47.884s	1	1m19.475s	9
11	**Carlos Sainz Jr.**	Ferrari	1h35m50.376s	1	1m19.039s	5
12	**Antonio Giovinazzi**	Alfa Romeo	65 tours	1	1m19.216s	12
13	**Sebastian Vettel**	Aston Martin	65 tours	1	1m19.659s	10
14	**Lance Stroll**	Aston Martin	65 tours	1	1m19.913s	17
15	**Yuki Tsunoda**	AlphaTauri	65 tours	1	1m19.463s	14
16	**George Russell**	Williams	65 tours	1	1m19.109s	11
17	**Mick Schumacher**	Haas	64 tours	1	1m20.452s	19
18	**Nicholas Latifi**	Williams	64 tours	1	1m20.285s	18
19	**Nikita Mazepin** *	Haas	64 tours	2	1m20.912s	20
R	**Kimi Räikkönen**	Alfa Romeo	1 tour/collision	0	1m19.812s	15

TOUR LE PLUS RAPIDE : **BOTTAS, 1M19.865S, 209,73 KM/H (65e TOUR)** • LEADERS DE COURSE : **BOTTAS 1-19, HAMILTON 20-37 ET 51-66, VERSTAPPEN 38-50.**

*** 5 PLACES DE PÉNALITÉ POUR AVOIR IGNORÉ LES DRAPEAUX BLEUS**

Hamilton a géré cette course de main de maître, remportant une victoire éclatante après avoir été 3e.

GP D'ESPAGNE

Lewis Hamilton s'est interrogé lorsque son écurie lui a demandé d'effectuer un 2e ravitaillement aux deux tiers de la course, mais Mercedes avait gardé de côté un train de pneus médium qui lui permettrait de rivaliser et dépasser Max Verstappen. Pari gagnant.

Lors des qualifications, Hamilton et Verstappen étaient quasiment aussi rapides : le pilote Mercedes s'est imposé de seulement 0.036s pour décrocher sa 100e pole et poser les bases d'un duel passionnant. Comme toujours, Bottas était le seul à s'approcher du duo : Charles Leclerc (Ferrari) pointait à plus d'une demi-seconde derrière.

C'est Verstappen qui a réussi le meilleur départ, en profitant de l'aspiration d'Hamilton pour le dépasser par l'intérieur : une manœuvre osée mais qui forçait l'Anglais à céder – et Valtteri Bottas à freiner, ce dont profitait Leclerc pour lui prendre la 3e place. Lors du 6e tour, une panne moteur de Yuki Tsunoda (AlphaTauri) déclenchait la sortie de la *safety car*, ce qui annihilait tous les écarts. Verstappen continuait de mener la course, puis il a surpris Red Bull en s'arrêtant aux stands au 24e tour, ce qui a naturellement provoqué un ravitaillement moins fluide que d'habitude. Hamilton n'en a pas profité pour prendre la tête, mais Bottas réussissait à dépasser Leclerc. Hamilton rattrapait Verstappen lorsqu'il a eu l'instruction surprise de s'arrêter aux stands : Mercedes avait en effet conservé un train de pneus médium. Il lui suffisait alors de dépasser Bottas et de rattraper ses 23s de retard sur Verstappen. Red Bull ne pouvait pas répliquer, car Verstappen n'avait plus de pneus médium de rechange. Dès lors, il ne lui restait plus qu'à se préparer pour l'attaque d'Hamilton. Un temps ralenti par Bottas qui refusait de le laisser passer, l'Anglais mettait ensuite les bouchées doubles pour finalement rejoindre le Néerlandais, lui prendre l'aspiration et la 1re place au 60e tour. Vu son avance sur Bottas, Verstappen s'est alors offert le luxe d'aller chausser des gommes fraîches pour décrocher le point du tour le plus rapide. Mais Red Bull avait perdu sa bataille tactique.

Les stratèges de Mercedes ont brillé et Hamilton a fait le reste en dépassant Verstappen pour s'imposer.

BARCELONE 4e MANCHE DATE : **9 MAI 2021**

Tours : **66** • Distance : **307,10 km** • Météo : **Chaud et ensoleillé**

Cl.	Pilote	Écurie	Résultat	Arrêts	Chrono qualif.	Grille
1	**Lewis Hamilton**	Mercedes	1h33m07.680s	2	1m16.741s	1
2	**Max Verstappen**	Red Bull	1h33m23.521s	2	1m16.777s	2
3	**Valtteri Bottas**	Mercedes	1h33m34.290s	2	1m16.873s	3
4	**Charles Leclerc**	Ferrari	1h34m02.296s	2	1m17.510s	4
5	**Sergio Pérez**	Red Bull	1h34m11.351s	2	1m17.701s	8
6	**Daniel Ricciardo**	McLaren	1h34m21.448s	2	1m17.622s	7
7	**Carlos Sainz Jr.**	Ferrari	1h34m22.350s	2	1m17.620s	6
8	**Lando Norris**	McLaren	65 tours	2	1m18.010s	9
9	**Esteban Ocon**	Alpine	65 tours	1	1m17.580s	5
10	**Pierre Gasly**	AlphaTauri	65 tours	2	1m17.982s	12
11	**Lance Stroll**	Aston Martin	65 tours	2	1m17.974s	11
12	**Kimi Räikkönen**	Alfa Romeo	65 tours	1	1m18.917s	17
13	**Sebastian Vettel**	Aston Martin	65 tours	2	1m18.079s	13
14	**George Russell**	Williams	65 tours	2	1m19.154s	15
15	**Antonio Giovinazzi**	Alfa Romeo	65 tours	2	1m18.356s	14
16	**Nicholas Latifi**	Williams	65 tours	3	1m19.219s	19
17	**Fernando Alonso**	Alpine	65 tours	2	1m18.147s	10
18	**Mick Schumacher**	Haas	64 tours	2	1m19.117s	18
19	**Nikita Mazepin** *	Haas	64 tours	2	1m19.807s	20
R	**Yuki Tsunoda**	AlphaTauri	6 tours/pression d'essence	0	1m18.556s	16

TOUR LE PLUS RAPIDE : **VERSTAPPEN, 1M18.149S, 215,35KM/H (62e TOUR)** • LEADERS DE COURSE : **VERSTAPPEN 1-23 ET 29-59, HAMILTON 24-28 ET 60-66.**

*** 3 PLACES DE PÉNALITÉ SUR LA GRILLE POUR AVOIR GÊNÉ UN AUTRE PILOTE**

GP DE MONACO

Max Verstappen a contrôlé cette course du début à la fin et pris la tête du championnat, profitant d'un mauvais week-end pour Lewis Hamilton, à la peine en qualifications comme en course, tandis que Valtteri Bottas a vu ses espoirs s'envoler dans les stands.

Pour avoir des chances de briller à Monaco, mieux vaut accrocher la pole. Mercedes et Red Bull y croyaient donc, mais c'est la Ferrari de Charles Leclerc qui a été la plus rapide, avant de s'écraser sur les barrières à la sortie des S de la Piscine au tour suivant. La séance était donc interrompue prématurément, comme l'avait fait sciemment Michael Schumacher en 2006, lorsqu'il avait bloqué la piste à la Rascasse pour empêcher ses rivaux d'améliorer leur temps.

Quelle était l'étendue des dégâts pour Leclerc ? Les techniciens ont vérifié sa boîte de vitesses, dont le remplacement lui aurait coûté cinq places sur la grille, avant de donner leur feu vert. Mais lors du tour de mise en grille, il est apparu évident que quelque chose leur avait échappé et le Monégasque a dû se résoudre à abandonner « son » Grand Prix.

Verstappen partait donc en 1er, ce dont il profitait parfaitement pour virer en tête à Sainte-Dévote, après avoir coupé les ambitions d'un Bottas talonné par Carlos Sainz Jr. et Lando Norris. Hamilton, 7e sur la grille de départ, pointait alors en 6e position, derrière Pierre Gasly.

Grâce à ses 5s d'avance, Verstappen pouvait contrôler la course. C'est alors que son poursuivant Bottas a vécu l'enfer aux stands, forcé à l'abandon par une roue avant droite impossible à enlever, et cédant sa 2e place à Sainz Jr.

Les McLaren arboraient les couleurs bleu et orange de leur sponsor Gulf Oil, ce qui a visiblement inspiré Norris qui complétera le podium, quand son coéquipier Daniel Ricciardo devait se contenter de la 12e place.

Hamilton a été frustré que le ravitaillement précoce décidé par Mercedes ne lui ait pas permis de gagner des places. Pire : non seulement il restait derrière Gasly, mais il était dépassé par Vettel.

MONTE CARLO 5e MANCHE DATE : **23 MAI 2021**
Tours : **78** • Distance : **206,28 km** • Météo : **Doux et ensoleillé**

Cl.	Pilote	Écurie	Résultat	Arrêts	Chrono qualif.	Grille
1	**Max Verstappen**	Red Bull	1h38m56.820s	1	1m10.576s	2
2	**Carlos Sainz Jr.**	Ferrari	1h39m05.788s	1	1m10.611s	4
3	**Lando Norris**	McLaren	1h39m16.247s	1	1m10.620s	5
4	**Sergio Pérez**	Red Bull	1h39m17.310s	1	1m11.573s	9
5	**Sebastian Vettel**	Aston Martin	1h39m49.411s	1	1m11.419s	8
6	**Pierre Gasly**	AlphaTauri	1h39m50.716s	1	1m10.900s	6
7	**Lewis Hamilton**	Mercedes	1h40m05.051s	2	1m11.095s	7
8	**Lance Stroll**	Aston Martin	77 tours	1	1m11.600s	13
9	**Esteban Ocon**	Alpine	77 tours	1	1m11.486s	11
10	**Antonio Giovinazzi**	Alfa Romeo	77 tours	1	1m11.779s	10
11	**Kimi Räikkönen**	Alfa Romeo	77 tours	1	1m11.642s	14
12	**Daniel Ricciardo**	McLaren	77 tours	1	1m11.598s	12
13	**Fernando Alonso**	Alpine	77 tours	1	1m12.205s	17
14	**George Russell**	Williams	77 tours	1	1m11.830s	15
15	**Nicholas Latifi**	Williams	77 tours	1	1m12.366s	18
16	**Yuki Tsunoda**	AlphaTauri	77 tours	1	1m12.096s	16
17	**Nikita Mazepin**	Haas	75 tours	1	1m12.958s	19
18	**Mick Schumacher** *	Haas	75 tours	1	Pas de temps	20
R	**Valtteri Bottas**	Mercedes	29 tours/écrou de roue	1	1m10.601s	3
NS	**Charles Leclerc**	Ferrari	0 tour/boîte de vitesses	0	1m10.346s	1

TOUR LE PLUS RAPIDE : **HAMILTON, 1M12.909S, 164,76 KM/H (69e TOUR)** • LEADERS DE COURSE : **VERSTAPPEN 1-78.**
*** 5 PLACES DE PÉNALITÉ SUR LA GRILLE POUR REMPLACEMENT DE BOÎTE DE VITESSES**

Le 1er pilote à atteindre Sainte-Dévote remporte généralement le GP de Monaco et ce fut le cas pour Verstappen.

GP D'AZERBAÏDJAN

Sergio Pérez affichait un grand sourire à la fin de ce Grand Prix, après avoir remporté la 2e victoire de sa carrière en F1. Les leaders du championnat en sont repartis les mains vides : Max Verstappen à cause d'une crevaison alors qu'il était en tête, Lewis Hamilton pour une rare erreur de conduite.

Privé de départ à Monaco, Charles Leclerc a rebondi en remportant sa 2e pole d'affilée, lors d'une séance de qualification encore achevée prématurément. Cette fois, c'est l'autre Ferrari qui a terminé dans le décor, celle de Carlos Sainz Jr., imité par Yuki Tsunoda. Les Mercedes ayant peiné à mettre leur Pirelli en température, Hamilton pouvait se satisfaire de sa 2e place sur la grille, devant Verstappen et Pierre Gasly.

Cette fois, Leclerc a pu démarrer la course, mais il en restera le leader pendant un tour seulement, avant qu'Hamilton ne le dépasse dans le virage 15 en profitant d'une erreur du Monégasque, qui résistait ensuite à Verstappen pendant cinq tours, avant de céder.

Plus tard, le pilote Ferrari était dépassé par Pérez, qui avait gagné deux places dès le 1er tour de piste. Verstappen a profité d'un contretemps dans le stand d'Hamilton, retenu sur place par l'arrivée de Gasly (AlphaTauri), et réalisait ensuite un ravitaillement rapide pour repartir devant le Britannique, tout comme Pérez au tour suivant – de justesse.

Verstappen dominait la course lorsque Lance Stroll a vécu un accident spectaculaire dans la ligne droite du 30e tour : une crevaison du pneu arrière gauche a projeté son Aston Martin contre le mur. Le Canadien était secoué mais en bonne santé, mais la quantité de débris a provoqué une longue période derrière la *safety car*.

Au redémarrage, il restait 15 tours. Verstappen reprenait son avance, avant de crever dans la ligne droite des stands au 46e tour. Contraint à l'abandon, il voyait Pérez le dépasser avant que la course ne soit interrompue.

Dès le nouveau départ arrêté, Pérez était mis sous pression par Hamilton, qui freinait trop tard et terminait dans l'échappatoire, dont il sortait bon dernier, laissant le Mexicain filer vers la victoire.

Sergio Pérez a hérité de sa 2e victoire en carrière de F1 suite à une crevaison de Verstappen.

BAKOU 6e MANCHE DATE : **6 JUIN 2021**

Tours : **51** • Distance : **306,04 km** • Météo : **Chaud et ensoleillé**

Cl.	Pilote	Écurie	Résultat	Arrêts	Chrono qualif	Grille
1	**Sergio Pérez**	Red Bull	2h13m36.410s	3	1m41.917s	6
2	**Sebastian Vettel**	Aston Martin	2h13m37.795s	3	1m42.224s	11
3	**Pierre Gasly**	AlphaTauri	2h13m39.172s	3	1m41.565s	4
4	**Charles Leclerc**	Ferrari	2h13m40.238s	3	1m41.218s	1
5	**Lando Norris !**	McLaren	2h13m41.164s	3	1m41.747s	9
6	**Fernando Alonso**	Alpine	2h13m42.792s	4	1m42.327s	8
7	**Yuki Tsunoda**	AlphaTauri	2h13m43.034s	3	1m42.211s	7
8	**Carlos Sainz Jr.**	Ferrari	2h13m44.119s	3	1m41.576s	5
9	**Daniel Ricciardo**	McLaren	2h13m45.284s	3	1m42.558s	13
10	**Kimi Räikkönen**	Alfa Romeo	2h13m45.986s	3	1m42.587s	14
11	**Antonio Giovinazzi**	Alfa Romeo	2h13m46.664s	4	Pas de temps	20
12	**Valtteri Bottas**	Mercedes	2h13m47.674s	3	1m42.659s	10
13	**Mick Schumacher**	Haas	2h13m50.651s	5	1m44.158s	17
14	**Nikita Mazepin**	Haas	2h13m50.725s	6	1m44.238s	18
15	**Lewis Hamilton**	Mercedes	2h13m54.078s	3	1m41.450s	2
16	**Nicholas Latifi ***	Williams	2h14m18.789s	2	1m43.128s	16
17	**George Russell**	Williams	48 tours/boîte de vitesses	4	1m42.758s	15
18	**Max Verstappen**	Red Bull	45 tours/crevaison	1	1m41.563s	3
R	**Lance Stroll**	Aston Martin	29 tours/crevaison	0	Pas de temps	19
R	**Esteban Ocon**	Alpine	3 tours/alim. électrique	1	1m42.273s	12

TOUR LE PLUS RAPIDE : **VERSTAPPEN, 1M44.481S, 206,83 KM/H (44e TOUR)** • LEADERS DE COURSE : **LECLERC 1, HAMILTON 2-10, VERSTAPPEN 11 ET 18-45, PÉREZ 12-13 ET 46-51, VETTEL 14-17.** • **! 3 PLACES DE PÉNALITÉ SUR LA GRILLE POUR AVOIR IGNORÉ UN DRAPEAU ROUGE** • *** 30S DE PÉNALITÉ POUR NE PAS ÊTRE PASSÉ PAR LES STANDS**

GP DE FRANCE

Une victoire rapporte 25 points, mais celle de Max Verstappen au circuit Paul Ricard a eu encore plus de valeur, car Red Bull Racing a remporté son duel stratégique contre Mercedes, et lui a dominé Lewis Hamilton en piste pour s'offrir 12 points d'avance en tête du championnat.

Parti en pole, Verstappen a cédé la 1re place à Hamilton dès le 1er virage, à cause d'une petite sortie de piste. Sur instructions de Mercedes, le pilote britannique ravitaillait un tour plus tard que Verstappen, qui le surprenait en le dépassant juste après la sortie des stands.

Tout souriait alors à Red Bull, mais l'écurie décidait de lui faire de nouveau changer de pneus au 32e tour, le faisant passer de la 1re à la 4e place. Cette stratégie allait toutefois se révéler payante : avec des gommes fraîches, le Néerlandais rejoignait rapidement son coéquipier Sergio Pérez, qui le laissait passer, puis Bottas, qu'il doublait aisément à Signes. Il n'avait alors qu'une cible devant lui : Hamilton.

L'Anglais aurait-il dû s'arrêter pour repartir avec des pneus neufs ? Cela l'aurait fait redémarrer derrière Verstappen et ne lui aurait offert qu'un maigre avantage. Dès lors, il n'avait plus le choix : il faudrait tenter de tenir, malgré la fatigue de ses pneumatiques. Il se faisait rejoindre à deux tours de la fin et devait céder face à Verstappen, qui récupérait la 1re place.

Hamilton s'est fait critiquer par son ancien coéquipier Nico Rosberg, qui avait trouvé sa défense de sa position « faiblarde ». Le principal intéressé lui a répondu qu'une défense plus musclée n'aurait servi à rien, étant donné la différence de fraîcheur de ses pneus avec ceux de Verstappen.

À la suite de cette 3e victoire consécutive de Red Bull, certains ont commencé à penser que Mercedes préférait utiliser une partie de son budget plafonné à travailler sur sa monoplace 2022, au lieu de le dépenser pour améliorer sa W12. En fin de course, alors que les Mercedes peinait à trouver de l'adhérence, Bottas s'en est pris à l'équipe pour sa stratégie à un seul arrêt, peu avant que Pérez ne lui chipe la 3e place.

PAUL RICARD 7e MANCHE DATE : **20 JUIN 2021**

Tours : **53** • Distance : **309,69 km** • Météo : **Chaud et ensoleillé**

Cl.	Pilote	Écurie	Résultat	Arrêts	Chrono qualif.	Grille
1	**Max Verstappen**	Red Bull	1h27m25.770s	2	1m29.990s	1
2	**Lewis Hamilton**	Mercedes	1h27m28.674s	1	1m30.248s	2
3	**Sergio Pérez**	Red Bull	1h27m34.581s	1	1m30.445s	4
4	**Valtteri Bottas**	Mercedes	1h2740.388s	1	1m30.376s	3
5	**Lando Norris**	McLaren	1h28m29.802s	1	1m31.252s	8
6	**Daniel Ricciardo**	McLaren	1h28m41.627s	1	1m31.382s	10
7	**Pierre Gasly**	AlphaTauri	1h28m42.366s	1	1m30.868s	6
8	**Fernando Alonso**	Alpine	1h28m43.465s	1	1m31.340s	9
9	**Sebastian Vettel**	Aston Martin	1h28m45.436s	1	1m31.767s	12
10	**Lance Stroll**	Aston Martin	1h28m57.716s	1	2m12.584s	19
11	**Carlos Sainz Jr.**	Ferrari	1h29m05.107s	1	1m30.840s	5
12	**George Russell**	Williams	52 tours	1	1m32.065s	14
13	**Yuki Tsunoda ***	AlphaTauri	52 tours	1	Pas de temps	20
14	**Esteban Ocon**	Alpine	52 tours	1	1m31.736s	11
15	**Antonio Giovinazzi**	Alfa Romeo	52 tours	1	1m31.813s	13
16	**Charles Leclerc**	Ferrari	52 tours	2	1m30.987s	7
17	**Kimi Räikkönen**	Alfa Romeo	52 tours	1	1m33.354s	17
18	**Nicholas Latifi**	Williams	52 tours	1	1m33.062s	16
19	**Mick Schumacher**	Haas	52 tours	1	Pas de temps	15
20	**Nikita Mazepin**	Haas	52 tours	1	1m33.554s	18

TOUR LE PLUS RAPIDE : **VERSTAPPEN, 1M36.404S, 218.15 KM/H (35e TOUR)** • LEADERS DE COURSE : **HAMILTON 1-18 ET 32-51, PÉREZ 19-23, VERSTAPPEN 24-31 ET 52-53** • *** 5 PLACES DE PÉNALITÉ SUR LA GRILLE POUR REMPLACEMENT DE BOÎTE DE VITESSES**

La stratégie à deux arrêts a parfaitement fonctionné pour Verstappen, qui a filé vers sa 3e victoire en 2021.

GP DE STYRIE

Red Bull Racing a prolongé sa série avec une 4e victoire consécutive, grâce à un Max Verstappen parti en pole et leader de bout en bout. Lewis Hamilton a vécu une course déprimante, car il n'a jamais semblé en mesure de rivaliser avec le Néerlandais.

La caravane de la F1 faisait étape au Red Bull Ring pour deux manches à une semaine d'intervalle, et Max Verstappen a signalé d'entrée ses ambitions en arrachant la pole à Lewis Hamilton pour 0.026s. Valtteri Bottas, le 2e pilote le plus rapide, était sanctionné de trois places sur la grille de départ pour conduite dangereuse dans les stands. Une pole Red Bull dans le Red Bull Ring : Dietrich Mateschitz, le directeur de l'écurie, était aux anges au terme des qualifications. Il le serait encore davantage le dimanche soir.

À l'extinction des feux, Verstappen avalait la montée jusqu'au 1er tour, sa RB16 largement devant la Mercedes d'Hamilton. Et pour le plus grand plaisir de Red Bull, il ne quitterait plus cette 1re place. Cela semblait inéluctable, quand bien même Mercedes aurait adopté une stratégie à deux arrêts : Verstappen aurait été suffisamment rapide pour la contrer. Pour l'anecdote, Hamilton s'est bien ravitaillé deux fois, mais c'était pour chausser des gommes tendres en fin de course afin de décrocher le point du tour le plus rapide. L'Anglais n'avait tout simplement pas la monoplace la plus rapide du circuit.

3e sur la grille de départ, Lando Norris a défendu cette place pendant 10 tours, avant de céder face aux attaques de Sergio Pérez, au volant de la 2e Red Bull. Au tour suivant, le jeune Britannique voyait même Valtteri Bottas le dépasser. Les arrêts au stand n'auront pas bouleversé le classement, à part pour Bottas qui profitait d'un ravitaillement lent de Pérez pour lui chiper la 3e place. Le Mexicain revenait à la charge, dans les derniers tours, où il était plus rapide. Norris avait décidé très tôt de ménager ses pneumatiques et cela a bien fonctionné. McLaren aurait même pu s'offrir la 6e place aussi, mais Daniel Ricciardo a été trahi par son moteur et il a logiquement chuté au classement.

Hamilton pourchasse Verstappen, mais ce sera en vain car la Red Bull s'imposera encore.

RED BULL RING 8e MANCHE — DATE : **27 JUIN 2021**

Tours : **71** • Distance : **306,45 km** • Météo : **Chaud et ensoleillé**

Cl.	Pilote	Écurie	Résultat	Arrêts	Chrono qualif	Grille
1	**Max Verstappen**	Red Bull	1h22m18.925s	1	1m03.841s	1
2	**Lewis Hamilton**	Mercedes	1h22m54.668s	2	1m04.067s	2
3	**Valtteri Bottas** !	Mercedes	1h23m05.832s	1	1m04.035s	5
4	**Sergio Pérez**	Red Bull	1h23m06.359s	2	1m04.168s	4
5	**Lando Norris**	McLaren	70 tours	1	1m04.120s	3
6	**Carlos Sainz Jr.**	Ferrari	70 tours	1	1m04.800s	12
7	**Charles Leclerc**	Ferrari	70 tours	2	1m04.472s	7
8	**Lance Stroll**	Aston Martin	70 tours	1	1m04.708s	9
9	**Fernando Alonso**	Alpine	70 tours	1	1m04.574s	8
10	**Yuki Tsunoda** !!	AlphaTauri	70 tours	1	1m04.514s	11
11	**Kimi Räikkönen**	Alfa Romeo	70 tours	1	1m05.429s	18
12	**Sebastian Vettel**	Aston Martin	70 tours	1	1m04.875s	14
13	**Daniel Ricciardo**	McLaren	70 tours	1	1m04.808s	13
14	**Esteban Ocon**	Alpine	70 tours	1	1m05.217s	17
15	**Antonio Giovinazzi**	Alfa Romeo	70 tours	1	1m04.913s	15
16	**Mick Schumacher**	Haas	69 tours	1	1m06.041s	19
17	**Nicholas Latifi**	Williams	68 tours	1	1m05.175s	16
18	**Nikita Mazepin**	Haas	68 tours	1	1m06.192s	20
R	**George Russell**	Williams	36 tours/alim. électrique	2	1m04.671s	10
R	**Pierre Gasly**	AlphaTauri	1 tour/collision	0	1m04.236s	6

TOUR LE PLUS RAPIDE : **HAMILTON, 1M07.058S, 231,81 KM/H (71e TOUR)** • LEADERS DE COURSE : **VERSTAPPEN 1-71.**
! 3 PLACES DE PÉNALITÉ SUR LA GRILLE POUR CONDUITE DANGEREUSE DANS LES STANDS • !! 3 PLACES DE PÉNALITÉ SUR LA GRILLE POUR AVOIR GÊNÉ UN AUTRE PILOTE

GP D'AUTRICHE

Lewis Hamilton avait le sourire quand il a annoncé avoir prolongé de deux ans chez Mercedes, mais il craignait d'être battu par Max Verstappen pour le 2e week-end d'affilée sur le même circuit. Et c'est précisément ce qui s'est produit – il n'a même pas accroché le podium.

Pilotes et écuries ont dû avoir l'impression de vivre *Un jour sans fin* pour ce retour au Red Bull Ring, cette fois sous la bannière du GP d'Autriche. Pour la plus grande joie de Red Bull Racing, dont les monoplaces adoraient ce tracé ; moins pour Mercedes, qui ne voyait pas comment rivaliser.

La surprise des qualifications était la 2e place remportée par Lando Norris (McLaren) qui signait là le meilleur résultat de sa carrière. Hamilton et Valtteri Bottas devaient se contenter des 4e et 5e places, derrière Verstappen et Pérez, démontrant les difficultés de l'écurie allemande.

Verstappen réussissait son départ en semant Norris et il occupera la tête pendant les 71 tours. Il s'est imposé avec 18s d'avance sur le 2e, malgré l'intervention de la *safety car* dès le 1er tour quand Esteban Ocon (Alpine) a été pris en sandwich par Antonio Giovanizzi (Alfa Romeo) et Mick Schumacher (Haas).

Dès ce 2e départ, Norris était mis sous pression par Pérez, qui tentait de lui faire l'extérieur dans Schlossgold, mais il sortait trop large et chutait à la 10e place, tandis qu'Hamilton prenait la 3e place à Bottas dans la foulée. Hamilton pourchassait alors Norris, qui recevait une pénalité sévère de 5s pour avoir provoqué la sortie de piste de Pérez. Bottas en profitait pour passer devant Norris, qui rattrapait bientôt un Finlandais en chasse d'Hamilton. Plus tard, Pérez se verra infliger deux pénalités de 5s et terminera 6e. Les milliers de fans de Verstappen ont assisté à sa victoire et à la contre-performance des Mercedes, encore plus distancées qu'au GP précédent. George Russell avait brillé dans les qualifications en obtenant le 9e meilleur temps, ce qui lui a valu la 8e place sur la grille suite aux trois places de pénalités infligées à Sebastian Vettel. Il s'est toutefois classé 11e, battu dans la course au dernier point par Fernando Alonso.

RED BULL RING 9e MANCHE — DATE : **4 JUILLET 2021**

Tours : **71** • Distance : **306,45 km** • Météo : **Doux et ensoleillé**

Cl.	Pilote	Écurie	Résultat	Arrêts	Chrono qualif.	Grille
1	**Max Verstappen**	Red Bull	1h23m54.543s	2	1m03.720s	1
2	**Valtteri Bottas**	Mercedes	1h24m12.516s	1	1m04.049s	5
3	**Lando Norris**	McLaren	1h24m14.562s	1	1m03.768s	2
4	**Lewis Hamilton**	Mercedes	1h24m40.995s	2	1m04.014s	4
5	**Carlos Sainz Jr.**	Ferrari	1h24m51.687s	1	1m04.559s	10
6	**Sergio Pérez** !!	Red Bull	1h24m52.458s	1	1m03.990s	3
7	**Daniel Ricciardo**	McLaren	1h24m54.938s	1	1m04.719s	13
8	**Charles Leclerc**	Ferrari	1h24m55.738s	1	1m04.600s	12
9	**Pierre Gasly**	AlphaTauri	1h24m56.387s	2	1m04.107s	6
10	**Fernando Alonso**	Alpine	70 tours	1	1m04.856s	14
11	**George Russell**	Williams	70 tours	1	1m04.591s	8
12	**Yuki Tsunoda** !	AlphaTauri	70 tours	2	1m04.273s	7
13	**Lance Stroll** !	Aston Martin	70 tours	2	1m04.618s	9
14	**Antonio Giovinazzi**	Alfa Romeo	70 tours	2	1m05.083s	15
15	**Kimi Räikkönen** !!!	Alfa Romeo	70 tours	1	1m05.009s	16
16	**Nicholas Latifi** !!!!	Williams	70 tours	1	1m05.195s	18
17	**Sebastian Vettel** *	Aston Martin	69 tours	3	1m04.570s	11
18	**Mick Schumacher**	Haas	69 tours	1	1m05.427s	19
19	**Nikita Mazepin** !!!!	Haas	69 tours	2	1m05.951s	20
R	**Esteban Ocon**	Alpine	0 tour/collision	0	1m05.051s	17

TOUR LE PLUS RAPIDE : **VERSTAPPEN, 1M06.200S, 234,81 KM/H (62e TOUR)** • LEADERS DE COURSE : **VERSTAPPEN 1-71**
*** 3 PLACES DE PÉNALITÉ SUR LA GRILLE POUR AVOIR GÊNÉ UN AUTRE PILOTE • ! 5S DE PÉNALITÉ POUR NON RESPECT DU RÉGLEMENT DES STANDS • !! 10S DE PÉNALITÉ POUR AVOIR PROVOQUÉ LA SORTIE DE PISTE D'UN AUTRE PILOTE • !!! 20S DE PÉNALITÉ POUR AVOIR PROVOQUÉ UNE COLLISION • !!!! 30S DE PÉNALITÉ POUR AVOIR IGNORÉ DEUX DRAPEAUX JAUNES**

L'équipe McLaren félicite Lando Norris pour sa belle 3e place.

GP DE GRANDE-BRETAGNE

Arrivé à « son » Grand Prix avec 32 points de retard sur Max Verstappen, Lewis Hamilton savait qu'il lui fallait impérativement renouer avec la victoire. Il y est parvenu pour le bonheur des tribunes pleines pour la 1re fois de la saison, malgré un accrochage avec Verstappen dès le 1er tour.

Pour la 1re fois de la saison 2021, un Grand Prix se tenait quasiment sans jauge dans les tribunes, qui affichaient quasiment complet. Malgré les craintes de créer un *cluster* géant, tout le monde était ravi du retour des fans.

Cette manche offrait une autre nouveauté : une course sprint de qualification organisée le samedi et dont les 17 tours déterminaient la grille de départ. Hamilton obtenait la pole pour cette course sprint, mais Verstappen réalisait un meilleur départ et conservait cette avance jusqu'au bout d'une course sans histoire.

La course de dimanche, elle, fut bien plus animée. Hamilton démarrait fort, mais Verstappen reprenait la tête dans le Loop, avant que le pilote Mercedes ne revienne à l'attaque dans Luffield. Puis leur duel féroce se poursuivant dans Corpse : Hamilton plongeait à l'intérieur et refusait de céder quand le Néerlandais tournait dans sa trajectoire. En un éclair, la suspension arrière droite de la Red Bull volait en éclat et la monoplace était propulsée dans le mur de pneus longeant ce virage pris en 7e vitesse. Le souffle coupé, Verstappen enrageait.

Hamilton a pu poursuivre, dépassé par Charles Leclerc, mais la course était interrompue pour déblayer les débris. Au redémarrage, Leclerc repassait devant Hamilton et creusait l'écart – jusqu'à être victime de coupures moteur qui permettaient à l'Anglais de revenir sur lui. Hamilton observait alors une pénalité de 10s pour son rôle dans la collision de Verstappen et émergeait des stands à la 4e place, derrière Leclerc, Valtteri Bottas et Lando Norris.

Il repartait alors en chasse et reprenait la tête à deux tours de la fin, en réalisant la même manœuvre dans Corpse sur Leclerc qu'il ne l'avait fait avec Verstappen, mais en bénéficiant cette fois de plus de place. Le public britannique pouvait exulter.

Un duel Hamilton-Verstappen extrêmement musclé, mais qui n'aura malheureusement duré qu'un tour.

SILBERSTONE 10e MANCHE — DATE : **18 JUILLET 2021**

Tours : **52** • Distance : **306,19 km** • Météo : **Chaud et ensoleillé**

Cl.	Pilote	Écurie	Résultat	Arrêts	Chrono qualif.	Grille
1	**Lewis Hamilton**	Mercedes	1h58m23.284s	2	-	2
2	**Charles Leclerc**	Ferrari	1h58m27.155s	2	-	4
3	**Valtteri Bottas**	Mercedes	1h58m34.409s	2	-	3
4	**Lando Norris**	McLaren	1h58m51.857s	2	-	5
5	**Daniel Ricciardo**	McLaren	1h59m05.908s	2	-	6
6	**Carlos Sainz Jr.**	Ferrari	1h59m06.738s	2	-	10
7	**Fernando Alonso**	Alpine	1h59m35.377s	2	-	7
8	**Lance Stroll**	Aston Martin	1h59m37.573s	2	-	14
9	**Esteban Ocon**	Alpine	1h59m39.446s	2	-	9
10	**Yuki Tsunoda**	AlphaTauri	1h59m45.349s	2	-	16
11	**Pierre Gasly**	AlphaTauri	1h59m48.611s	3	-	11
12	**George Russell**	Williams	51 tours	2	-	12
13	**Antonio Giovinazzi**	Alfa Romeo	51 tours	2	-	15
14	**Nicholas Latifi**	Williams	51 tours	2	-	17
15	**Kimi Räikkönen**	Alfa Romeo	51 tours	2	-	13
16	**Sergio Pérez !**	Red Bull	51 tours	4	-	20
17	**Nikita Mazepin**	Haas	51 tours	2	-	19
18	**Mick Schumacher**	Haas	51 tours	2	-	18
R	**Sebastian Vettel**	Aston Martin	40 tours/panne électrique	2	-	8
R	**Max Verstappen**	Red Bull	0 tour/collision	0	-	1

TOUR LE PLUS RAPIDE : **PÉREZ, 1M28.617S, 239,31 KM/H (50e TOUR)** • LEADERS DE COURSE : **LECLERC 1-49, HAMILTON 50-52.**
! DÉPART DES STANDS EN RAISON D'UNE MODIFICATION DE LA MONOPLACE EN PARC FERMÉ.
NB : **GRILLE DÉTERMINÉE PAR L'ORDRE D'ARRIVÉE DE LA COURSE SPRINT**

GP DE HONGRIE

Une manche à part : un carambolage monstre au 1er virage, un nouveau départ arrêté avec une seule voiture sur la grille quand toutes les autres repartaient des stands après avoir changé de pneus, et la 1re victoire en carrière d'Esteban Ocon. Historique.

Le 1er virage de l'Hungaroring est connu pour ses accrochages au 1er tour, mais l'édition 2021 en a fourni un condensé tonitruant. Tout a commencé par un freinage trop tardif de Valtteri Bottas qui a embouti Lando Norris. Par effet domino, sa McLaren a percuté Max Verstappen, tandis que Bottas, entraîné par son élan, s'écrasait contre l'autre Red Bull – celle de Sergio Pérez. Charles Leclerc et Lance Stroll étaient également impliqués : la course était arrêtée.

Venait ensuite l'une des images les plus extraordinaires de l'histoire de la F1 : une seule des 16 monoplaces encore en course rejoignait la grille de départ – celle de Lewis Hamilton, avec sa Mercedes encore chaussée de pneus intermédiaires. Les neuf autres écuries avaient décidé que la piste avait suffisamment séché pour passer en gommes intermédiaires : leurs pilotes avaient donc rejoint les stands, d'où ils redémarraient. Le pari n'a pas été payant pour Hamilton, qui avait beaucoup moins d'adhérence que ses concurrents. Il s'arrêtait donc à la fin du tour et repartait à la dernière place. Ocon en profitait parfaitement : il creusait l'écart et filait vers la victoire. Mention spéciale pour son coéquipier Fernando Alonso, qui a défendu héroïquement sa 4e place face à Hamilton, le ralentissant suffisamment pour qu'il ne puisse finir que 3e, derrière Ocon et l'Aston Martin de Sebastian Vettel. Plus tard, Hamilton avouera avoir ressenti de légers vertiges, suspectant être victime d'une Covid-19 longue. Peu après la fin de la course, Vettel était disqualifié car il ne restait pas assez de carburant dans sa monoplace en fin de course pour un prélèvement pour analyse. Hamilton passait donc à la 2e place et Verstappen à la 9e : le Néerlandais gagnait un point, contre trois pour l'Anglais qui prenait donc huit points d'avance en tête du classement.

HUNGARORING 11e MANCHE — DATE : **1er AOÛT 2021**

Tours : **70** • Distance : **306,63 km** • Météo : **Chaud et humide/sec**

Cl.	Pilote	Écurie	Résultat	Arrêts	Chrono qualif.	Grille
1	**Esteban Ocon**	Alpine	2h04m43.199s	3	1m16.653s	8
2	**Lewis Hamilton**	Mercedes	2h04m45.935s	4	1m15.419s	1
3	**Carlos Sainz Jr.**	Ferrari	2h04m58.217s	3	Pas de temps	15
4	**Fernando Alonso**	Alpine	2h04m58.850s	3	1m16.715s	9
5	**Pierre Gasly**	AlphaTauri	2h05m46.813s	4	1m16.483s	5
6	**Yuki Tsunoda**	AlphaTauri	2h05m59.002s	3	1m17.919s	16
7	**Nicholas Latifi**	Williams	2h06m01.109s	3	1m18.036s	18
8	**George Russell**	Williams	2h06m02.293s	3	1m17.944s	17
9	**Max Verstappen**	Red Bull	2h06m03.443s	5	1m15.840s	3
10	**Kimi Räikkönen**	Alfa Romeo	69 tours	4	1m17.564s	13
11	**Daniel Ricciardo**	McLaren	69 tours	3	1m16.871s	11
12	**Mick Schumacher** !	Haas	69 tours	3	Pas de temps	20
13	**Antonio Giovinazzi** !!	Alfa Romeo	69 tours	5	1m17.583s	14
DQ	**Sebastian Vettel**	Aston Martin	2h04m45.058s	3	1m16.750s	10
NC	**Nikita Mazepin**	Haas	3 tours/collision	2	1m18.922s	19
NC	**Lando Norris**	McLaren	2 tours/collision	1	1m16.489s	6
NC	**Valtteri Bottas**	Mercedes	0 tour/collision	0	1m15.734s	2
NC	**Sergio Pérez**	Red Bull	0 tour/collision	0	1m16.421s	4
NC	**Charles Leclerc**	Ferrari	0 tour/collision	0	1m16.496s	7
NC	**Lance Stroll**	Aston Martin	0 tour/collision	0	1m16.893s	12

TOUR LE PLUS RAPIDE : **GASLY, 1M18.394S, 201,18 KM/H (70e TOUR)** • LEADERS DE COURSE : **HAMILTON 1-2, OCON 3-37 ET 40-70, ALONSO 38-39.** • **! 5 PLACES DE PÉNALITÉ SUR LA GRILLE** • **!! DÉPART DES STANDS**

Bottas a tout fait de travers au 1er virage et emporté la Red Bull de Sergio Pérez avec lui.

GP DE BELGIQUE

Spa-Francorchamps nous a habitués à une météo parfois capricieuse, avec ses averses qui rebattent parfois les cartes. Mais, cette fois, la pluie était bien trop intense : la course a donc été interrompue au bout d'un tour, offrant la victoire à Max Verstappen et une 2e place surprise à George Russell.

Lorsque Lando Norris a encastré sa McLaren dans le Raidillon de l'Eau Rouge en qualification, il avait signé le meilleur temps de la Q1 comme de la Q2 et partait tambours battants dans cette Q3. S'il avait remporté la pole, il aurait remporté la course le lendemain.

À ce moment-là, son meilleur tour lui offrait seulement le 10e temps, synonyme de 15e place à cause d'une pénalité pour changement de boîte de vitesses suite à son crash. Sebastian Vettel avait demandé l'arrêt des qualifications, car plusieurs monoplaces étaient déjà parties en aquaplaning avant l'accident de Norris : il avait sans doute raison. Mais les pilotes se donnent naturellement à fond tant qu'on ne les arrête pas…

C'est Max Verstappen qui a été le plus rapide en qualification, lui qui avait patienté plus de 40 minutes après l'accident de Norris, alors que les conditions s'amélioraient progressivement. Mais le plus remarquable, c'est l'identité de son dauphin : George Russell avait choisi d'attendre le plus longtemps possible pour tenter sa chance en pneus intermédiaires. Un sacré pari, mais sa conduite tout en souplesse lui a permis de prendre la tête des qualifications, avant d'être battu par Verstappen sur le fil. Ce fut une belle réussite pour Williams, pour sa 1re année sous la direction de Dorilton Capital.

L'horaire du départ du Grand Prix a été repoussé à plusieurs reprises, à cause de la piste détrempée. Après 25 minutes d'attente, les monoplaces ont fait deux tours de formation derrière la *safety car*, avant de regagner les stands… pour retenter leur chance trois heures plus tard. Cette fois, les pilotes ont fait trois tours de piste avant de se remettre à l'abri et la décision tombait : le *poleman* Verstappen a été déclaré vainqueur, devant un Russell aux anges.

Verstappen éclabousse Russell qui le suit de près, derrière la *safety car*.

SPA-FRANCORCHAMPS 12e MANCHE DATE : 29 AOÛT 2021

Tours : **1** • Distance : **6,88 km** • Météo : **Frais et extrêmement humide**

Cl.	Pilote	Écurie	Résultat	Arrêts	Chrono qualif.	Grille
1	**Max Verstappen**	Red Bull	3m27.071s	0	1m59.765s	1
2	**George Russell**	Williams	3m29.066s	0	2m00.086s	2
3	**Lewis Hamilton**	Mercedes	3m29.672s	0	2m00.099s	3
4	**Daniel Ricciardo**	McLaren	3m31.567s	0	2m00.864s	4
5	**Sebastian Vettel**	Aston Martin	3m34.550s	0	2m00.935s	5
6	**Pierre Gasly**	AlphaTauri	3m37.248s	0	2m01.164s	6
7	**Esteban Ocon**	Alpine	3m38.650s	0	2m03.513s	8
8	**Charles Leclerc**	Ferrari	3m39.679s	0	1m57.721s	9
9	**Nicholas Latifi**	Williams	3m42.555s	0	1m58.056s	10
10	**Carlos Sainz Jr.**	Ferrari	3m43.237s	0	1m58.137s	11
11	**Fernando Alonso**	Alpine	3m47.661s	0	1m58.295s	12
12	**Valtteri Bottas** !!	Mercedes	3m49.485s	0	2m02.502s	13
13	**Antonio Giovinazzi**	Alfa Romeo	3m51.233s	0	2m02.306s	14
14	**Lando Norris** *	McLaren	3m54.180s	0	1m56.025s	15
15	**Yuki Tsunoda**	AlphaTauri	3m55.400s	0	2m02.413s	16
16	**Mick Schumacher**	Haas	3m56.578s	0	2m03.973s	17
17	**Nikita Mazepin**	Haas	3m59.064s	0	2m04.939s	18
18	**Kimi Räikkönen** !	Alfa Romeo	4m03.125s	0	2m04.452s	20
19	**Sergio Pérez**	Red Bull	4m05.276s	0	2m02.112s	7
20	**Lance Stroll** !!!	Aston Martin	4m11.179s	0	1m58.231s	19

TOUR LE PLUS RAPIDE : **MAZEPIN, 3M18.016S, 125,08 KM/H (1er TOUR)** • LEADERS DE COURSE : **VERSTAPPEN 1.**
*** 5 PLACES DE PÉNALITÉ SUR LA GRILLE POUR AVOIR PROVOQUÉ UN CRASH EN QUALIFICATION • ! DÉPART DES STANDS • !! 5 PLACES DE PÉNALITÉ SUR LA GRILLE POUR AVOIR PROVOQUÉ UNE COLLISION • !!! 10S DE PÉNALITÉ POUR AVOIR MODIFIÉ LE VÉHICULE PENDANT UN ARRÊT DE COURSE**

GP DES PAYS-BAS

Les fans néerlandais n'auraient pas pu rêver d'une plus belle journée pour leur 1er GP depuis 1985 : Max Verstappen a triomphé pour Red Bull Racing en dominant son rival Lewis Hamilton pour le titre, dans une ambiance festive.

Le retour de la F1 aux Pays-Bas était programmé pour 2020, mais la pandémie de Covid-19 a repoussé les retrouvailles. Ce fut sans doute un mal pour un bien : à l'époque, Lewis Hamilton l'aurait sans doute remporté, mais Max Verstappen était cette fois bien mieux armé. Il l'a prouvé en s'imposant « à domicile », devant un public orange bouillonnant qui rêvait d'une victoire du pilote néerlandais.

Malgré les modifications du tracé, qui ont ajouté de l'inclinaison aux virages Hugenholtzbocht et Arie Luyendijk Bocht, il est rapidement apparu que les dépassements seraient rares. La pole position était donc d'autant plus importante, et c'est Verstappen qui l'a décroché de justesse devant Hamilton.

Au début de la course, Verstappen a déclenché la joie des fans en creusant l'écart avant même d'atteindre le virage Tarzan. Décroché, Mercedes tentait de rebondir en ravitaillant Hamilton dès le 20e tour, mais le Néerlandais contrait en s'arrêtant au tour suivant.

À ce stade, Valtteri Bottas semblait avoir un rôle important à jouer pour freiner Verstappen, mais le pilote Red Bull le dépassait avant même le 1er arrêt aux stands du Finlandais.

En fin de course, après un 2e changement de pneus, les gommes d'Hamilton perdaient en efficacité et Verstappen s'échappait. Ensuite, Bottas a réalisé le tour le plus rapide par accident. Le leader étant hors de portée, Lewis s'arrêtait pour chausser des pneus neufs qui l'aidaient à s'emparer du point du tour le plus rapide, sans mettre sa 2e place en danger.

Seul pilote à terminer dans le même tour que le duo de tête, Bottas complétait le podium, mais les fans déchaînés n'avaient d'yeux que pour l'enfant du pays.

ZANDVOORT 13e MANCHE — DATE : **5 SEPTEMBRE 2021**

Tours : **72** • Distance : **306,58 km** • Météo : **Doux et ensoleillé**

Cl.	Pilote	Écurie	Résultat	Arrêts	Chrono qualif.	Grille
1	**Max Verstappen**	Red Bull	1h30m05.395s	2	1m08.885s	1
2	**Lewis Hamilton**	Mercedes	1h30m26.327s	3	1m08.923s	2
3	**Valtteri Bottas**	Mercedes	1h31m01.855s	2	1m09.222s	3
4	**Pierre Gasly**	AlphaTauri	71 tours	1	1m09.478s	4
5	**Charles Leclerc**	Ferrari	71 tours	1	1m09.527s	5
6	**Fernando Alonso**	Alpine	71 tours	1	1m09.956s	9
7	**Carlos Sainz Jr.**	Ferrari	71 tours	1	1m09.537s	6
8	**Sergio Pérez** !	Red Bull	71 tours	2	1m10.530s	20
9	**Esteban Ocon**	Alpine	71 tours	1	1m09.933s	8
10	**Lando Norris**	McLaren	71 tours	1	1m10.406s	13
11	**Daniel Ricciardo**	McLaren	71 tours	1	1m10.166s	10
12	**Lance Stroll**	Aston Martin	70 tours	1	1m10.367s	12
13	**Sebastian Vettel**	Aston Martin	70 tours	2	1m10.731s	15
14	**Antonio Giovinazzi**	Alfa Romeo	70 tours	2	1m09.590s	7
15	**Robert Kubica**	Alfa Romeo	70 tours	1	1m11.301s	16
16	**Nicholas Latifi** *	Williams	70 tours	1	1m11.161s	19
17	**George Russell**	Williams	69 tours	2	1m10.332s	11
18	**Mick Schumacher**	Haas	69 tours	2	1m11.387s	17
NC	**Yuki Tsunoda**	AlphaTauri	48 tours/transmission	1	1m11.314s	14
NC	**Nikita Mazepin**	Haas	41 tours/p. hydraulique	1	1m11.875s	18

TOUR LE PLUS RAPIDE : **HAMILTON, 1M11.097S, 215,65 KM/H (72e TOUR)** • LEADERS DE COURSE : **VERSTAPPEN 1-21 ET 30-72, BOTTAS 22-29. * 5 PLACES DE PÉNALITÉ SUR LA GRILLE POUR REMPLACEMENT DE BOÎTE DE VITESSES • ! DÉPART DES STANDS POUR UTILISATION DE COMPOSANTS D'UNITÉ DE PUISSANCE SUPPLÉMENTAIRES**

Verstappen a offert aux fans une victoire néerlandaise pour le retour de la F1 à Zandvoort.

GP D'ITALIE

Cette course restera inoubliable pour l'accrochage spectaculaire entre Max Verstappen et Lewis Hamilton, mais c'est surtout celle qui a permis à McLaren de renouer avec la victoire et de rafler les deux 1res places.

Mettons les choses au clair d'entrée : la 1re victoire de McLaren depuis le GP du Brésil 2012 n'est pas usurpée. Et cela n'a fait qu'amplifier le bonheur du chef de l'équipe Zak Brown, dont l'écurie attendait un succès depuis 170 courses.

Comme à Silverstone, c'est une course sprint qui a défini l'ordre de départ sur la grille. Bottas terminait devant Verstappen, mais une pénalité faisait démarrer le Finlandais à la dernière place. Le Néerlandais héritait donc de la pole, tandis qu'Hamilton réalisait seulement le 5e temps, derrière des McLaren en pleine évolution.

Depuis qu'il avait rejoint cette écurie, Daniel Ricciardo jouait les 2ds rôles derrière Lando Norris, avec une pauvre 4e place contre trois podiums pour le jeune Britannique. Mais à Monza, il a semblé enfin dompter sa MCL35M, dépassant Verstappen dans la 1re chicane. Derrière eux, Hamilton résistait à Norris, qui le dépassait finalement quand le champion du monde était à la lutte avec Verstappen.

Verstappen puis Hamilton ont vécu un ravitaillement très lent, au point d'être côte à côte lorsque le pilote Mercedes est sorti des stands. Arrivés ensemble à la 1re chicane, Verstappen était à l'extérieur d'Hamilton, puis sur Hamilton. Seul le Halo autrefois décrié a sauvé Lewis de blessures certaines – voire pire.

Lorsque la *safety car* s'est retirée, Ricciardo était en tête et Norris subtilisait la 2e place à Charles Leclerc, au grand désespoir des *tifosi*. Le Monégasque devait aussi s'incliner face à Bottas, qui a réalisé une grande course : parti bon dernier, il est parvenu à monter sur le podium, suite à la pénalité de 5s infligée à Sergio Pérez.

Les deux pilotes refusant de céder, Verstappen a terminé sur la voiture d'Hamilton.

MONZA 14e MANCHE — DATE : **12 SEPTEMBRE 2021**

Tours : **53** • Distance : **306,72 km** • Météo : **Chaud et ensoleillé**

Cl.	Pilote	Écurie	Résultat	Arrêts	Chrono qual f.	Grille
1	**Daniel Ricciardo**	McLaren	1h21m54.365s	1	-	2
2	**Lando Norris**	McLaren	1h21m56.112s	1	-	3
3	**Valtteri Bottas** *	Mercedes	1h21m59.286s	1	-	20
4	**Charles Leclerc**	Ferrari	1h22m01.674s	1	-	5
5	**Sergio Pérez** !!	Red Bull	1h22m03.088s	1	-	8
6	**Carlos Sainz Jr.**	Ferrari	1h22m04.900s	1	-	6
7	**Lance Stroll**	Aston Martin	1h22m10.169s	1	-	9
8	**Fernando Alonso**	Alpine	1h22m11.566s	1	-	10
9	**George Russell**	Williams	1h22m14.107s	1	-	14
10	**Esteban Ocon**	Alpine	1h22m15.233s	1	-	12
11	**Nicholas Latifi**	Williams	1h22m18.108s	1	-	13
12	**Sebastian Vettel**	Aston Martin	1h22m18.986s	2	-	11
13	**Antonio Giovinazzi**	Alfa Romeo	1h22m21.581s	2	-	7
14	**Robert Kubica**	Alfa Romeo	1h22m24.134s	1	-	17
15	**Mick Schumacher**	Haas	1h22m45.453s	1	-	18
NC	**Nikita Mazepin**	Haas	41 tours/unité de puissance	3	-	16
NC	**Max Verstappen**	Red Bull	25 tours/collision	0	-	1
NC	**Lewis Hamilton**	Mercedes	25 tours/collision	0	-	4
NC	**Pierre Gasly** !	AlphaTauri	3 tours/suspensions	1	-	19
ND	**Yuki Tsunoda**	AlphaTauri	0 tour/freins	0	-	15

TOUR LE PLUS RAPIDE : **RICCIARDO, 1M24.812S, 245,89 KM/H (53e TOUR)** • LEADERS DE COURSE : **RICCIARDO 1-21 & 27-53, VERSTAPPEN 22, NORRIS 23, HAMILTON 24-25, LECLERC 26** • *** DÉPART DERNIER POUR UTILISATION DE COMPOSANTS D'UNITÉ DE PUISSANCE SUPPLÉMENTAIRES** • **! 5 PLACES DE PÉNALITÉ SUR LA GRILLE POUR REMPLACEMENT DE BOÎTE DE VITESSES** • **!! 5 PLACES DE PÉNALITÉ EN COURSE POUR AVOIR OBTENU UN AVANTAGE EN QUITTANT LA PISTE.**
NB : **GRILLE DÉTERMINÉE PAR L'ORDRE D'ARRIVÉE DE LA COURSE SPRINT**

GP DE RUSSIE

La victoire était promise à Lando Norris jusqu'à ce que la pluie ne fasse son arrivée en fin de course. Privé de son 1re succès en F1, il a vu Lewis Hamilton se faufiler pour remporter une extraordinaire 100e victoire en Grand Prix.

Motivée par ses deux 1res places à Monza, McLaren nourrissait de grands espoirs en Russie et Lando Norris répondait présent en remportant la pole. Dépassé au départ par la Ferrari de Carlos Sainz Jr., le jeune pilote de 21 ans a dû le pourchasser pendant une douzaine de tours pour réussir à le passer.

Max Verstappen ayant débuté à la dernière place à cause d'un changement de moteur (combiné aux 3 places de pénalité reçues en Italie), Hamilton avait l'occasion de reprendre la tête du championnat. 4e sur la grille de départ, il perdait trois places à cause d'un départ lent, derrière George Russell (3e des qualifications), Lance Stroll, Daniel Ricciardo et Fernando Alonso.

Pire pour Hamilton : Verstappen remontait rapidement et s'emparait de la 6e place à mi-course.

Lando Norris avait toutes les cartes en main pour s'imposer, avec 10s d'avance sur Hamilton à cinq tours de l'arrivée. Mais c'est là que la pluie a fait son apparition. Quelques gouttes seulement au début, permettant à Norris de poursuivre son train d'enfer. Verstappen, 7e et sans espoir de rattraper Hamilton (2e), chaussait alors des pneus pluie. L'Anglais l'imitait au tour suivant.

Norris prenait alors la décision qu'il maudira : garder ses pneus slick alors que l'averse s'intensifiait. Sans surprise, et sans adhérence, il était dépassé par Hamilton à deux tours de la fin. La piste était tellement détrempée qu'au moment où il a changé ses pneus, il est reparti des stands en 7e position. Verstappen en avait profité pour limiter les dégâts en terminant 2e.

Charles Leclerc a commis la même erreur que Norris et en a payé le prix en chutant à la 15e place.

SOTCHI 15e MANCHE — DATE : **26 SEPTEMBRE 2021**

Tours : **53** • Distance : **309,74 km** • Météo : **Doux et sec, puis humide**

Cl.	Pilote	Écurie	Résultat	Arrêts	Chrono qualif.	Grille
1	**Lewis Hamilton**	Mercedes	1h30m41.001s	2	1m44.050s	4
2	**Max Verstappen** !!!	Red Bull	1h31m34.272s	2	Pas de temps	20
3	**Carlos Sainz Jr.**	Ferrari	1h31m43.476s	2	1m42.510s	2
4	**Daniel Ricciardo**	McLaren	1h31m46.608s	2	1m44.156s	5
5	**Valtteri Bottas** !!	Mercedes	1h31m48.534s	2	1m44.710s	16
6	**Fernando Alonso**	Alpine	1h32m02.322s	2	1m44.204s	6
7	**Lando Norris**	McLaren	1h32m08.225s	2	1m41.993s	1
8	**Kimi Räikkönen**	Alfa Romeo	1h32m09.956s	2	1m49.586s	13
9	**Sergio Pérez**	Red Bull	1h32m11.077s	2	1m45.337s	8
10	**George Russell**	Williams	1h32m21.552s	2	1m42.983s	3
11	**Lance Stroll** *	Aston Martin	1h32m37.199s	2	1m44.956s	7
12	**Sebastian Vettel**	Aston Martin	52 tours	2	1m46.573s	10
13	**Pierre Gasly**	AlphaTauri	52 tours	2	1m46.641s	11
14	**Esteban Ocon**	Alpine	52 tours	2	1m1m45.865s	9
15	**Charles Leclerc** !!!	Ferrari	52 tours	2	Pas de temps	19
16	**Antonio Giovinazzi** !	Alfa Romeo	52 tours	2	1m51.023s	17
17	**Yuki Tsunoda**	AlphaTauri	52 tours	3	1m46.751s	12
18	**Nikita Mazepin**	Haas	51 tours	2	1m53.764s	15
19	**Nicholas Latifi** !!!	Williams	47 tours/dégâts de crash	2	Pas de temps	18
R	**Mick Schumacher**	Haas	32 tours/p. hydraulique	2	1m49.830s	14

TOUR LE PLUS RAPIDE : **NORRIS, 1M37.423S, 216,09 KM/H (39e TOUR)** • LEADERS DE COURSE : **SAINZ JR. 1-12, NORRIS 13-28 ET 37-50, PÉREZ 29-36, HAMILTON 51-53** • *** 10S DE PÉNALITÉ POUR AVOIR PROVOQUÉ UNE COLLISION** • **! 5 PLACES DE PÉNALITÉ SUR LA GRILLE POUR REMPLACEMENT DE BOÎTE DE VITESSES** • **!! 15 PLACES DE PÉNALITÉ SUR LA GRILLE POUR UTILISATION DE COMPOSANTS D'UNITÉ DE PUISSANCE SUPPLÉMENTAIRES** • **!!! DÉPART EN FOND DE GRILLE POUR UTILISATION DE COMPOSANTS D'UNITÉ DE PUISSANCE SUPPLÉMENTAIRESELEMENTS**

Lewis Hamilton a établi un nouveau record en remportant 100 Grands Prix de F1.

GP DE TURQUIE

Valtteri Bottas a été récompensé de son travail par sa 1er victoire de la saison, quand son coéquipier Lewis Hamilton a quitté la Turquie plein de doutes après une 5e place due à un changement de pneus en fin de course décidée par les stratèges.

Pilote le plus rapide des qualifications, Lewis Hamilton a toutefois dû céder la pole à Valtteri Bottas à cause d'un penalty de 10 places sur la grille de départ, sa monoplace ayant dépassé le nombre de composants d'unité de puissance supplémentaires autorisé. Ce point de règlement, destiné à maîtriser les budgets, n'est évidemment pas très apprécié des fans.

Bottas a bien exploité sa pole en réalisant un bon départ sur une piste mouillée, évitant ainsi la majorité des éclaboussures. Dès le 1er tour, Fernando Alonso entrait en collision avec Pierre Gasly alors qu'ils abordaient le virage à trois avec Sergio Pérez. Ce circuit correspondait bien aux forces de Mercedes et Bottas en a parfaitement profité pour dominer la course et reléguer Max Verstappen à 14s au drapeau à damier.

De son côté, Hamilton remontait progressivement jusqu'à la 5e place, atteinte au 20e tour. Mais là, les choses se compliquaient, car il tombait sur l'excellente défense de Pérez qui ne lâchait rien, même quand la Mercedes semblait l'avoir devancé. Une prestation qui a dû plaire à Red Bull Racing.

Au 42e tour, l'équipe demandait à Hamilton de rentrer aux stands pour bénéficier d'un nouveau train de pneus intermédiaires, mais le pilote choisissait de rester en piste car il était revenu à 5s de Verstappen suite au ravitaillement de Pérez.

Huit tours plus tard, le stratège Pete Bonnington contactait de nouveau Hamilton, qui s'arrêtait cette fois, mais passait de la 3e à la 5e place dans le processus. Par la suite, frustré par ses pneus neufs, Hamilton était à la peine et se retrouvait même en danger de se faire rattraper par l'AlphaTauri de Gasly. Il est parvenu à conserver sa 5e place, mais voyait Verstappen repasser devant lui au classement grâce aux 18 points de sa 2e place.

Au cœur d'une saison médiocre, Bottas s'est offert la victoire à Istanbul.

PARC D'ISTANBUL 16e MANCHE DATE : **10 OCTOBRE 2021**

Tours : **58** • Distance : **309,39 km** • Météo : **Doux mais bruine**

Cl.	Pilote	Écurie	Résultat	Arrêts	Chrono qualif.	Grille
1	**Valtteri Bottas**	Mercedes	1h31m04.103s	1	1m22.998s	1
2	**Max Verstappen**	Red Bull	1h31m18.687s	1	1m23.196s	2
3	**Sergio Pérez**	Red Bull	1h31m37.574s	1	1m23.706s	6
4	**Charles Leclerc**	Ferrari	1h31m41.917s	1	1m23.265s	3
5	**Lewis Hamilton !**	Mercedes	1h31m45.915s	1	1m22.828s	11
6	**Pierre Gasly**	AlphaTauri	1h31m48.395s	1	1m23.326s	4
7	**Lando Norris**	McLaren	1h31m51.316s	1	1m23.954s	7
8	**Carlos Sainz Jr. !!**	Ferrari	1h31m55.629s	1	Pas de temps	19
9	**Lance Stroll**	Aston Martin	1h32m26.121s	1	1m24.305s	8
10	**Esteban Ocon**	Alpine	57 tours	0	1m24.842s	12
11	**Antonio Giovinazzi**	Alfa Romeo	57 tours	1	1m26.430s	16
12	**Kimi Räikkönen**	Alfa Romeo	57 tours	1	1m27.525s	17
13	**Daniel Ricciardo !!**	McLaren	57 tours	1	Pas de temps	20
14	**Yuki Tsunoda**	AlphaTauri	57 tours	1	1m24.368s	9
15	**George Russell**	Williams	57 tours	1	1m25.007s	13
16	**Fernando Alonso**	Alpine	57 tours	1	1m23.477s	5
17	**Nicholas Latifi**	Williams	57 tours	1	1m26.086s	15
18	**Sebastian Vettel**	Aston Martin	57 tours	2	1m24.795s	10
19	**Mick Schumacher**	Haas	56 tours	1	1m25.200s	14
20	**Nikita Mazepin**	Haas	56 tours	1	1m28.449s	18

TOUR LE PLUS RAPIDE : **BOTTAS, 1M30.432S, 212,50 KM/H (58E TOUR)** • LEADERS DE COURSE : **BOTTAS 1-37 & 47-58, LECLERC 38-46**

• ! 10 PLACES DE PÉNALITÉ SUR LA GRILLE POUR UTILISATION DE COMPOSANTS D'UNITÉ DE PUISSANCE SUPPLÉMENTAIRES

• !! DÉPART EN FOND DE GRILLE POUR UTILISATION DE COMPOSANTS D'UNITÉ DE PUISSANCE SUPPLÉMENTAIRES

GP DES ÉTATS-UNIS

Lewis Hamilton et Max Verstappen se sont livré une véritable partie d'échecs, avec un début canon du pilote anglais, mais une meilleure stratégie chez Red Bull Racing qui a permis au Néerlandais de prendre un avantage qu'il conservera jusqu'au bout, malgré des pneus en bout de vie.

Ça a chauffé dans le virage 1 au 1er tour, mais Hamilton a réussi à plonger à l'intérieur pour dépasser le *poleman* Verstappen, qui s'est dès lors accroché aux roues de la Mercedes. Mais dès le 10e tour, il a réalisé le 1er de ses deux arrêts programmés. Un peu précoce pour une course à 56 tours ? Ce pari a été payant, car, lorsqu'Hamilton a ravitaillé trois tours plus tard, il est ressorti des stands derrière le Néerlandais.

Mercedes a alors tenté de se montrer plus malin que Red Bull, mais la piste du COTA, très gourmande en gommes, limitait ses options. Un 2e arrêt précoce obligerait à un 3e changement de pneus : ça n'en valait clairement pas la peine. C'est donc avec des pneus usés que Verstappen s'est accroché à la victoire, remportée pour 1.333s, qui lui donnait 12 points d'avance au championnat.

Sergio Pérez s'est classé 3e alors qu'il était au bord du malaise : il a terminé complètement déshydraté à cause d'une panne de son système de gourde. Il a tenu bon et s'est hissé à la 4e place du classement, devant Lando Norris.

Charles Leclerc a fini au pied du podium après s'être débarrassé de Daniel Ricciardo, tandis que son coéquipier Carlos Sainz Jr. finissait 7e en râlant d'avoir dû rendre une place à Lando Norris plus tôt. Il terminait devant Valtteri Bottas, qui n'a jamais pu se remettre d'une pénalité de 5 places sur la grille de départ.

Alpine a vécu une journée catastrophique, avec l'abandon de ses deux pilotes. D'abord Esteban Ocon, victime d'une collision avec Antonio Giovinazzi (Alfa Romeo) qui a provoqué un changement de nez, puis l'effondrement de l'arrière de sa monoplace. Puis Fernando Alonso pour des dégâts à son aileron arrière pour lesquels il accusera des bosses sur la piste.

CIRCUIT DES AMÉRIQUES 17e MANCHE DATE : **24 OCTOBRE 2021**

Tours : **56** • Distance : **308,40 km** • Météo : **Chaud et ensoleillé**

Cl.	Pilote	Écurie	Résultat	Arrêts	Chrono qualif.	Grille
1	**Max Verstappen**	Red Bull	1h34m36.552s	2	1m32.910s	1
2	**Lewis Hamilton**	Mercedes	1h34m37.885s	2	1m33.119s	2
3	**Sergio Pérez**	Red Bull	1h35m18.775s	2	1m33.134s	3
4	**Charles Leclerc**	Ferrari	1h35m28.798s	2	1m33.606s	4
5	**Daniel Ricciardo**	McLaren	1h35m53.406s	2	1m33.808s	6
6	**Valtteri Bottas** !	Mercedes	1h35m56.680s	2	1m33.475s	9
7	**Carlos Sainz Jr.**	Ferrari	1h36m00.097s	2	1m33.792s	5
8	**Lando Norris**	McLaren	1h36m00.947s	2	1m33.887s	7
9	**Yuki Tsunoda**	AlphaTauri	55 tours	2	1m34.918s	10
10	**Sebastian Vettel** !!	Aston Martin	55 tours	2	1m35.500s	18
11	**Antonio Giovinazzi**	Alfa Romeo	55 tours	2	1m35.794s	12
12	**Lance Stroll**	Aston Martin	55 tours	2	1m35.983s	13
13	**Kimi Räikkönen**	Alfa Romeo	55 tours	2	1m36.311s	15
14	**George Russell** !!	Williams	55 tours	2	Pas de temps	20
15	**Nicholas Latifi**	Williams	55 tours	2	1m35.995s	14
16	**Mick Schumacher**	Haas	54 tours	2	1m36.499s	16
17	**Nikita Mazepin**	Haas	54 tours	3	1m36.796s	17
NC	**Fernando Alonso** !!	Alpine	49 tours/aile	3	1m44.549s	19
NC	**Esteban Ocon**	Alpine	40 tours/arrière	2	1m35.377s	11
NC	**Pierre Gasly**	AlphaTauri	14 tours/suspensions	1	1m34.118s	8

TOUR LE PLUS RAPIDE : **HAMILTON, 1M38.485S, 201,52 KM/H (41e TOUR)** • LEADERS DE COURSE : **HAMILTON 1-13 ET 30-37, VERSTAPPEN 14-29 ET 38-56** • **! 5 PLACES DE PÉNALITÉ SUR LA GRILLE POUR UTILISATION DE COMPOSANTS D'UNITÉ DE PUISSANCE SUPPLÉMENTAIRES** • **!! DÉPART EN FOND DE GRILLE POUR UTILISATION DE COMPOSANTS D'UNITÉ DE PUISSANCE SUPPLÉMENTAIRES**

Hamilton a mené au COTA, mais Red Bull Racing a aidé Verstappen à reprendre la tête – et la conserver.

GP DU MEXIQUE

Alors que l'altitude devait donner un avantage aux monoplaces Red Bull Racing, elles n'ont même pas accroché la 1re ligne, contrairement aux Mercedes. Mais Verstappen a rectifié le tir dès le 1er virage et ça en était fini : Lewis Hamilton n'a pas trouvé la parade.

Un débat faisait rage avant le GP : l'air raréfié de Mexico risquait d'avantager les Red Bull et leurs lignes de coupe plus élevées. Ce consensus a volé en éclats dès les qualifications, quand les Mercedes ont pris les deux 1res places, avec la pole pour Valtteri Bottas.

Mais la course a sa propre vérité. Le Finlandais manquait son départ, permettant à Verstappen de prendre son aspiration et de le rejoindre au 1er virage, que les trois monoplaces abordaient côte à côte. Il a ensuite fait l'extérieur à Bottas, qui était embouti par Daniel Ricciardo – victime d'un blocage de roue et bon pour un changement de nez aux stands. Bottas s'arrêtait également pour chausser des gommes dures. Non sans subir les reproches de son chef d'écurie Toto Wolff, qui estimait qu'il aurait dû fermer la porte à Verstappen dans ce virage 1 en occupant la gauche de la piste.

Dans le feu de l'action, il aurait été facile de ne pas voir le petit miracle vécu par Esteban Ocon, pris en sandwich par Yuki Tsunoda et Mick Schumacher, tous deux contraints à l'abandon alors que le Français a pu continuer.

Verstappen a géré la course, et vu l'écart qu'il avait creusé avec Hamilton, le principal intérêt résidait dans la capacité de Sergio Pérez à dépasser le Britannique. Poussé par tous les fans mexicains, il ratait cet exploit d'un rien.

McLaren a vécu un dimanche compliqué, entre le retour aux stands de Ricciardo pour changer son nez et la pénalité touchant Lando Norris qui a dû débuter en fond de grille. Grâce aux améliorations de son système hybride, Ferrari a tiré son épingle du jeu (Charles Leclerc 5e, Carlos Sainz Jr. 6e) et repris la 3e place du classement des constructeurs.

Max Verstappen en tête alors que Valtteri Bottas fait un tête-à-queue au 1er tour du GP du Mexique.

MEXICO 18e MANCHE — DATE : **7 NOVEMBRE 2021**

Tours : **71** • Distance : **305,35 km** • Météo : **Doux et ensoleillé**

Cl.	Pilote	Écurie	Résultat	Arrêts	Chrono qualif.	Grille
1	**Max Verstappen**	Red Bull	1h38m39.086s	1	1m16.225s	3
2	**Lewis Hamilton**	Mercedes	1h38m55.641s	1	1m16.020s	2
3	**Sergio Pérez**	Red Bull	1h38m56.838s	1	1m16.342s	4
4	**Pierre Gasly**	AlphaTauri	1h39m42.931s	1	1m16.456s	5
5	**Charles Leclerc**	Ferrari	1h40m00.123s	1	1m16.837s	8
6	**Carlos Sainz Jr.**	Ferrari	70 tours	1	1m16.761s	6
7	**Sebastian Vettel**	Aston Martin	70 tours	1	1m17.746s	9
8	**Kimi Räikkönen**	Alfa Romeo	70 tours	1	1m17.958s	10
9	**Fernando Alonso**	Alpine	70 tours	1	1m18.452s	12
10	**Lando Norris** !	McLaren	70 tours	1	1m36.830s	18
11	**Antonio Giovinazzi**	Alfa Romeo	70 tours	1	1m18.290s	11
12	**Daniel Ricciardo**	McLaren	70 tours	2	1m16.763s	7
13	**Esteban Ocon** !	Alpine	70 tours	1	1m18.405s	19
14	**Lance Stroll** *!	Aston Martin	69 tours	2	1m20.873s	20
15	**Valtteri Bottas**	Mercedes	69 tours	4	1m15.875s	1
16	**George Russell** *	Williams	69 tours	1	1m18.172s	16
17	**Nicholas Latifi**	Williams	69 tours	2	1m18.756s	13
18	**Nikita Mazepin**	Haas	68 tours	2	1m19.303s	15
NC	**Mick Schumacher**	Haas	0 tour/collision	0	1m18.858s	14
NC	**Yuki Tsunoda** !	AlphaTauri	0 tour/collision	0	1m17.158s	17

TOUR LE PLUS RAPIDE : **BOTTAS, 1M17.774S, 199,22 KM/H (69e TOUR)** • LEADERS DE COURSE : **VERSTAPPEN 1-33 ET 40-71, PÉREZ 34-39.**

*** 5 PLACES DE PÉNALITÉ SUR LA GRILLE POUR REMPLACEMENT DE BOÎTE DE VITESSES • ! DÉPART EN FOND DE GRILLE POUR UTILISATION DE COMPOSANTS D'UNITÉ DE PUISSANCE SUPPLÉMENTAIRES**

GP DE SÃO PAULO

Lewis Hamilton estime que cette victoire est encore plus belle que les 100 précédentes. Il a en effet dû remonter l'équivalent de 25 places de pénalité avant de remporter un duel musclé avec Verstappen pour s'imposer.

L'aileron arrière de la Mercedes de Lewis Hamilton ne respectant pas les limites fixées en fonctionnement DRS, le pilote a été disqualifié et relégué à la dernière place de la grille. Heureusement pour lui, il s'agissait des qualifications pour la course sprint, et non pour la course en elle-même.

Conduisant comme un homme possédé, il a dépassé ses adversaires les uns après les autres pour décrocher la 5e place. Mais il avait alors besoin de composants d'unité de puissance supplémentaires, ce qui lui a valu 5 places de pénalité : il occuperait donc la 10e position sur la grille de départ, tandis que Valtteri Bottas obtenait la pole devant Max Verstappen.

Le Finlandais n'a toutefois pas profité de cet avantage, car Verstappen le dépassait dès le départ. Hamilton faisait encore plus fort, en gagnant quatre places avant la fin du 1er tour. Il continuait sa progression, aidé par Bottas qui le laissait passer, avant de devoir lutter pour passer Sergio Pérez. Il ne restait ensuite plus devant lui que Verstappen, et le nouveau moteur Mercedes donnait au Britannique un avantage certain dans les lignes droites.

L'écart se réduisait jusqu'à ce qu'Hamilton vire le nez en tête dans la Curva do Sol, au 78e tour. Ensuite, il s'est placé à l'extérieur du Descida do Lago – la courbe à gauche au pied de la colline – quand Verstappen a mal abordé son virage. Soit il a freiné trop tard, soit n'a pas assez braqué, mais le résultat était le même : ils viraient tous les deux en dehors du virage, avant de regagner la piste. Toto Wolff, le directeur de l'écurie allemande, demandait une sanction pour Verstappen, mais les commissaires refusaient.

Mais Hamilton était trop rapide et il finissait par passer pour terminer avec 10s d'avance sur Verstappen. Au terme de cette course mémorable, l'Anglais revenait à 14 points du leader à trois courses de la fin.

INTERLAGOS 19e MANCHE — DATE : **14 NOVEMBRE 2021**

Tours : **71** • Distance : **305,87 km** • Météo : **Chaud et ensoleillé**

Cl.	Pilote	Écurie	Résultat	Arrêts	Chrono qualif.	Grille
1	**Lewis Hamilton** !	Mercedes	1h32m22.851s	2	-	10
2	**Max Verstappen**	Red Bull	1h32m33.347s	2	-	2
3	**Valtteri Bottas**	Mercedes	1h32m36.427s	2	-	1
4	**Sergio Pérez**	Red Bull	1h33m02.791s	3	-	4
5	**Charles Leclerc**	Ferrari	1h33m12.368s	2	-	6
6	**Carlos Sainz Jr.**	Ferrari	1h33m14.671s	2	-	3
7	**Pierre Gasly**	AlphaTauri	70 tours	2	-	7
8	**Esteban Ocon**	Alpine	70 tours	1	-	8
9	**Fernando Alonso**	Alpine	70 tours	1	-	12
10	**Lando Norris**	McLaren	70 tours	2	-	5
11	**Sebastian Vettel**	Aston Martin	70 tours	2	-	9
12	**Kimi Räikkönen** !!	Alfa Romeo	70 tours	2		20
13	**George Russell**	Williams	70 tours	2	-	17
14	**Antonio Giovinazzi**	Alfa Romeo	70 tours	2	-	13
15	**Yuki Tsunoda**	AlphaTauri	70 tours	2	-	15
16	**Nicholas Latifi**	Williams	70 tours	2	-	16
17	**Nikita Mazepin**	Haas	69 tours	1	-	19
18	**Mick Schumacher**	Haas	69 tours	3	-	18
NC	**Daniel Ricciardo**	McLaren	49 tours/alim. électrique	1	-	11
NC	**Lance Stroll**	Aston Martin	47 tours/dégâts de crash	1	-	14

TOUR LE PLUS RAPIDE : **PÉREZ, 1M11.010S, 218,45 KM/H (71e TOUR)** • LEADERS DE COURSE : **VERSTAPPEN 1-27, 31-39 ET 44-58, BOTTAS 28-30, HAMILTON 40-43 ET 59-71** • **! 5 PLACES DE PÉNALITÉ SUR LA GRILLE POUR UTILISATION DE COMPOSANTS D'UNITÉ DE PUISSANCE SUPPLÉMENTAIRES** • **!! DÉPART EN FOND DE GRILLE EN RAISON D'UNE MODIFICATION DE LA MONOPLACE EN PARC FERMÉ**

Max Verstappen emmène Lewis Hamilton hors de piste au virage Descida do Lago.

GP DU QATAR

Lewis Hamilton a remporté une 2e victoire consécutive en dominant de bout en bout pour revenir sur Max Verstappen au sommet du classement. Au volant de son Alpine, Fernando Alonso a terminé derrière le duo de tête, décrochant son 1er podium depuis 2014.

Lors de la préparation de ce 3e Grand Prix en trois week-ends, la tension est encore montée d'un cran entre Mercedes et Red Bull Racing, dont les patrons Toto Wolff et Christian Horner multipliaient les piques. Mais la 1re manche du Championnat du monde organisée au Qatar sera mémorable pour d'autres raisons.

La 1re, c'est la domination d'Hamilton en qualifications comme en course. La 2e, c'est la remontée de Verstappen, 2e d'une course qu'il avait commencé en 7e position à cause d'une pénalité de cinq places. La 3e, c'est l'accusation par Horner d'un commissaire « renégat » qui a sorti un double drapeau jaune qui ne s'est affiché ni sur le volant de Verstappen, ni sur les panneaux de bord de piste : le pilote n'en a donc pas tenu compte et a été pénalisé. La dernière, ce sont les crevaisons dont ont été victimes trois des monoplaces, provoquant notamment l'abandon de Valtteri Bottas, dont le véhicule avait trop souffert durant le trajet retour jusqu'aux stands.

Le scénario de la course est simple : Hamilton est parti en pole et arrivé le 1er. Verstappen savait qu'il devait grappiller des places rapidement, ce qu'il a fait jusqu'à dépasser l'AlphaTauri de Pierre Gasly pour prendre la 2e place dès le 5e tour. Après cela, plus personne n'a revu le duo de tête, qui a même eu le loisir de faire un 2e ravitaillement sans risquer d'être rattrapé.

L'unique suspense concernait la 3e place, finalement décrochée par Alonso, qui résistait bien au retour de Sergio Pérez, aux gommes pourtant plus fraîches, sa Red Bull ayant fait deux arrêts. Et, pour conclure cette belle journée pour Alpine, Esteban Ocon terminait à la 5e place.

Lewis Hamilton a pris la tête d'entrée dans le GP du Qatar inaugural à Losail.

LOSAIL 20e MANCHE

DATE : **21 NOVEMBRE 2021**

Tours : **57** • Distance : **306,66 km** • Météo : **Doux et sec**

Cl.	Pilote	Écurie	Résultat	Arrêts	Chrono qualif.	Grille
1	**Lewis Hamilton**	Mercedes	1h24m28.471s	2	1m20.827s	1
2	**Max Verstappen** !!	Red Bull	1h24m54.214s	3	1m21.424s	7
3	**Fernando Alonso**	Alpine	1h25m27.928s	1	1m21.670s	3
4	**Sergio Pérez**	Red Bull	1h25m30.777s	2	1m22.346s	11
5	**Esteban Ocon**	Alpine	1h25m49.041s	1	1m22.028s	9
6	**Lance Stroll**	Aston Martin	1h25m49.745s	1	1m22.460s	12
7	**Carlos Sainz Jr.**	Ferrari	1h25m50.382s	1	1m21.840s	5
8	**Charles Leclerc**	Ferrari	1h25m51.597s	1	1m22.463s	13
9	**Lando Norris**	McLaren	56 tours	2	1m21.731s	4
10	**Sebastian Vettel**	Aston Martin	56 tours	1	1m22.785s	10
11	**Pierre Gasly**	AlphaTauri	56 tours	2	1m21.640s	2
12	**Daniel Ricciardo**	McLaren	56 tours	1	1m22.597s	14
13	**Yuki Tsunoda**	AlphaTauri	56 tours	2	1m21.881s	8
14	**Kimi Räikkönen**	Alfa Romeo	56 tours	2	1m23.156s	16
15	**Antonio Giovinazzi**	Alfa Romeo	56 tours	2	1m23.262s	18
16	**Mick Schumacher**	Haas	56 tours	1	1m23.407s	19
17	**George Russell**	Williams	55 tours	2	1m22.756s	15
18	**Nikita Mazepin**	Haas	55 tours	1	1m25.859s	20
NC	**Nicholas Latifi**	Williams	50 tours/crevaison	1	1m23.213s	17
NC	**Valtteri Bottas** !	Mercedes	48 tours/dégâts	2	1m21.478s	6

TOUR LE PLUS RAPIDE : **VERSTAPPEN, 1M23.196S, 232,79 KM/H (57e TOUR)** • LEADERS DE COURSE : **HAMILTON 1-57.**
! 3 PLACES DE PÉNALITÉ SUR LA GRILLE POUR AVOIR IGNORÉ UN DRAPEAU JAUNE • !! 5 PLACES DE PÉNALITÉ POUR AVOIR IGNORÉ UN DOUBLE DRAPEAU JAUNE

GP D'ARABIE SAOUDITE

Lewis Hamilton et Max Verstappen se sont livré un duel sans merci dans une véritable pièce dramatique en trois actes, après deux drapeaux rouges qui ont bénéficié à l'un puis à l'autre. Hamilton s'est finalement imposé pour proposer une finale palpitante dans l'ultime manche.

Pour lancer ce week-end à rebondissements, Verstappen survolait les qualifications jusqu'au dernier virage, où il a abîmé sa monoplace. Hamilton en profitait pour prendre la pole et son rival la 3e place, derrière Valtteri Bottas.

Malgré un départ sans accrochage, Mick Schumacher percutait le mur : la *safety car* était de sortie. Tous les pilotes s'arrêtaient aux stands, sauf Verstappen, alors 3e. Quand le drapeau rouge était sorti, cela ressemblait soudain à un coup de génie, car il pouvait désormais chausser des pneus durs et conserver la tête au redémarrage. Hamilton pestait contre la nécessité de cet arrêt.

Nouveau départ : Hamilton faisait l'intérieur à Verstappen, obligé de faire un écart mais qui revenait sur la piste devant l'Anglais au virage 2. Derrière eux, Bottas déclenchait une réaction en chaîne, avec un tête-à-queue de Sergio Pérez sur un contact avec Charles Leclerc et la collision de Nikita Mazepin contre George Russell. 2e drapeau rouge. Verstappen devait rendre une place acquise hors piste, ce qui permettait à Esteban Ocon de partir en pole pour ce 2e redémarrage, devant Hamilton. Au feu vert, Verstappen utilisait ses gommes médium pour dépasser Hamilton et Ocon. Lewis reprenait rapidement la 2e place et se mettait en chasse de la Red Bull. Après une *safety car* virtuelle, déclenchée par Yuki Tsunoda, Hamilton repassait à l'attaque. Un contact entre les véhicules envoyait Verstappen hors de la piste et il devait rendre la place à Hamilton. Mais lorsqu'il ralentissait pour le faire, Hamilton, qui n'avait pas été prévenu, l'emboutissait ! Finalement, Verstappen lui rendait la 1re place… avant de la reprendre dans la foulée. Mais à la fin, Hamilton utilisait le DRS pour reprendre la tête. Vu l'usure de ses pneus, Verstappen décidait de se contenter de la 2e place.

DJEDDAH 21e MANCHE — DATE : **5 DÉCEMBRE 2021**

Tours : **50** • Distance : **308,70 km** • Météo : **Doux et sec**

Cl.	Pilote	Écurie	Résultat	Arrêts	Chrono qualif.	Grille
1	**Lewis Hamilton**	Mercedes	2h06m15.118s	3	1m27.511s	1
2	**Max Verstappen** * !!	Red Bull	2h06m36.943s	2	1m27.653s	3
3	**Valtteri Bottas**	Mercedes	2h06m42.649s	3	1m27.622s	2
4	**Esteban Ocon**	Alpine	2h06m42.751s	2	1m28.647s	9
5	**Daniel Ricciardo**	McLaren	2h06m55.239s	2	1m28.668s	11
6	**Pierre Gasly**	AlphaTauri	2h06m56.731s	2	1m28.125s	6
7	**Charles Leclerc**	Ferrari	2h06m59.593s	3	1m28.054s	4
8	**Carlos Sainz Jr.**	Ferrari	2h07m01.724s	2	1m53.652s	15
9	**Antonio Giovinazzi**	Alfa Romeo	2h07m13.623s	2	1m28.754s	10
10	**Lando Norris**	McLaren	2h07m16.476s	3	1m28.180s	7
11	**Lance Stroll**	Aston Martin	2h07m32.330s	3	1m29.368s	18
12	**Nicholas Latifi**	Williams	2h07m38.367s	3	1m29.177s	16
13	**Fernando Alonso**	Alpine	49 tours	4	1m28.920s	13
14	**Yuki Tsunoda** !	AlphaTauri	49 tours	3	1m28.442s	8
15	**Kimi Räikkönen**	Alfa Romeo	49 tours	3	1m28.885s	12
NC	**Sebastian Vettel**	Aston Martin	44 tours/Dégâts de crash	0	1m29.198s	17
NC	**Sergio Pérez**	Red Bull	14 tours/accident	0	1m28.123s	5
NC	**George Russell**	Williams	14 tours/accident	2	1m29.054s	14
NC	**Nikita Mazepin**	Haas	14 tours/accident	0	1m30.473s	20
NC	**Mick Schumacher**	Haas	8 tours/accident	0	1m29.464s	19

TOUR LE PLUS RAPIDE : **HAMILTON, 1M30.734S, 244,96 KM/H (47e TOUR)** • LEADERS DE COURSE : **HAMILTON 1-10 ET 43-50, VERSTAPPEN 11-15 ET 17-42, OCON 16** • *** 5S DE PÉNALITÉ POUR AVOIR OBTENU UN AVANTAGE EN QUITTANT LA PISTE • ! 5S DE PÉNALITÉ POUR AVOIR PROVOQUÉ UNE COLLISION • !! 10-10S DE PÉNALITÉ POUR AVOIR PROVOQUÉ UNE COLLISION**

Verstappen plonge à l'intérieur d'Hamilton et d'Esteban Ocon lors du 2e redémarrage.

GP D'ABU DHABI

Certains craignaient un accrochage entre Max Verstappen et Lewis Hamilton au 1er tour, mais il n'en fut rien. C'est en revanche dans l'ultime tour que tout s'est joué, pour la victoire mais également pour le titre, pour le plus grand plaisir du Néerlandais.

La dynamique était du côté de Mercedes, mais Max Verstappen réalisait un tour de qualification ébouriffant pour prendre la pole pour 0.3s. Il gaspillait cet avantage en patinant au départ, laissant Hamilton prendre la tête, mais le Néerlandais réagissait en plongeant dans le virage 7 pour le dépasser. Hamilton sortait de piste et recevait l'autorisation de conserver sa 1re place, au grand dam de Red Bull Racing.

Verstappen, qui avait démarré en pneus tendres, s'arrêtait le 1er, au 13e tour. Hamilton l'imitait au tour suivant et repartait en tête pour creuser l'écart, réaffirmant la supériorité des Mercedes démontrée dans les trois manches précédentes.

Coéquipier exemplaire, Sergio Pérez restait en piste, ce qui lui permettait de prendre la tête et de ralentir Hamilton, dont l'avance sur Verstappen passait de 7s à 1s en deux tours. Le Néerlandais, désormais 2e, voyait Hamilton s'envoler, mais l'écurie décidait d'attendre pour le rappeler aux stands.

C'était fait au 37e tour et Verstappen en ressortait toujours 2e, mais avec 17s de retard à 20 tours de la fin. Il grappillait du temps, mais pas assez : Hamilton gérait parfaitement et il fallait « un miracle » à Red Bull, comme l'admettait son patron Christian Horner à 10 tours du terme.

Il était entendu : Nicholas Latifi rentrait dans les barrières au 51e tour, déclenchant la sortie de la *safety car*. S'ensuivait une confusion sur la possibilité des retardataires de la dépasser ou non. Elles le pourront, mais pas toutes : le directeur de course Michael Masi accélérait la procédure pour autoriser un ultime tour de piste. Verstappen le débutait dans la roue d'Hamilton et le terminait devant lui après son magnifique dépassement au virage 5. Le Batave remportait sa 1re couronne, malgré les protestations de Mercedes.

Lewis Hamilton félicite Max Verstappen après un final inoubliable au GP d'Abu Dhabi.

YAS MARINA 22e MANCHE DATE : 12 DÉCEMBRE 2021

Tours : **58** • Distance : **306,29 km** • Météo : **Doux et sec**

CL	Pilote	Écurie	Résultat	Arrêts	Chrono qualif.	Grille
1	**Max Verstappen**	Red Bull	1h30m17.345s	3	1m22.109s	1
2	**Lewis Hamilton**	Mercedes	1h30m19.601s	1	1m22.480s	2
3	**Carlos Sainz Jr.**	Ferrari	1h30m22.518s	1	1m22.992s	5
4	**Yuki Tsunoda**	AlphaTauri	1h30m23.037s	2	1m23.220s	8
5	**Pierre Gasly**	AlphaTauri	1h30m23.876s	2	1m24.043s	12
6	**Valtteri Bottas**	Mercedes	1h30m24.808s	1	1m23.036s	6
7	**Lando Norris**	McLaren	1h31m16.545s	2	1m22.931s	3
8	**Fernando Alonso**	Alpine	1h31m19.053s	1	1m23.460s	11
9	**Esteban Ocon**	Alpine	1h31m21.371s	1	1m23.389s	9
10	**Charles Leclerc**	Ferrari	1h31m23.402s	2	1m23.122s	7
11	**Sebastian Vettel**	Aston Martin	1h31m24.872s	1	1m24.305s	15
12	**Daniel Ricciardo**	McLaren	57 tours	2	1m23.409s	10
13	**Lance Stroll**	Aston Martin	57 tours	2	1m24.066s	13
14	**Mick Schumacher**	Haas	57 tours	2	1m24.906s	19
15	**Sergio Pérez**	Red Bull	55 tours/p. mécanique	3	1m22.947s	4
NC	**Nicholas Latifi**	Williams	50 tours/accident	1	1m24.338s	16
NC	**Antonio Giovinazzi**	Alfa Romeo	33 tours/boîte de vitesses	0	1m24.251s	14
NC	**George Russell**	Williams	26 tours/boîte de vitesses	1	1m24.423s	17
NC	**Kimi Räikkönen**	Alfa Romeo	25 tours/freins	1	1m24.779s	18
ND	**Nikita Mazepin**	Haas	0 tour/Covid-19	0	1m25.685s	20

TOUR LE PLUS RAPIDE : **VERSTAPPEN, 1M26.103S, 220,80 KM/H (39e TOUR)** • LEADERS DE COURSE : **HAMILTON 1-14 & 21-57, PEREZ 15-20, VERSTAPPEN 58**

RÉSULTATS FINAUX 2021

Cl.	PILOTE	NAT	MONOPLACE-MOTEUR	M1	M2	M3	M4	M5	M6
1	MAX VERSTAPPEN	NED	RED BULL-HONDA RB16B	2P	1	2	2T	1	18T
2	LEWIS HAMILTON	GBR	MERCEDES F1 W12	1	2PT	1	1P	7T	15
2	VALTTERI BOTTAS	FIN	MERCEDES F1 W12	3T	A	3PT	3	A	12
4	SERGIO PÉREZ	MEX	RED BULL-HONDA RB16B	5	11	4	5	4	1
5	CARLOS SAINZ JR.	ESP	FERRARI SF21	8	5	11	7	2	8
6	LANDO NORRIS	GBR	McLAREN-MERCEDES MCL35M	4	3	5	8	3	5
7	CHARLES LECLERC	MON	FERRARI SF21	6	4	6	4	NDP	4P
8	DANIEL RICCIARDO	AUS	McLAREN-MERCEDES MCL35M	7	6	9	6	12	9
9	PIERRE GASLY	FRA	ALPHATAURI-HONDA AT02	17	7	10	10	6	3
10	FERNANDO ALONSO	ESP	ALPINE-RENAULT A521	A	10	8	17	13	6
11	ESTEBAN OCON	FRA	ALPINE-RENAULT A521	13	9	7	9	9	A
12	SEBASTIAN VETTEL	GER	ASTON MARTIN-MERCEDES AMR21	15	15	13	13	5	2
13	LANCE STROLL	CDN	ASTON MARTIN-MERCEDES AMR21	10	8	14	11	8	A
14	YUKI TSUNODA	JAP	ALPHATAURI-HONDA AT02	9	12	15	A	16	7
15	GEORGE RUSSELL	GBR	WILLIAMS-MERCEDES FW43B	14	A	16	14	14	17
16	KIMI RÄIKKÖNEN	FIN	ALFA ROMEO-FERRARI C41	11	13	A	12	11	10
17	NICHOLAS LATIFI	CDN	WILLIAMS-MERCEDES FW43B	18	A	18	16	15	16
18	ANTONIO GIOVINAZZI	ITA	ALFA ROMEO-FERRARI C41	12	14	12	15	10	11
19	MICK SCHUMACHER	GER	HAAS-FERRARI VF-21	16	16	17	18	18	13
20	ROBERT KUBICA	POL	ALFA ROMEO-FERRARI C41	-	-	-	-	-	-
21	NIKITA MAZEPIN	RUS	HAAS-FERRARI VF-21	A	17	19	19	17	14

GP	POINTS	SPRINT	
1er	25 points	1er	3 points
2e	18 points	2e	2 points
3e	15 points	3e	1 point
4e	12 points		
5e	10 points		
6e	8 points		
7e	6 points		
8e	4 points		
9e	2 points		
10e	1 point		

Tour le plus rapide :
1 point (uniquement pour les 10 1ers)

Cl.	MONOPLACE-MOTEUR	M1	M2	M3	M4	M5	M6
1	MERCEDES (+10 T, +9 S#)	1/3	2/A	1/3	1/3	7/A	12/15
2	RED BULL-HONDA (+8 T, +7 S#)	2/5	1/11	2/4	2/5	1/4	1/18
3	FERRARI (+1 S#)	6/8	4/5	6/11	4/7	2/ND	4/8
4	McLAREN-MERCEDES (+2 T, +1 S#)	4/7	3/6	5/9	6/8	3/12	5/9
5	ALPINE-RENAULT	13/A	9/10	7/8	9/17	9/13	6/A
6	ALPHATAURI-HONDA (+1 T)	9/17	7/12	10/15	10/A	6/16	3/7
7	ASTON MARTIN-MERCEDES	10/15	8/15	13/14	11/13	5/8	2/A
8	WILLIAMS-MERCEDES	14/18	A/A	16/18	14/16	14/15	16/17
9	ALFA ROMEO-FERRARI	11/12	13/14	12/A	12/15	10/11	10/11
10	HAAS-FERRARI	16/A	16/17	17/19	18/19	17/18	13/14

SYMBOLES ET LÉGENDES DES GRANDS PRIX

MANCHE 1 GP DU BAHREÏN
MANCHE 2 GP D'ÉMILIE-ROMAGNE
MANCHE 3 GP DU PORTUGAL
MANCHE 4 GP D'ESPAGNE
MANCHE 5 GP DE MONACO
MANCHE 6 GP D'AZERBAÏDJAN
MANCHE 7 GP DE FRANCE
MANCHE 8 GP DE STYRIE
MANCHE 9 GP D'AUTRICHE
MANCHE 10 GP DU ROYAUME-UNI
MANCHE 11 GP DE HONGRIE
MANCHE 12 GP DE BELGIQUE
MANCHE 13 GP DES PAYS-BAS
MANCHE 14 GP D'ITALIE
MANCHE 15 GP DE RUSSIE
MANCHE 16 GP DE TURQUIE
MANCHE 17 GP DES ÉTATS-UNIS
MANCHE 18 GP DU MEXIQUE
MANCHE 19 GP DE SÃO PAULO
MANCHE 20 GP DU QATAR
MANCHE 21 GP D'ARABIE SAOUDITE
MANCHE 22 GP D'ABU DHABI

DQ DISQUALIFIÉ **T** TOUR LE PLUS RAPIDE **NC** NON CLASSÉ **ND** N'A PAS DÉBUTÉ **P** POLE POSITION **A** ABANDON **S#** SPRINT **R** RETRAIT

M7	M8	M9	M10	M11	M12	M13	M14	M15	M16	M17	M18	M19	M20	M21	M22	TOTAL
1PT	1P	1PT	APS[1]	9	1P	1	AS[2]	2	2	1P	1	2S[2]	2T	2	1PT	395.5
2	2T	4	1S[2]	2P	3	2T	A	1	5	2T	2	1	1P	1PT	2	387.5
4	3	2	3S[3]	A	12	3	3S[1]	5	1PT	6	15PT	3PS[1]	A	3	6	226
3	4	6	16T	A	19	8	5	9	3	3	3	4T	4	A	15	190
11	6	5	6	3	10	7	6	3	8	7	6	6S[3]	7	8	3	164.5
5	5	3	4	A	14	10	2	7PT	7	8	10	10	9	10	7	160
16	7	8	2	A	8	5	4	15	4	4	5	5	8	7	10	159
6	13	7	5	11	4	11	1PTS[3]	4	13	5	12	A	12	5	12	115
7	A	9	11	5T	6	4	A	13	6	A	4	7	11	6	5	110
8	9	10	7	4	11	6	8	6	16	A	9	9	3	13	8	81
14	14	A	9	1	7	9	10	14	10	A	13	8	5	4	9	74
9	12	17	A	DQ2	5	13	12	12	18	10	7	11	10	A	11	43
10	8	13	8	A	20	12	7	11	9	12	14	A	6	11	13	34
13	10	12	10	6	15	A	ND	17	14	9	A	15	13	14	4	32
12	A	11	12	8	2	17	9	10	15	14	16	13	17	A	A	16
17	11	15	15	10	18	-	-	8	12	13	8	12	14	15	A	10
18	17	16	14	7	9	16	11	19	17	15	17	16	A	12	A	7
15	15	14	13	13	13	14	13	16	11	11	11	14	15	9	A	3
19	16	18	18	12	16	18	15	A	19	16	A	18	16	A	14	0
-	-	-	-	-	-	15	14	-	-	-	-	-	-	-	-	0
20	18	19	17	A	17T	A	A	18	20	17	18	17	18	A	ND	0

M7	M8	M9	M10	M11	M12	M13	M14	M15	M16	M17	M18	M19	M20	M21	M22	TOTAL
2/4	2/3	2/4	1/3	2/A	3/12	2/3	3/A	1/5	1/5	2/6	2/15	1/3	1/A	1/3	2/6	613.5
1/3	1/4	1/6	16/A	9/A	1/19	1/8	5/A	2/9	2/3	1/3	1/3	2/4	2/4	2/A	1/15	585.5
11/16	6/7	5/8	2/6	3/A	8/10	5/7	4/6	3/15	4/8	4/7	5/6	5/6	7/8	7/8	3/10	323.5
5/6	5/13	3/7	4/5	11/A	4/14	10/11	1/2	4/7	7/13	5/8	10/12	10/A	9/12	5/10	7/12	275
8/14	9/14	10/A	7/9	1/4	7/11	6/9	8/10	6/14	10/16	A/A	9/13	8/9	3/5	4/13	8/9	155
7/13	10/A	9/12	10/11	5/6	6/15	4/A	A/ND	13/17	6/14	9/A	4/A	7/15	11/13	6/14	4/5	142
9/10	8/12	13/17	8/A	DQ/A	5/20	12/13	7/12	11/12	9/18	10/12	7/14	11/A	6/10	11/A	11/13	77
12/18	17/A	11/16	12/14	7/8	2/9	16/17	9/11	10/19	15/17	14/15	16/17	17/18	16/18	12/A	A/A	23
15/17	11/15	14/15	13/15	10/13	13/18	14/15	13/14	8/16	11/12	11/13	8/11	12/14	14/15	9/15	A/A	13
19/20	16/18	18/19	17/18	12/A	16/17	18/A	15/A	18/A	19/20	16/17	18/A	17/18	16/18	A/A	14/ND	0

» RECORDS EN FORMULE 1

PLUS GRAND NOMBRE DE DÉPARTS

PILOTES

349	Kimi Räikkönen	(FIN)
336	Fernando Alonso	(SPA)
325	Rubens Barrichello	(BRA)
308	Michael Schumacher	(GER)
307	Jenson Button	(GBR)
288	Lewis Hamilton	(GBR)
280	Sebastian Vettel	(GER)
270	Felipe Massa	(BRA)
256	Riccardo Patrese	(ITA)
	Jarno Trulli	(ITA)
247	David Coulthard	(GBR)
230	Giancarlo Fisichella	(ITA)
216	Mark Webber	(AUS)
213	Sergio Pérez	(MEX)
210	Gerhard Berger	(AUT)
	Daniel Ricciardo	(AUS)
208	Andrea de Cesaris	(ITA)
206	Nico Rosberg	(GER)
204	Nelson Piquet	(BRA)
201	Jean Alesi	(FRA)
199	Alain Prost	(FRA)
194	Michele Alboreto	(ITA)
190	Jacques Laffite	(FRA)
187	Nigel Mansell	(GBR)
182	Nico Hulkenberg	(GER)
181	Romain Grosjean	(FRA)
180	Ralf Schumacher	(GER)
178	Valtteri Bottas	(FIN)
176	Graham Hill	(GBR)
175	Jacques Laffite	(FRA)
171	Niki Lauda	(AUT)
165	Jacques Villeneuve	(CDN)
163	Thierry Boutsen	(BEL)
162	Mika Häkkinen	(FIN)
	Johnny Herbert	(GBR)
161	Ayrton Senna	(BRA)
159	Heinz-Harald Frentzen	(GER)
158	Martin Brundle	(GBR)
	Olivier Panis	(FRA)
152	John Watson	(GBR)
149	René Arnoux	(FRA)
147	Eddie Irvine	(GBR)
	Derek Warwick	(GBR)
146	Carlos Reutemann	(ARG)
144	Emerson Fittipaldi	(BRA)
141	Carlos Sainz Jr.	(SPA)
	Max Verstappen	(NED)
135	Jean-Pierre Jarier	(FRA)
132	Eddie Cheever	(USA)
	Clay Regazzoni	(SWI)
128	Mario Andretti	(USA)
	Adrian Sutil	(GER)
126	Jack Brabham	(AUS)
123	Ronnie Peterson	(SWE)
120	Kevin Magnussen	(DEN)
119	Pierluigi Martini	(ITA)
116	Damon Hill	(GBR)
	Jacky Ickx	(BEL)
	Alan Jones	(AUS)
114	Keke Rosberg	(FIN)
	Patrick Tambay	(FRA)
112	Denny Hulme	(NZL)
	Daniil Kvyat	(RUS)
	Jody Scheckter	(RSA)
111	Heikki Kovalainen	(FIN)
	John Surtees	(GBR)
109	Philippe Alliot	(FRA)
	Mika Salo	(FIN)
108	Elio de Angelis	(ITA)
106	Jos Verstappen	(NED)
104	Jo Bonnier	(SWE)
	Pedro de la Rosa	(SPA)
	Jochen Mass	(GER)
100	Bruce McLaren	(NZL)
	Lance Stroll	(CDN)

CONSTRUCTEURS

1030	Ferrari
903	McLaren
822	Williams
694	Alpine (ex-Toleman puis Benetton puis Renault II, Lotus II et Renault III)
648	AlphaTauri (ex-Minardi puis Toro Rosso)
557	Aston Martin II (ex-Jordan puis Midland Spyker, Force India et Racing Point)
524	Alfa Romeo II (ex-Sauber incluant BMW Sauber)
492	Lotus
460	Red Bull (ex-Stewart puis Jaguar Racing)
425	Mercedes GP (ex-BAR et Honda Racing puis Brawn GP)
418	Tyrrell
409	Prost (ex-Ligier)
394	Brabham
383	Arrows
230	March
197	BRM
132	Osella
129	Renault
122	Haas

PLUS GRAND NOMBRE DE VICTOIRES

PILOTES

103	Lewis Hamilton	(GBR)
91	Michael Schumacher	(GER)
53	Sebastian Vettel	(GER)
51	Alain Prost	(FRA)
41	Ayrton Senna	(BRA)
32	Fernando Alonso	(SPA)
31	Nigel Mansell	(GBR)
27	Jackie Stewart	(GBR)
25	Jim Clark	(GBR)
	Niki Lauda	(AUT)
24	Juan Manuel Fangio	(ARG)
23	Nelson Piquet	(BRA)
	Nico Rosberg	(GER)
22	Damon Hill	(GBR)
21	Kimi Räikkönen	(FIN)
20	Mika Häkkinen	(FIN)
	Max Verstappen	(NED)
16	Stirling Moss	(GBR)
15	Jenson Button	(GBR)
14	Jack Brabham	(AUS)
	Emerson Fittipaldi	(BRA)
	Graham Hill	(GBR)
13	Alberto Ascari	(ITA)
	David Coulthard	(GBR)
12	Mario Andretti	(USA)
	Alan Jones	(AUS)
	Carlos Reutemann	(ARG)
11	Rubens Barrichello	(BRA)
	Felipe Massa	(BRA)
	Jacques Villeneuve	(CDN)
10	Gerhard Berger	(AUT)
	Valtteri Bottas	(FIN)
	James Hunt	(GBR)
	Ronnie Peterson	(SWE)
	Jody Scheckter	(RSA)
9	Mark Webber	(AUS)
8	Denny Hulme	(NZL)
	Jacky Ickx	(BEL)
	Daniel Ricciardo	(AUS)
7	René Arnoux	(FRA)
	Juan Pablo Montoya	(COL)
6	Tony Brooks	(GBR)
	Jacques Laffite	(FRA)
	Riccardo Patrese	(ITA)
	Jochen Rindt	(AUT)
	Ralf Schumacher	(GER)
	John Surtees	(GBR)
	Gilles Villeneuve	(CDN)

CONSTRUCTEURS

237	Ferrari
182	McLaren
124	Mercedes GP (incluant Honda Racing, Brawn GP)
114	Williams
79	Lotus
75	Red Bull (incluant Stewart)
49	Alpine (incluant Benetton, Renault II, Lotus II & Renault III)
35	Brabham
23	Tyrrell
17	BRM
16	Cooper
15	Renault
10	Alfa Romeo
9	Ligier
	Maserati
	Matra
	Mercedes
	Vanwall
5	Aston Martin (incluant Jordan & Racing Point)
4	Jordan
3	March
	Wolf
2	AlphaTauri (incluant Toro Rosso)
	Honda
1	BMW Sauber
	Eagle
	Hesketh
	Penske
	Porsche
	Shadow

Le néo-retraité Kimi Räikkönen au volant d'une Ferrari en 2007, la saison de son sacre.

PLUS GRAND NOMBRE DE VICTOIRES EN UNE SAISON

PILOTES

13	Michael Schumacher	2004
	Sebastian Vettel	2013
11	Lewis Hamilton	2014
	Lewis Hamilton	2018
	Lewis Hamilton	2019
	Lewis Hamilton	2020
	Michael Schumacher	2002
	Sebastian Vettel	2011
10	Lewis Hamilton	2015
	Lewis Hamilton	2016
	Max Verstappen	2021
9	Lewis Hamilton	2017
	Nigel Mansell	1992
	Nico Rosberg	2016
	Michael Schumacher	1995
	Michael Schumacher	2000
	Michael Schumacher	2001
8	Mika Häkkinen	1998
	Lewis Hamilton	2021
	Damon Hill	1996
	Michael Schumacher	1994
	Ayrton Senna	1988
7	Fernando Alonso	2005
	Fernando Alonso	2006
	Jim Clark	1963
	Alain Prost	1984
	Alain Prost	1988
	Alain Prost	1993
	Kimi Räikkönen	2005
	Ayrton Senna	1991
	Jacques Villeneuve	1997
6	Mario Andretti	1978
	Alberto Ascari	1952
	Jim Clark	1965
	Juan Manuel Fangio	1954
	Damon Hill	1994
	James Hunt	1976
	Nigel Mansell	1987
	Kimi Räikkönen	2007
	Nico Rosberg	2015
	Michael Schumacher	1998
	Michael Schumacher	2003
	Michael Schumacher	2006
	Ayrton Senna	1989
	Ayrton Senna	1990

CONSTRUCTEURS

19	Mercedes GP	2016
16	Mercedes GP	2014
	Mercedes GP	2015
15	Ferrari	2002
	Ferrari	2004
	McLaren	1988
	Mercedes GP	2019
13	Mercedes GP	2020
12	McLaren	1984
	Mercedes GP	2017
	Red Bull	2011
	Williams	1996
11	Benetton	1995
	Red Bull	2021
	Mercedes GP	2018
10	Ferrari	2000
	McLaren	2005
	McLaren	1989
	Williams	1992
	Williams	1993
9	Ferrari	2001
	Ferrari	2006
	Ferrari	2007
	McLaren	1998
	Mercedes GP	2021
	Red Bull	2010
	Williams	1986
	Williams	1987
8	Benetton	1994
	Brawn GP	2009
	Ferrari	2003
	Lotus	1978
	McLaren	1991
	McLaren	2007
	Renault	2005
	Renault	2006
	Williams	1997
7	Ferrari	1952
	Ferrari	1953
	Ferrari	2008
	Lotus	1963
	Lotus	1973
	McLaren	1999
	McLaren	2000
	McLaren	2012
	Red Bull	2012
	Tyrrell	1971
	Williams	1991 et 1994

PLUS GRAND NOMBRE DE POLE POSITIONS

PILOTES

103	Lewis Hamilton	(GBR)
68	Michael Schumacher	(GER)
65	Ayrton Senna	(BRA)
57	Sebastian Vettel	(GER)
33	Jim Clark	(GBR)
	Alain Prost	(FRA)
32	Nigel Mansell	(GBR)
30	Nico Rosberg	(GER)
29	Juan Manuel Fangio	(ARG)
26	Mika Häkkinen	(FIN)
24	Niki Lauda	(AUT)
	Nelson Piquet	(BRA)
22	Fernando Alonso	(SPA)
20	Valtteri Bottas	(FIN)
	Damon Hill	(GBR)
18	Mario Andretti	(USA)
	René Arnoux	(FRA)
	Kimi Räikkönen	(FIN)
17	Jackie Stewart	(GBR)
16	Felipe Massa	(BRA)
	Stirling Moss	(GBR)
14	Alberto Ascari	(ITA)
	Rubens Barrichello	(BRA)
	James Hunt	(GBR)
	Ronnie Peterson	(SWE)
13	Jack Brabham	(AUS)
	Graham Hill	(GBR)
	Jacky Ickx	(BEL)
	Juan Pablo Montoya	(COL)
	Jacques Villeneuve	(CDN)
12	Gerhard Berger	(AUT)
	David Coulthard	(GBR)
11	Max Verstappen	(NED)
	Mark Webber	(AUS)
10	Jochen Rindt	(AUT)

CONSTRUCTEURS

230	Ferrari
156	McLaren
135	Mercedes GP (incluant Brawn GP, Honda Racing, BAR)
128	Williams
107	Lotus
72	Red Bull Racing
39	Brabham
34	Alpine (incluant Toleman, Benetton, Renault II, Lotus II et Renault III)
31	Renault
14	Tyrrell
12	Alfa Romeo
11	BRM
	Cooper
10	Maserati
9	Ligier
8	Mercedes
7	Vanwall
5	March
4	Aston Martin (incluant Jordan, Force India et Racing Point)
	Matra
3	Shadow
	Toyota
2	Lancia
1	BMW Sauber
	Scuderia Toro Rosso

Ci-dessus : Jim Clark a été deux fois champion dans les années 1960.

Ci-contre : Michael Schumacher, ici en 2004, a remporté cinq titres d'affilée avec Ferrari.

Lewis Hamilton fêtant le 1er de ses sept titres en F1, en 2008 après un final fou au Brésil.

PLUS GRAND NOMBRE DE TOURS LE PLUS RAPIDE

PILOTES

76	Michael Schumacher	(GER)
59	Lewis Hamilton	(GBR)
46	Kimi Räikkönen	(FIN)
41	Alain Prost	(FRA)
38	Sebastian Vettel	(GER)
30	Nigel Mansell	(GBR)
28	Jim Clark	(GBR)
25	Mika Häkkinen	(FIN)
24	Niki Lauda	(AUT)
23	Juan Manuel Fangio	(ARG)
	Nelson Piquet	(BRA)
22	Fernando Alonso	(SPA)
21	Gerhard Berger	(AUT)
20	Nico Rosberg	(GER)
19	Valtteri Bottas	(FIN)
	Damon Hill	(GBR)
	Stirling Moss	(GBR)
	Ayrton Senna	(BRA)
	Mark Webber	(AUS)
18	David Coulthard	(GBR)
17	Rubens Barrichello	(BRA)
16	Felipe Massa	(BRA)
	Daniel Ricciardo	(AUS)
	Max Verstappen	(NED)
15	Clay Regazzoni	(SWI)
	Jackie Stewart	(GBR)
14	Jacky Ickx	(BEL)
13	Alberto Ascari	(ITA)
	Alan Jones	(AUS)
	Riccardo Patrese	(ITA)
12	René Arnoux	(FRA)
	Jack Brabham	(AUS)
	Juan Pablo Montoya	(COL)
11	John Surtees	(GBR)
10	Mario Andretti	(USA)
	Graham Hill	(GBR)

CONSTRUCTEURS

253	Ferrari
159	McLaren
133	Williams
94	Mercedes GP (incluant BAR, Honda Racing et Brawn GP)
76	Red Bull Racing
71	Lotus
56	Alpine (incluant Toleman, Benetton, Renault, Lotus II et Renault III)
40	Brabham
22	Tyrrell
18	Renault
15	BRM
	Maserati
14	Alfa Romeo
13	Cooper
12	Matra
11	Prost (incluant Ligier)
9	Mercedes
7	March
6	Vanwall

PLUS GRAND NOMBRE DE POINTS (chiffres bruts, y compris les points retirés plus tard)

PILOTES

4 165,5	Lewis Hamilton	(GBR)
3 061	Sebastian Vettel	(GER)
1 980	Fernando Alonso	(SPA)
1 873	Kimi Räikkönen	(FIN)
1 738	Valtteri Bottas	(FIN)
1 594,5	Nico Rosberg	(GER)
1 566	Michael Schumacher	(GER)
1 557,5	Max Verstappen	(NED)
1 274	Daniel Ricciardo	(AUS)
1 235	Jenson Button	(GBR)
1 167	Felipe Massa	(BRA)
1 047,5	Mark Webber	(AUS)
896	Sergio Pérez	(MEX)
798,5	Alain Prost	(FRA)
658	Rubens Barrichello	(BRA)
614	Ayrton Senna	(BRA)
560	Charles Leclerc	(MON)
536,5	Carlos Sainz Jr.	(SPA)
535	David Coulthard	(GBR)
521	Nico Hulkenberg	(GER)
485,5	Nelson Piquet	(BRA)
482	Nigel Mansell	(GBR)
420,5	Niki Lauda	(AUT)
420	Mika Häkkinen	(FIN)
391	Romain Grosjean	(FRA)
385	Gerhard Berger	(AUT)
360	Damon Hill	(GBR)
	Jackie Stewart	(GBR)
329	Ralf Schumacher	(GER)
310	Carlos Reutemann	(ARG)
309	Pierre Gasly	(FRA)
307	Juan Pablo Montoya	(COL)
306	Lando Norris	(GBR)
289	Graham Hill	(GBR)
281	Emerson Fittipaldi	(BRA)
	Riccardo Patrese	(ITA)
277,5	Juan Manuel Fangio	(ARG)
275	Giancarlo Fisichella	(ITA)
274	Jim Clark	(GBR)
	Robert Kubica	(POL)
272	Esteban Ocon	(FRA)
261	Jack Brabham	(AUS)
259	Nick Heidfeld	(GER)
255	Jody Scheckter	(RSA)
248	Denny Hulme	(NZL)

CONSTRUCTEURS

8 694	Ferrari
6 800,5	Mercedes GP (incluant BAR, Honda Racing, Brawn GP)
5 807,5	McLaren
5 717	Red Bull Racing (incluant Stewart, Jaguar Racing)
3 590	Williams
3 159,5	Alpine (incluant Toleman, Benetton, Renault II, Lotus II et Renault III)
1 636	Aston Martin (incluant Jordan, Midland, Spyker, Force India et Racing Point)
1 514	Lotus
928	Alfa Romeo II (incluant Sauber)
854	Brabham
785	AlphaTauri (incluant Minardi et Toro Rosso)
617	Tyrrell
439	BRM
424	Prost (incluant Ligier)
333	Cooper
312	Renault
278,5	Toyota
200	Haas
171,5	March
167	Arrows
155	Matra

PLUS GRAND NOMBRE DE TITRES DE CHAMPION

PILOTES

7	Lewis Hamilton	(GBR)
	Michael Schumacher	(GER)
5	Juan Manuel Fangio	(ARG)
4	Alain Prost	(FRA)
	Sebastian Vettel	(GER)
3	Jack Brabham	(AUS)
	Niki Lauda	(AUT)
	Nelson Piquet	(BRA)
	Ayrton Senna	(BRA)
	Jackie Stewart	(GBR)
2	Fernando Alonso	(SPA)
	Alberto Ascari	(ITA)
	Jim Clark	(GBR)
	Emerson Fittipaldi	(BRA)
	Mika Häkkinen	(FIN)
	Graham Hill	(GBR)
1	Mario Andretti	(USA)
	Jenson Button	(GBR)
	Giuseppe Farina	(ITA)
	Mike Hawthorn	(GBR)
	Damon Hill	(GBR)
	Phil Hill	(USA)
	Denis Hulme	(NZL)
	James Hunt	(GBR)
	Alan Jones	(AUS)
	Nigel Mansell	(GBR)
	Kimi Räikkönen	(FIN)
	Jochen Rindt	(AUT)
	Keke Rosberg	(FIN)
	Nico Rosberg	(GER)
	Jody Scheckter	(RSA)
	John Surtees	(GBR)
	Max Verstappen	(NED)
	Jacques Villeneuve	(CDN)

CONSTRUCTEURS

16	Ferrari
9	Williams
8	McLaren
	Mercedes GP
7	Lotus
4	Red Bull
2	Brabham
	Cooper
	Renault
1	Benetton
	Brawn
	BRM
	Matra
	Tyrrel
	Vanwall

NB : les stats indiquées pour Lotus sont basées sur l'écurie alignée entre 1958 et 1994 ; celles de Lotus II appartiennent à l'écurie active entre 2012 et 2015. « Alpine » correspond à l'écurie basée à Enstone et qui fut Toleman (1981-85), Benetton (1986-91), Renault II (2002-11), Lotus II (2012-15) puis Renault III. « Renault » désigne l'écurie active entre 1977 et 1985. « Red Bull Racing » inclut les stats de Stewart Grand Prix et Jaguar Racing. « Mercedes GP » inclut celles de BAR (1999-2005), Honda Racing (2006-08) et Brawn GP (2009). « Aston Martin II » inclut les stats de Jordan, Midland, Spyker, Force India et Racing Point. « Scuderia AlphaTauri » inclut celles de Minardi et Scuderia Toro Rosso. « Alfa Romeo II » désigne l'écurie créée en 2019 à partir de Sauber, sans aucun lien avec l'écurie active dans les périodes 1950-51 et 1979-85.

TABLEAU DE LA SAISON 2022 À REMPLIR

PILOTE	ÉCURIE	Manche 1 – 20 mars GP DU BAHREÏN	Manche 2 – 27 mars GP D'ARABIE SAOUDITE	Manche 3 – 10 avril GP D'AUSTRALIE	Manche 4 – 24 avril GP D'ÉMILIE-ROMAGNE	Manche 5 – 8 mai GP DE MIAMI	Manche 6 – 22 mai GP D'ESPAGNE	Manche 7 – 29 mai GP DE MONACO	Manche 8 – 12 juin GP D'AZERBAÏDJAN	Manche 9 – 19 juin GP DU CANADA	Manche 10 – 3 juillet GP DU ROYAUME-UNI
LEWIS HAMILTON	Mercedes										
GEORGE RUSSELL	Mercedes										
MAX VERSTAPPEN	Red Bull										
SERGIO PÉREZ	Red Bull										
CARLOS SAINZ JR.	Ferrari										
CHARLES LECLERC	Ferrari										
LANDO NORRIS	McLaren										
DANIEL RICCIARDO	McLaren										
FERNANDO ALONSO	Alpine										
ESTEBAN OCON	Alpine										
PIERRE GASLY	AlphaTauri										
YUKI TSUNODA	AlphaTauri										
SEBASTIAN VETTEL	Aston Martin										
LANCE STROLL	Aston Martin										
NICHOLAS LATIFI	Williams										
ALEX ALBON	Williams										
VALTTERI BOTTAS	Alfa Romeo										
GUANYOU ZHOU	Alfa Romeo										
MICK SCHUMACHER	Haas F1										
NIKITA MAZEPIN	Haas F1										

SYSTÈME DE POINTS : 25, 18, 15, 12, 10, 8, 6, 4, 2, 1 POINTS POUR LES 10 1ers DE CHAQUE GRAND PRIX
+ 1 POINT POUR LE TOUR LE PLUS RAPIDE OBTENU PAR UN PILOTE FINISSANT DANS LES 10 1res PLACES

Manche 11 – 10 juillet GP D'AUTRICHE	
Manche 12 – 24 juillet GP DE FRANCE	
Manche 13 – 31 juillet GP DE HONGRIE	
Manche 14 – 28 août GP DE BELGIQUE	
Manche 15 – 4 sept GP DES PAYS-BAS	
Manche 16 – 11 sept GP D'ITALIE	
Manche 17 – 25 sept GP DE RUSSIE*	
Manche 18 – 2 oct GP DE SINGAPOUR	
Manche 19 – 9 oct GP DU JAPON	
Manche 20 – 23 oct GP DES ÉTATS-UNIS	
Manche 21 – 30 oct GP DU MEXIQUE	
Manche 22 – 13 nov GP DE SÃO PAULO	
Manche 23 – 20 nov GP D'ABU DHABI	
TOTAL DE POINTS	

* *À l'heure où nous imprimons ce livre la FIA considère que les circonstances rendent impossible la tenue du GP de Russie.*

» CRÉDITS PHOTOS

Le pouvoir d'attraction de Max Verstappen sur les fans orange a été immense : voici l'accueil qu'il a reçu de ses fans lors de sa victoire en Autriche.

Les éditeurs souhaitent remercier les sources suivantes pour leur permission de produire les photographies dans cet ouvrage.

ALAMY STOCK PHOTO : /XPB/PA Images : 114

GRAPHIC NEWS : 11T, 12R, 13R, 15T, 16R, 17R, 21T, 22R, 23R, 25T, 26R, 27R, 31T, 32R, 33R, 35T, 36R, 37R, 41T, 42R, 43R, 45T, 46R, 47R, 51T, 52R, 53R, 55T, 56R, 57R, 68, 69, 70, 71, 72, 73, 76, 77, 78, 79, 80, 81, 82, 83, 84, 85, 86, 87, 88, 89, 90, 91, 92

MOTORSPORT IMAGES : 25B, 42L, 43L, 45B, 51B, 63T, 121, 122, 123, 124 ; /Jerry Andre : 74-75, 107, 109 ; /Sam Bloxham : 103 ; /Charles Coates : 23L, 30, 32L, 33L, 34, 41B, 59C, 59B, 61TR, 98 ; /Ercole Colombo : 21B, 61C ; /Glenn Dunbar : 63BL, 102, 104, 108 ; /Steve Etherington : 11B, 12L, 52L, 66-67, 110 ; /FIA : 16L, 17L, 63C, 105 ; /Andrew Ferraro : 15B, 35B ; /Drew Gibson : 20 ; /Manuel Goria : 55B ; /Andy Hone : 10, 18-19, 37L, 53L, 59TL, 94-95, 100, 101, 112, 128 ; /JEP : 8-9 ; /Zak Mauger : 47L, 54, 56L, 93, 115 ; /Rainer Schlegelmilch : 31B ; /Mark Sutton : 2, 14, 24, 38-39, 40, 44, 50, 57L, 59TR, 61TL, 63BR, 64-65, 96, 106, 111, 113, 116 ; /Steven Tee : 5, 6-7, 13L, 22L, 26L, 27L, 28-29, 36L, 48-49, 97, 99, 117 ; /Alexander Trienitz : 46L

SHUTTERSTOCK : /YES Market Media : 61B
Nous nous sommes efforcés de créditer correctement et de contacter la source et/ou le détenteur des droits d'auteur de chaque photographie. Toute erreur ou omission potentielle sera rectifiée dans les futures rééditions de cet ouvrage.